Réussir ses études de droit

Frédéric Debove
Lauréat de la Chancellerie des universités de Paris
Directeur de l'Institut de droit et d'économie
de l'université Panthéon-Assas
Ancien membre du Conseil national des universités

Collection dirigée par **Éric Cobast**

l les éditions de l'Etudiant

Les auteurs qui ont collaboré à cet ouvrage

Céline Combette : Maître de conférences à l'université
Panthéon-Assas

Patrick Fraisseix : Premier conseiller au tribunal
administratif de Versailles
Maître de conférences à l'Institut d'études politiques de Paris
Ancien enseignant associé à l'École nationale de la magistrature

Gilles Raoul-Cormeil : Maître de conférences en droit privé
à la faculté de droit de Caen
Habilité à diriger des recherches
Enseignant associé à l'École nationale de la magistrature

Remerciements

L'auteur tient à remercier également Pierre Crocq et Francois Chouvel pour leur aimable et précieuse participation.

Sommaire

Les informations que nous publions dans cet ouvrage sont à jour en avril 2016. Pour les actualiser, lisez chaque mois *l'Etudiant* ou consultez le site Internet : www.letudiant.fr.

Préface

Par Jacques Toubon
Défenseur des droits

C'est avec grand plaisir que j'ai accepté de rédiger la préface de cet ouvrage destiné à toutes celles et ceux qui souhaitent étudier le droit et s'en servir pour construire leur avenir au service de la société.

À QUOI SERT LE DROIT ?

« *Ubi societas, ibi jus* »... le droit est inhérent à l'organisation sociale, depuis l'origine des sociétés humaines. Le droit est l'ensemble des règles qui régissent la vie en société et les rapports entre les personnes. Le droit consacre des droits et libertés d'où résultent des obligations et des responsabilités.

Indispensable à notre contrat social et omniprésent dans la vie quotidienne, le droit remplit en effet des fonctions essentielles : il organise et rend possible la vie en société, il fonde et encadre l'action des pouvoirs publics, il traduit et protège des valeurs collectives, il délimite les droits et les devoirs de chacun, il permet encore une résolution pacifique des conflits, au besoin par l'appel au juge. Parce que toute personne est confrontée à l'omniprésence des règles juridiques dans les différents aspects de la vie quotidienne, l'approche par le droit peut offrir une perception concrète de la manière dont s'opèrent et se régulent les rapports sociaux dans une société qui n'est pas régie par la force. Les citoyens et les citoyennes sont par ailleurs acteurs de l'élaboration des règles de droit, par l'intermédiaire de leurs représentants élus mais aussi plus directement en participant au débat public. Le droit représente ainsi une ressource que les personnes peuvent mobiliser pour faire vivre et évoluer une société démocratique.

LE RÔLE ET LES MISSIONS DU DÉFENSEUR DES DROITS

Le Défenseur des droits a été créé à l'occasion de la révision constitutionnelle du 23 juillet 2008. Son existence est consacrée par l'article 71-1 de la Constitution. La loi organique n° 2011-333 et la loi ordinaire n° 2011-334 du 29 mars 2011 précisent ses attributions et ses modalités d'intervention. Le Défenseur des droits est chargé de défendre les droits et les libertés individuelles dans le cadre de quatre domaines de compétence déterminés par la loi : la défense des droits des usagers des services publics et des droits de l'enfant, la lutte contre les discriminations, le respect de la déontologie par les personnes exerçant des activités de sécurité.

L'institution a pour rôle :
– d'une part, de traiter les réclamations individuelles qui lui sont adressées en s'appuyant sur ses importants pouvoirs d'enquête, de médiation et d'intervention, en proposant des solutions adaptées (règlement amiable, recommandation, transaction, observations devant la justice…) ;
– et, d'autre part, de mener une action de promotion de l'égalité et de l'accès aux droits qui consiste à faire connaître les droits en informant les publics concernés, à conduire des actions de sensibilisation et de formation des acteurs, associatifs et professionnels, et à émettre des avis et des propositions pour faire évoluer les textes législatifs et réglementaires.

LA CONTRIBUTION DU DÉFENSEUR DES DROITS À L'ÉDUCATION DES ENFANTS ET DES JEUNES AU(X) DROIT(S)

L'accès aux droits passe notamment par la sensibilisation et la formation de tous les publics et en particulier des plus jeunes. Aussi, le Défenseur des droits entend contribuer à l'éducation des enfants et des jeunes au(x) droit(s), par un projet qu'il développe actuellement et qui devrait se concrétiser en 2017.

En effet, l'acquisition par les jeunes, et pas seulement ceux qui se destinent à des carrières juridiques, des notions fondamentales de l'État de droit doit faire partie du socle commun de connaissances et compétences que leur environnement éducatif est chargé de leur transmettre, afin de les préparer à l'exercice d'une citoyenneté active et responsable.

En partant de situations qui leur sont familières, ce projet amènera les enfants et les jeunes à percevoir que l'État de droit ne constitue pas une notion désincarnée mais un cadre, tout à la fois contraignant et protecteur, qui doit être fidèle à nos valeurs républicaines et à l'intérieur duquel tous les individus ou collectivités – y compris celles composant l'État – voient leurs activités organisées et parfois sanctionnées par le droit.

Ce projet éducatif aspire, simultanément, à permettre aux enfants et aux jeunes de connaître et d'exercer leurs droits. Dans cette perspective, le Défenseur des droits souhaite mobiliser les jeunes, la communauté éducative, les professionnels du droit, les étudiants en droit ou encore les associations œuvrant pour l'accès au(x) droit(s), qui auront vocation à faire partie d'un réseau d'acteurs concourant à cet objectif.

Depuis 2007, le Défenseur contribue déjà directement à cette sensibilisation, par l'intermédiaire de son programme intitulé « JADE » (Jeunes ambassadeurs du Défenseur des droits pour l'égalité).

Créé en 2007, le programme JADE vise à promouvoir les droits fondamentaux énoncés par la Convention internationale des droits de l'enfant, et l'égalité, auprès des enfants. Le programme recrute des jeunes de 16 à 25 ans par le biais du service civique pour une mission de neuf mois. Formés par le Défenseur des droits, ils interviennent auprès de jeunes et d'enfants. Cette année ce sont 66 jeunes ambassadeurs qui ont sensibilisé en France métropolitaine, mais aussi à la Réunion et à Mayotte. Près de 39 039 jeunes ont été sensibilisés par 66 jeunes ambassadeurs dans les écoles, les collèges, les lycées, les centres de formation des apprentis, les accueils de loisirs, les foyers de la protection de l'enfance, les associations d'aide aux mineurs isolés, les hôpitaux, les structures spécialisées pour l'accompagnement des enfants en situation de handicap... Certains de ces jeunes ambassadeurs sont des étudiants en droit. Ces ambassadeurs ont pu ainsi être les témoins quotidiens de la façon dont les enfants et les jeunes ressentent la mise en œuvre du droit, et de leurs droits, dans notre pays. En dix ans d'existence, le programme JADE a permis à 378 jeunes volontaires JADE de rencontrer près de 261 000 enfants et adolescents. Ces derniers ont ainsi pris la mesure des droits fondamentaux consacrés par la convention des droits de l'enfant et le droit à la non-discrimination. Ces jeunes ont aussi pris connaissance des missions et du rôle du Défenseur des droits en France. Les JADE sont chaque année de plus en plus sollicités, ce qui témoigne à la fois de la notoriété croissante du programme JADE et de la satisfaction des structures qui les accueillent.

Au-delà, le Défenseur des droits souhaite inciter les étudiants en droit, dans le cadre des cliniques du droit ou d'autres projets mis en place par les universités, comme par exemple la Maison du droit de Paris II, à mener des actions de sensibilisation au Droit et aux droits auprès des plus jeunes.

Les étudiants en droit d'aujourd'hui sont les défenseurs des droits de demain. Dès maintenant, ils peuvent contribuer à renforcer l'accès aux droits.

Propos liminaires

Par Frédéric Debove
Lauréat de la Chancellerie des universités de Paris
Directeur de l'Institut de droit et d'économie
de l'université Panthéon-Assas
Ancien membre du Conseil national des universités

Cet ouvrage collectif s'adresse principalement à trois publics.

En premier lieu, aux lycéens de terminale, quelle que soit leur filière (S, ES, L, STMG, voire d'autres bacs technologiques), qui souhaitent poursuivre des études après l'obtention de leur baccalauréat tout en hésitant sur leur orientation future. Ces lycéens (mais également leurs parents) trouveront dans cet ouvrage de nombreux témoignages de professionnels (avocat, magistrat, notaire, juriste d'entreprise, commissaire de police, officier de gendarmerie, assistant parlementaire, professeur de droit, etc.) qui attestent à la fois de la richesse et de l'extrême diversité des professions juridiques. Complétés d'informations synthétiques sur les conditions d'accès à ces professions, ces regards croisés apportent un éclairage précieux au moment de choisir son orientation dans l'enseignement supérieur.

En second lieu, l'ouvrage s'adresse aux lycéens frais émoulus du baccalauréat. Ceux-là sont victorieux à plusieurs titres. Ils ont d'abord vaincu le stress inhérent à toute décision qui engage durablement l'avenir quand bien même certaines formes de repentir (à travers les mécanismes universitaires de réorientation et de passerelles) sont de nature à réparer des erreurs initiales d'aiguillage. Vainqueurs, les bacheliers le sont aussi pour avoir percé – non sans mal parfois – les mystères de l'implacable logique du portail Internet permettant d'accéder à l'enseignement supérieur (le fameux système APB pour admission post-bac). Heureux les lycéens, tel Champollion déchiffrant les hiéroglyphes égyptiens, qui sont parvenus à trouver la clé de ce portail d'entrée dans l'une des 60 universités de droit de France…

mais le bonheur est très éphémère, car il y a loin d'une inscription dans une filière à la réussite dans cette même filière. Aussi, cet ouvrage offre-t-il aux jeunes bacheliers les principales clés du succès des études de droit qui relèvent, avec celles de la médecine, des filières universitaires parmi les plus exigeantes. N'oublions pas que plus d'un étudiant juriste sur deux échoue régulièrement en fin de première année ! Pour échapper à cette funeste donnée statistique, la période estivale précédant l'entrée à l'université doit impérativement être mise à profit pour se familiariser avec les principaux enseignements (histoire du droit, droit civil et droit constitutionnel) dispensés en 1re année de licence. C'est l'ambition de la seconde partie de l'ouvrage qui, sous la plume d'universitaires talentueux et réputés, synthétise l'essentiel de ces enseignements en y agrégeant des exercices pratiques (dissertation, commentaire d'arrêt, question à réponse courte, cas pratique, etc.) accompagnés de conseils méthodologiques.

En dernier lieu, l'ouvrage s'adresse aux étudiants de droit, principalement à ceux inscrits en première année de licence, mais pas seulement. La faculté de droit est un univers régi par des règles spécifiques bien distinctes de celles en vigueur dans l'enseignement secondaire : la semestrialisation des enseignements et des examens (deux périodes d'examen par an sans compter la session de rattrapage), la distinction entre les cours magistraux et les travaux dirigés (distinction capitale en termes d'obligation d'assiduité et de travail personnel), le système de notation par crédits (ECTS), le choix de matières optionnelles à tout moment du cursus universitaire, le passage conditionnel en seconde année, les mécanismes de réorientation, les possibilités de plus en plus nombreuses de double cursus ou d'enseignements complémentaires dans le cadre de collèges ou d'écoles de droit, la structuration des études en trois cycles (LMD pour licence, master et doctorat), etc. Dès la première année, l'étudiant juriste doit s'habituer progressivement à ces règles nouvelles (parfaitement détaillées dans l'ouvrage *Les Métiers du droit* de Débora Fiori, éd. L'Etudiant, 2011) en même temps qu'il lui appartient déjà de se projeter dans l'avenir car l'université mène à tout… à condition d'en sortir ! Le choix de certains parcours (droit privé/droit public), de certaines options (droit des libertés fondamentales ou droit du travail) ou plus généralement de la durée même des études juridiques (licence/master/doctorat) conditionne le plus souvent l'accès aux professions juridiques et plus généralement l'insertion professionnelle. On ne devient pas notaire dans les mêmes conditions que l'on exerce la profession d'avocat ou celle de commissaire de police ! En outre, quelques semaines d'intense bachotage ne suffisent pas à la préparation d'un concours administratif ou d'un examen professionnel quand bien même l'étudiant serait-il particulièrement ingénieux ! L'insertion professionnelle est à l'image du trophée Jules-Verne : une course au large qui commence dès le quai de la première année de droit et qui s'achève après plusieurs semestres universitaires, avec escales (licence/master), avec ou sans équipage (selon que l'on affectionne ou non le travail en équipe). Pendant toutes ces années de navigation jalonnées de dépressions et d'anticyclones, l'étudiant sera plongé au sein d'un espace de liberté insoupçonné. Les plus chevronnés auront assimilé une somme de connaissances juridiques qui défie sans doute la mémoire électronique. Toutefois, la technicité et l'expertise juridiques ne suffisent pas car, pour paraphraser Montaigne, une tête bien faite est nettement préférable à une tête bien pleine. Sans esprit structuré et logique, apte au raisonnement, une mémoire encyclopédique est impuissante. Aussi convient-il de ne pas négliger tout ce qui peut favoriser ces facultés intellectuelles en commençant bien évidemment par la culture générale et l'aptitude à l'expression écrite et orale. La troisième et dernière partie de l'ouvrage délivre précisément quelques conseils hautement stratégiques en ce domaine.

Les études universitaires sont très exigeantes à l'égard du juriste. On exige de lui la précision de l'architecte, la rigueur de l'entomologiste, l'endurance du navigateur, l'équilibre du funambule, la neutralité de l'historien, la souplesse du diplomate, le talent de l'écrivain quand ce n'est pas l'esprit de Clemenceau ! Une chose est sûre : la réussite dans les études de droit n'est pas chose facile, seuls ceux qui s'astreignent à un travail intense et constant la connaîtront. Puisse cet ouvrage contribuer à la réussite de ceux qui sont au seuil d'une belle et stimulante aventure !

Avant-propos

Par Éric Cobast
Professeur agrégé de l'université
Il enseigne la culture générale
à l'École nationale de la magistrature

« La Nature veut de manière irrésistible que le pouvoir suprême revienne finalement au droit. »

Peut-être est-ce à la lecture de cette déclaration d'Emmanuel Kant, extraite du *Projet de paix perpétuelle* (1795), que vous avez pris la décision, à la suite d'un cours de philo extrêmement convaincant, de vous engager, une fois le bac en poche, dans des études de droit... Mais si tel n'est pas le cas – et rares sont les étudiants, il faut l'avouer, qui viennent aux études juridiques par la philosophie –, comment vous êtes-vous déterminé ? Vous êtes-vous laissé porter par ce mouvement qu'évoque Kant et qui se manifeste dans notre quotidien par une extension remarquable du domaine du droit ? Est-ce l'exemple d'un proche qui vous a motivé ? Un goût vaguement entretenu par la littérature ou par le cinéma ? Ou simplement l'effet du hasard ? La terminale offre en effet peu de véritable visibilité sur ces études qui peuvent conduire à des professions ou simplement des activités si variées.

C'est donc pour informer précisément les étudiants à propos de ce qui les attend « en fac de droit » que j'ai demandé à Frédéric Debove, à la carrière si riche et à la bibliographie déjà si imposante, de bien vouloir coordonner la rédaction de cet ouvrage aux signatures prestigieuses. Vous saurez (presque) tout sur les concours auxquels mènent ces études mais aussi sur des professions à l'accès moins contrôlé, sur les « disciplines » qu'il faudra maîtriser, sur les qualités requises pour y exceller. Une véritable initiation aux études juridiques, un premier regard posé sur ce monde qui règle notre monde...

Mais ce guide s'adresse aussi à celles et à ceux qui sont déjà engagés dans une première année de droit et qui cherchent des conseils pour mieux organiser leur année, mieux structurer leur travail. Cette première année est souvent très sélective et de judicieux rappels de méthode dispensés par des enseignants qui ont fait leur preuve depuis longtemps, dont la réputation est assise, auteurs de nombreux ouvrages, est un atout irremplaçable. Des bibliographies accompagnent ces conseils méthodologiques.

Vous informer dès la terminale et vous guider au tout début de vos études, telle est la double ambition de ce livre qui n'a pas l'intention de vous lâcher au cours des deux prochaines années… Au moins !

PARTIE 1

Témoignages de juristes

Ils sont avocat, magistrat de l'ordre judiciaire ou administratif, juriste d'entreprise, notaire, commissaire de police, officier de gendarmerie, professeur des universités, inspecteur des finances publiques, directeur d'établissement pénitentiaire, directeur d'un service pénitentiaire d'insertion et de probation, directeur d'un service mandataire judiciaire à la protection des majeurs, enquêteur de droit privé, assistant parlementaire, etc. Tous ces praticiens estimés de leurs pairs en considération de leurs parcours exemplaires et de leurs mérites professionnels ont pour dénominateur commun d'avoir suivi des études juridiques après l'obtention de leur baccalauréat scientifique ou littéraire. Certains d'entre d'eux ont parié sur la douceur apaisante de la province tandis que d'autres ont misé sur les charmes du Quartier latin de Paris, siège de la contestation estudiantine lors des événements de mai 1968. Certains ont « fait leur droit » par conviction, d'autres par curiosité, d'autres encore par... hasard ou par défaut. En tout état de cause, avec le recul et l'expérience, chacun de ces hommes et de ces femmes de « Loi » nous livre dans les lignes qui suivent son analyse des études de droit, leurs coulisses, leurs atouts, leurs riches perspectives, d'un œil-scanner. Louable confession que nos grands témoins souhaiteraient contagieuse ! À n'en pas douter, leur souhait sera exaucé tant leurs plumes réunies, sans esprit de boutique ni vues corporatives, convaincront les indécis en même temps qu'elles renforceront la certitude de celles et de ceux pour qui le droit et la justice demeurent encore une énigme ou une simple mode venue des États-Unis !

Maître Dominique Inchauspé

Avocat au barreau de Paris et essayiste

Devenir avocat : la vocation m'est venue tard. J'ai passé, sans conviction, un bac C (l'ancien bac S). Ensuite, il fallait faire quelque chose. Les sciences ne m'allaient pas. L'économie me parlait peu. L'histoire m'attirait mais on n'en vit pas, *idem* pour les lettres. J'attaquais le droit, par défaut, à la faculté de Pau. La matière ne me déplut pas, sans m'enthousiasmer. Mais un cadet de Gascogne monte à Paris.

Je fréquentais donc Assas. En même temps, je fis de la comptabilité. Certains ont trafiqué des perles en mer Rouge. Moi, j'ai le diplôme d'études comptables supérieures et même un master 2 de fiscalité appliquée. À un camarade qui s'inquiétait de la suite, j'expliquai : « J'attends l'impondérable. » Alors que je passais les oraux de 5ᵉ année, j'avisais une liste de résultats au mur : ceux du CAPA (certificat d'aptitude à la profession d'avocat). Il y avait une majorité de reçus. Je partais à l'armée mais je m'inscrivis. Je révisais en treillis, bossant les voies d'exécution pendant mes tours de garde. De retour, je fréquentais la nouvelle école d'avocats. On me proposa un stage dans un grand cabinet mais je m'y ennuyais vite.

Il y eut un signe : je réussis le concours de la conférence du stage, épreuve d'éloquence pour jeunes avocats. Trois tours successifs sur des sujets tels que « la parole est-elle plus tranchante que le sabre ? » ou « l'erreur justifie-t-elle un éternel recours ? ». Les lauréats, les douze « secrétaires de la conférence », représentent le barreau de Paris, surtout à l'étranger. Ils sont aussi commis d'office dans les affaires d'assises et aux comparutions immédiates.

Il se produisit alors un phénomène paranormal : je comprenais bien la matière alors que je ne l'avais presque pas étudiée à la faculté.

L'agencement des faits, caractéristique du pénal, me parlait davantage que la construction de raisonnements juridiques cloisonnés dans du tout-papier (contrats, statuts, etc.). Et puis, ce monde, quelle vie… Je quittais le cabinet d'affaires et passais chez un grand pénaliste. Ce fut une fantasia de truands, le milieu, les « beaux mecs », ceux qui « s'ouvrent un chemin le calibre à la main », comme me disait mon maître, circonspect.

Je lui dois d'avoir plaidé mon premier dossier d'assises : un mineur en avait attendu un autre et, après l'avoir fait monter en voiture, lui avait mis deux balles dans la tête en rechargeant posément. L'infortuné était l'amant de sa femme. Pendant cette période, je découvrais ce qui allait me plaire le plus : la bourlingue judiciaire. Un camarade de la conférence, malien, m'invita chez lui et je plaidais aux assises de Bamako. J'y défendis un berger dogon, parti de son village pour se rendre dans celui de son rival amoureux où il lui avait tranché la gorge. La cour voulait le condamner à mort. Il eut vingt ans.

Mon maître était toujours seul : il plaidait ou était « en clientèle » dans les maisons d'arrêt : c'était très *intuitu personae*. Alors, je m'installais. J'avais 27 ans et demi, moins de trois ans de barre et décidais de ne faire que du pénal. Si on m'avait dit cela quand j'avais prêté serment, j'aurais ricané. Trente ans plus tard, la situation est à peu près la même, avec une associée et des stagiaires. Le pénaliste ne dirige pas une écurie d'avocats, il est un chevalier dont la personnalité est sa seule arme. Il veut être à la fois Richard Cœur de Lion, Saint Louis et Bayard ; Don Quichotte aussi…

Si les grandes ou moyennes structures se développent ces dernières années, en revanche, le pourcentage des avocats individuels ne change pas : un tiers alors que la profession est passée de 40 000 sujets en 2003 à 60 000[1] en 2014. Il existe un verrou génétique, un ADN de l'avocat : celui d'un exercice libéral. Le plus

1 http://cnb.avocat.fr/Les-Chiffres-cles-de-la-profession-actualises-pour-l-annee-2014--Observatoire-du-Conseil-national-des-barreaux--Mars_a2222.html.

important reste l'indépendance : l'avocat ne rend compte à personne, il crée un espace de liberté. Il assiste qui il veut, quand il veut, devant n'importe quel tribunal en France, dans l'Union européenne ou en Afrique. Revêtu de sa robe ou dans son cabinet, il contemple la société en compulsant ses codes.

L'argent... À succès égal, à efforts semblables, on gagne mieux sa vie dans le privé qu'au barreau car il y a dans les affaires un effet de levier. La vente d'une société florissante se chiffre en dizaines de millions d'euros, les rémunérations des grands patrons sont bien au-dessus de ce dont certains se glorifient au palais. En 2012, le revenu annuel moyen de la profession était de 75 810 €. À Paris, il est supérieur mais les disparités sont énormes, comme en province. Pour autant, il n'y a pas trop d'avocats en France. Les pays européens comparables en comprennent près de trois fois plus.

Peu après m'être installé, je plaidais à Bruxelles puis je fus désigné dans une affaire de terrorisme retentissante et je partis en Nouvelle-Calédonie pour de trépidantes aventures. Je retournais au Mali pour les procédures contre l'ancien dictateur. Il y eut aussi la Guadeloupe, la Réunion, encore le Mali, etc.

L'envie d'écrire, venue jeune, me reprit. Je voulus m'asseoir sur le bord du chemin et réfléchir. Mon premier texte publié, *Une saison immuable*, était un roman inspiré de mes africanités. Il me fallait plus ambitieux. J'avais couru les lointains, je pouvais sillonner le monde pénal. Ce serait *L'Innocence judiciaire* : principes, pratique, histoire. Son écriture dura quatre ans. Plus qu'une halte, ce fut un recueillement d'écriture qui rassérénait, une terrasse confortable avec points de vue sur le monde et bibliothèque.

Ce fut aussi l'occasion de réfléchir au métier. Jusque-là, je l'avais vu comme une source d'aventures, un rapport d'homme (l'avocat) à homme (le client), faisant équipe alors que le dernier prend tous les risques. Cela semblait un jeu dur, aux enjeux radicaux et éprouvants. Mais c'était aussi autre chose, je le réalisais en écrivant. L'avocat est un pion, un rouage dans un ensemble bien plus vaste, ancré dans le temps et dans l'espace. Je m'étais cru presque seul mais voilà que j'étais entouré d'une foule nombreuse, variée, très ancienne, tout un appareil, un apparat aussi. À l'aventure individuelle se substituait celle, plus impersonnelle, de concourir à la « bonne administration de la justice ». Une procédure annulée ou un acquittement forcé prouve que la mécanique a failli. C'est à l'avocat de le dire. Un magistrat m'avoua : « Quand il y a un avocat, on fait attention. »

En 2009, je luttais avec d'autres pour le maintien du juge d'instruction, convaincu que la recherche de la vérité, apanage de ce juge, est le meilleur garde-fou. Nous avons gagné, nous aurions pu perdre.

Peu à peu, je suis passé du « pénal qui tache » (viols, stupéfiants, braquages) à un pénal plus cérébral et moins instinctif : celui des « cols-blancs » (sinon dorés). Ce n'est plus le même monde. Il faut labourer des dossiers volumineux, combiner les faits dans des démonstrations complexes et on plaide moins. La réflexion prime l'adrénaline. Le pénal de droit commun est peut-être, comme le sport, une affaire de jeunesse tant ses servitudes sont lourdes : tournées de taules incessantes, multiples plaidoiries toute la journée, rendez-vous tard le soir, etc. Mais l'ampleur des enjeux dans les dossiers financiers est considérable : mécanismes ultrasophistiqués, dizaines ou centaines de millions d'euros en jeu, sociétés partout en Europe, langues étrangères à parler, droits des pays lointains, etc.

Les bourlingues judiciaires ont continué : Salvador, Azerbaïdjan, Cameroun, Congo et les livres aussi. Il y a eu *L'Erreur judiciaire*, des romans, *Chaos Kanak*, *Un homme dans l'empire* et des articles.

« Les espaces infinis sont-ils inviolables ? » Cela avait été un sujet de conférence et la réponse est : non !

Comment devenir avocat ?

Auxiliaire de justice, l'avocat est sans doute la figure emblématique de la profession libérale et indépendante. Réglementée principalement par la loi n° 71-1130 du 31 décembre 1971 (modifiée en dernier lieu par la loi n° 2015-990 du 6 août 2015), cette profession juridique s'articule principalement autour de trois missions : le conseil, l'assistance et la représentation. Ces missions peuvent être exercées sous une pluralité de formes d'exercice professionnel : individuelle ou associative étant observé que l'avocat peut être également salarié ou collaborateur non salarié d'un autre avocat ou d'une association ou société d'avocats.

Pour embrasser la profession d'avocat, et sous réserve de certaines dispositions dérogatoires, il faut en principe être titulaire d'un master 1 en droit (ou d'un diplôme admis en équivalence par l'arrêté du 25 novembre 1998 modifié par l'arrêté du 21 mars 2007 : c'est le cas tout singulièrement des diplômes délivrés par les Instituts d'études des sciences politiques et être inscrit dans un institut d'études judiciaires (dépendant d'une faculté de droit) en vue de préparer et de présenter l'examen d'entrée dans un CRFPA (centre régional de formation professionnelle d'avocats). Une fois cet examen obtenu (examen dont les titulaires d'un doctorat en droit sont aujourd'hui encore dispensés), le lauréat est appelé à suivre une formation de dix-huit mois avant de présenter l'examen de sortie dénommé le CAPA. Cette formation de dix-huit mois comprend trois séquences : six mois de formation et d'enseignement professionnels, six mois de travail sur un projet pédagogique individuel, et enfin six mois d'immersion dans un cabinet d'avocat. À l'issue de ces trois périodes et après l'obtention du CAPA, les élèves sont inscrits directement au grand tableau, une fois qu'ils ont prêté serment « d'exercer leurs fonctions avec dignité, conscience, indépendance, probité et humanité ».

L'avocat peut être généraliste ou choisir de se spécialiser : 26 spécialités sont ainsi prévues par un arrêté du 28 décembre 2011 (droit des assurances ; droit de l'environnement ; droit du crédit et de la consommation ; droit de la famille, des personnes et de leur patrimoine ; droit pénal ; droit de la santé ; droit du sport ; droit des transports ; droit de la propriété intellectuelle ; droit des étrangers et de la nationalité ; etc.).

Pour obtenir une mention de spécialisation, l'avocat doit passer une épreuve de contrôle des connaissances, et doit justifier d'une pratique professionnelle continue d'une durée qui ne peut être inférieure à deux ans dans la matière dont il souhaite obtenir la spécialisation (loi n° 2011-331 du 28 mars 2011).

Soulignons que pour accéder à la profession d'avocat, il faut encore :

• être français, ressortissant d'un État membre de l'Union européenne, ou partie à l'accord sur l'Espace économique européen ou ressortissant d'un État ou d'une unité territoriale n'appartenant pas à cette Union ou à cet Espace économique qui accorde aux Français la faculté d'exercer sous les mêmes conditions l'activité professionnelle que l'intéressé se propose lui-même d'exercer en France, sous réserve des décisions du Conseil de l'Union européenne relatives à l'association des pays et territoires d'outre-mer à l'Union européenne ou avoir la qualité de réfugié ou d'apatride reconnue par l'Office français de protection des réfugiés et apatrides ;

• n'avoir fait l'objet d'aucune condamnation pénale pour agissements contraires à l'honneur, à la probité ou aux bonnes mœurs ;

• n'avoir pas été l'auteur de faits de même nature ayant donné lieu à une sanction disciplinaire ou administrative de destitution, radiation, révocation, de retrait d'agrément ou d'autorisation ;

• n'avoir pas été frappé de faillite personnelle ou d'autre sanction en application du titre VI de la loi n° 85-98 du 25 janvier 1985 relative au redressement et à la liquidation judiciaire des entreprises ou, dans le régime antérieur à cette loi, en application du titre II de la loi n° 67-563 du 13 juillet 1967 sur le règlement judiciaire, la liquidation des biens, la faillite personnelle et les banqueroutes.

Hélène Martini

Inspectrice générale, directrice de l'École nationale supérieure de la police

Quand j'ai commencé mes études universitaires en 1972, à la faculté de droit de Nice, il n'était pas possible pour une femme de devenir commissaire de police ; le concours n'était accessible qu'à des candidats de sexe masculin. Quand le concours a été enfin ouvert aux femmes en 1975, je me suis dit que cette profession atypique pouvait me convenir. Elle était alors surtout réservée aux juristes ayant choisi la filière civile. En passant les épreuves du concours, j'ai compris que ma maîtrise en droit public n'allait pas me faciliter les choses et une très bonne note en culture générale m'a finalement permis de figurer dans le « quota » retenu.

Ce n'était pas pour moi un choix anodin : si je m'étais convaincue que la carrière d'un magistrat me conviendrait, je savais déjà que j'aspirais davantage à un métier « actif », à fortes responsabilités. Je me souvenais des paroles d'un commissaire de police qui résumait si bien son métier en disant : « on ne sait jamais de quoi sera faite sa journée de travail ; elle pourra nous amener à rencontrer des forts et des faibles, tout en nous réservant de grandes surprises ». Ma propre carrière l'a démontré.

Après les deux années de formation à l'école nationale supérieure de la police de Saint-Cyr au Mont d'Or (près de Lyon), réparties en douze mois d'enseignements assez théoriques suivis d'autant de stages dans les services, je me retrouvais commissaire de police, chargée de l'ordre public dans la circonscription de sécurité publique d'Ivry-sur-Seine dans le Val-de-Marne. Rapidement, un poste de chef de circonscription à Chennevières m'a été proposé ; il correspondait à ce que je souhaitais intimement : être indépendante, responsable d'un commissariat, diriger des policiers et surtout prouver que le recrutement des femmes commissaires dans la police n'était pas une erreur.

C'est dans ces postes que j'ai vraiment compris que la police avait un rôle unique dans la société et que le commissaire de police, grâce à ses connaissances juridiques, était en mesure d'être le premier garant des libertés publiques, de rappeler les limites légales de la violence légitime que notre Constitution républicaine confère aux policiers.

Le travail au commissariat était passionnant mais mon goût pour l'international m'a amenée à rejoindre le service chargé de la coopération de police, alors à ses balbutiements, en participant à des missions avec des pays qui s'ouvraient aux échanges (Chine, Jordanie, les pays d'Europe de l'Est). J'ai également assuré des postes de représentant de la police nationale à Yaoundé au Cameroun (où j'étais formateur en police judiciaire des commissaires ou officiers), à Washington aux États-Unis, puis à Rome en Italie. Au retour de ces postes magnifiques, j'ai dirigé un centre national de formation où les expériences accumulées à l'étranger m'ont servi à ouvrir de nouveaux chantiers, vers plus d'ouvertures, plus d'innovations. La formation permet, comme un poste à l'étranger, de réfléchir à ce que nous faisons, à la manière de le faire et de modifier nos comportements si cela se révèle nécessaire.

J'ai eu ensuite l'extraordinaire chance de travailler pendant trois ans, au secrétariat général du Conseil de sécurité intérieure à l'Élysée, sur toutes les questions relevant de la sécurité de notre pays. À l'issue de cette formidable expérience, j'ai pu continuer à apprendre en étant chargée de missions à l'Inspection générale de la police nationale (IGPN), en travaillant souvent avec l'Inspection générale d'administration (IGA) sur des études confiées par le ministre de l'Intérieur. Toujours à l'IGPN, je fus ensuite responsable du cabinet des audits, ce qui me permit d'apprendre les méthodes du contrôle interne, élément fondamental du management moderne.

Ma vie professionnelle, enrichie de tous ces apprentissages, a pris tout son sens avec ma nomination à la direction de l'École des commissaires où j'avais été moi-même formée. Je pense en effet que, dans le service public, nous avons tous une fonction essentielle de transmission des valeurs du service public, du fruit de nos expériences.

En tant que commissaire de police, il faut non seulement une compétence professionnelle mais une déontologie à la mesure des attentes de notre société. Je suis heureuse de contribuer à cette mission, en relevant le défi de protéger les valeurs fondatrices de notre République à une époque où, parfois, nous constatons une perte de repères.

Comment devenir commissaire de police ?

Les commissaires de police constituent le corps de conception et de direction de la police nationale qui est un corps technique supérieur à vocation interministérielle relevant du ministre de l'Intérieur. Ils sont chargés de l'élaboration et de la mise en œuvre des doctrines d'emploi et de la direction des services dont ils assument la responsabilité opérationnelle et organique. Ils ont autorité sur les personnels affectés dans ces services. Ils participent à la conception, à la réalisation et à l'évaluation des programmes et des projets relatifs à la prévention de l'insécurité et à la lutte contre la délinquance. Ils exercent les attributions de magistrat qui leur sont conférées par la loi. Ils sont dotés d'une tenue d'uniforme.

Pour présenter le concours externe de commissaire de police, tout candidat (homme ou femme) doit :

- être de nationalité française ;
- être en principe âgé de 35 ans au plus au 1er janvier de l'année du concours (il existe toutefois quelques circonstances dans lesquelles la limite d'âge peut être reculée le cas échéant jusqu'à 45 ans) ;
- remplir certaines conditions d'aptitude physique ;
- être titulaire d'un master II ou d'un diplôme équivalent de niveau bac+5 ;
- être agréé par le préfet territorialement compétent ;
- être en règle avec la législation sur le service national.

La nomination en qualité d'élève-commissaire est subordonnée à la souscription de l'engagement préalable de rester au service de l'État pendant une durée de sept ans à compter de la titularisation. D'une durée de deux ans, la scolarité s'effectue à l'École nationale supérieure de la police de Saint-Cyr-au-Mont-d'Or et alterne stages en école et en services actifs. À l'issue de la première année, les élèves sont nommés commissaires de police stagiaires. La durée du stage est d'un an. Ceux qui ont donné satisfaction sont titularisés dans le grade de commissaire de police, à condition qu'ils soient titulaires du permis de conduire.

Comment devenir officier de police ?

Les officiers de la police nationale appartiennent au corps de commandement de la police nationale. Ils assurent les fonctions de commandement opérationnel des services et d'expertise supérieure en matière de police et de sécurité intérieure. Ils secondent ou suppléent les commissaires de police dans l'exercice de leurs fonctions. Ils ont également vocation à exercer des fonctions de direction de certains services. Ils assurent le commandement des fonctionnaires du corps d'encadrement et d'application de la police nationale. Ils peuvent être chargés d'enquêtes, de missions d'information et de surveillance. Ils exercent leurs missions en tenue ou en civil selon la nature des fonctions assurées. Le corps des officiers de police comprend trois grades : lieutenant, capitaine et commandant de police.

Pour devenir lieutenant de police et intégrer l'ENSP, site de Cannes-Écluse, il faut réussir le concours d'officier de la police nationale et (pour les candidats au concours externe) :

- être de nationalité française ;
- être âgé de 35 ans au plus au 1er janvier de l'année du concours (il existe toutefois quelques circonstances dans lesquelles la limite d'âge peut être reculée le cas échéant jusqu'à 45 ans) ;
- remplir certaines conditions d'aptitude physique ;
- être titulaire d'un diplôme sanctionnant la réussite à trois années d'enseignement supérieur après le baccalauréat (et donc pour les juristes une licence en droit) ;
- être agréé par le préfet territorialement compétent ;
- être en règle avec la législation sur le service national.

La scolarité au sein de l'ENSP s'étale sur dix-huit mois. Elle est rémunérée.

Tout au long de sa carrière, l'officier de police peut bénéficier de formations qui accompagnent l'évolution de ses responsabilités.

Philippe Astruc

Magistrat de l'ordre judiciaire, procureur de la République adjoint près le TGI de Créteil, ancien conseiller du garde des Sceaux, ancien directeur adjoint de l'ENM (École nationale de la magistrature)

Témoigner de ses études de droit plus de vingt-cinq ans après les avoirs accomplies permet de porter un regard distancié, qui plus est éclairé par l'expérience du praticien. Ce regard est aussi celui d'un juriste devenu, pour un temps, un acteur de la formation professionnelle (en qualité de directeur de l'ENAP [École nationale d'administration pénitentiaire] et directeur adjoint de l'ENM [École nationale de la magistrature]). Ce choix du droit ne fut pas une évidence, tant il est vrai que n'ayant pas de juriste dans ma famille, il ne s'inscrivait pas dans une sorte de lignée.

Par goût, l'histoire aurait sans doute emporté mon adhésion, par intérêt de la chose publique mon inclinaison allait plutôt aux sciences politiques, ce fut pourtant le droit après un échec (prévisible en raison d'un piètre niveau en langues) au concours de Science po Paris. Ce choix, un peu par défaut donc, me permettait malgré tout à la fois de poursuivre mon souhait de présenter le concours d'accès à l'ENA et aussi d'acquérir une formation ouvrant de multiples portes en cas d'insuccès. Je n'ai jamais regretté ce choix.

Ces études ont été une découverte, les matières juridiques n'étant pas enseignées dans les filières que j'avais suivies au lycée (scientifique jusqu'en première puis littéraire en terminale). Mon appétence pour les différentes matières a été variable mais globalement cette immersion dans le droit m'apportait un éclairage intéressant sur le fonctionnement de notre société.

Les rapports entre les individus (à travers le droit civil), le rapport entre l'administration et ses usagers (à travers le droit administratif), les règles régissant la dépense publique, le pacte social (à travers le droit pénal), tout cela éclairait d'un jour nouveau le regard, plutôt historique et politique, que je portais sur notre société. S'ouvrait ainsi à moi une compréhension plus fine de notre société. Je touchais du doigt concrètement que le droit était un régulateur social organisant les rapports humains, sociaux, économiques et politiques.

Oh, bien sûr, tout ne me passionna pas, et la technique du commentaire d'arrêt mit un certain temps à dévoiler ses charmes et ses secrets. Devenir un juriste est une lente maturation, sans doute assez comparable au long cheminement qui permet de devenir médecin. L'analogie peut être poursuivie s'agissant des domaines juridiques, comme il en va pour les spécialités médicales. Il convient donc d'accepter un long apprentissage matiné d'histoire du droit et des institutions, de principes généraux du droit avant de s'ouvrir aux différents champs du droit. La capacité à se pencher sur des problèmes juridiques concrets finalement n'est venue que beaucoup plus tard.

On ne confie pas un malade tout de suite à l'étudiant en médecine, il en va de même pour l'étudiant en droit. De ce fait ce cursus d'études peut paraître un peu abstrait à certains.

À cette époque, la fin des années 1980, la pratique des stages de découverte du milieu professionnel était fort peu répandue. On mesurait donc assez mal comment cette matière juridique que nous apprenions sur les bancs de la faculté allait concrètement être utilisée par les juristes (avocats, magistrats, policiers, banquiers, assureurs, notaires, huissiers...). Aujourd'hui, il en va autrement et le souci de rapprocher la formation juridique des métiers auxquels elle prépare est beaucoup plus marqué. C'est un progrès indéniable. Le lycéen qui s'interroge ou l'étudiant en droit qui cherche un débouché professionnel à ses études peut faire de petits stages de découverte des différents milieux professionnels. On ne peut que l'y inciter. Il sortira ainsi des représentations qu'il se fait de tel ou tel métier qui sont souvent assez éloignées de la réalité quotidienne des métiers et fonctions.

Vint, après la licence, le choix d'un début de spécialisation. Ayant toujours en tête à ce moment-là de présenter l'ENA, le choix était évident, le droit public s'offrait à moi et avec lui les grands arrêts du Conseil d'État, qui ont structuré la jurisprudence administrative qui occupe une place essentielle dans la construction et le fonctionnement de note État. Je devenais familier du « Long, Weil et Brébant » du nom des auteurs du recueil commenté des arrêts de la haute juridiction administrative. Les juristes ont leurs bibles, ces ouvrages qui deviennent leurs compagnons durant ces quelques années de faculté… et qu'ils garderont souvent un peu fanés dans leur bibliothèque bien des années après.

Bien sûr, pour chaque matière il y en a plusieurs, et les échanges sont réguliers entre étudiants pour savoir quel est le meilleur, celui qui permettra de rendre plus accessible une matière parfois un peu aride. À l'expérience, chaque étudiant doit trouver les siens. Une matière présentée par tel auteur deviendra plus claire plutôt que par tel autre. Fureter dans la bibliothèque universitaire permet d'éclairer son choix. Il est important de s'approprier ces ouvrages qui deviendront un fil d'Ariane évitant de se perdre dans certaines matières et un nécessaire complément aux cours.

Si les différentes filières comprennent un tronc commun de matières obligatoires, l'étudiant conserve le choix de certaines matières optionnelles. Il doit sans doute en être toujours ainsi. Plusieurs approches sont possibles pour opérer son choix : par intérêt pour la matière, par intérêt pour le professeur ou le maître de conférences que l'on a déjà eu dans une précédente année, par curiosité… par calcul du volume de travail à fournir aussi parfois, il faut bien le dire, voire, est-ce avouable, pour la réputation de générosité ou d'aridité dans la notation des enseignants concernés !
Il n'est pas interdit à l'étudiant de calculer un peu. Travaillant pour payer mes études, je dois concéder que le choix de certaines options

était parfois dicté par le simple horaire des cours qui était plus ou moins compatible avec mon travail.

C'est ainsi qu'étant étudiant à Toulouse, j'ai pu, en maîtrise, étudier en option le droit spatial dont il est peu de dire qu'il m'a peu servi ensuite. Avec la réussite à la maîtrise vint le moment de transformer ce diplôme en carrière professionnelle. Moment important et difficile. Passer un ou plusieurs concours, rechercher un emploi, poursuivre plus avant sa formation. On ne saurait trop conseiller de préparer ce choix relativement en amont.

Mon expérience à ce titre est tout sauf un modèle à suivre. Dans le courant de cette année de maîtrise, j'ai sollicité mon dossier d'inscription au concours de l'ENA comme j'en formais le projet depuis plusieurs années. Celui-ci me parvint avec une petite brochure de cette école prestigieuse qui outre les matières du concours (que j'avais déjà eu la curiosité de regarder auparavant) expliquait dans quels corps et ministères les élèves de l'ENA étaient versés en fonction de leur classement à l'issue de la formation. Je retrouvais bien sûr ceux qui, connus de tous, présentaient le plus d'attrait, Conseil d'État, Cour des comptes, inspection des finances, etc., mais découvrais à cette occasion que nombre de postes étaient offerts dans des secteurs d'activité que ne m'intéressaient guère. Cruelle désillusion pour celui qui n'avait pas l'outrecuidance de penser que s'il réussissait ce concours difficile (ce qui était déjà en soi une hypothèse) il ne pouvait assurément avoir de certitude de sortir « dans la botte » afin d'accéder à ces corps prestigieux. Je pris donc la décision de renoncer à ce projet et me retrouvais en fin de maîtrise sans idée précise de ce que j'allais en faire.

Ma première inclinaison a été de rentrer dans la vie active en cherchant un emploi dans le secteur privé. Le hasard des rencontres en décida autrement. Un camarade de faculté rêvait depuis longtemps de devenir magistrat ce qui éveilla à ce moment-là ma curiosité, moi qui n'avais fréquenté le palais de justice qu'à la seule occasion de l'assistance à un procès pénal dans le cadre du cours d'instruction civique au collège (qui ne m'avait guère marqué).

Le professeur Roger Merle (l'auteur d'une de ces bibles juridiques dont j'ai parlé plus haut, le « Merle et Vitu ») que j'avais eu la grande chance d'avoir comme professeur de droit pénal, de procédure pénale ainsi que de criminologie avait su m'enthousiasmer pour ce domaine en illustrant ses enseignements par le récit de telle affaire célèbre ou de plaidoiries qu'il avait eu à faire dans les prétoires.

Je lui dois mon goût de la chose judiciaire. Heureux l'étudiant qui comme moi a eu la chance d'avoir un « maître » dont l'intelligence pédagogique et le savoir lui ouvrent la porte d'un projet professionnel. Ce sera donc « le pénal » et le concours d'accès à l'École nationale de la magistrature de Bordeaux.

Ceci étant, le choix d'une orientation vers une maîtrise de droit public ne m'avait pas idéalement préparé à ce concours et je dus donc préparer certaines matières de droit privé en autodidacte pour réussir ce concours difficile. Les efforts accomplis furent couronnés de succès et me permirent de passer les portes de l'école bordelaise.

Un mot à ceux qui préparent ce type de concours : seul le travail paie, le reste n'est que littérature.

Ainsi le métier qui s'ouvrait à moi n'était pas du tout celui auquel j'aspirais au moment du baccalauréat. Le temps de ma formation juridique à la faculté a aussi été un temps de maturation du projet professionnel en même temps qu'une maturation personnelle.

J'avais bien conscience que la formation juridique, en dehors des savoirs qu'elle avait pu m'apporter, avait surtout modifié ma façon de structurer ma pensée en y mettant une plus grande rigueur et un goût pour la précision des termes et des notions. Si l'abord de certaines matières fut parfois un peu difficile, je n'ai pas trouvé de matières qui ne deviennent tout à fait intéressantes dès lors que l'on s'y penchait pleinement. Le droit n'offre ses charmes qu'au courtisan zélé !

Il est peu dire que cette fonction de magistrat m'apporte de nombreuses satisfactions professionnelles. Le droit est devenu un outil de travail familier. J'ai pu approcher au plus près son mode d'élaboration, le travail des administrations centrales, du Conseil d'État et du parlement, et je suis convaincu que le droit doit être un régulateur à même de favoriser la vie des hommes et être un outil à leur service.

Comment devenir magistrat de l'ordre judiciaire ?

Juge d'instance, juge aux affaires familiales, juge de l'application des peines, procureur de la République, juge d'instruction ou bien encore juge des enfants... tous ces personnages familiers de la justice française sont des magistrats. Qu'ils relèvent du siège ou du parquet, qu'ils soient indépendants ou bien au contraire subordonnés hiérarchiquement au garde des Sceaux, tous les magistrats sont formés au sein d'une seule et unique école située à Bordeaux, l'ENM.

Trois concours différents permettent d'accéder à la profession de magistrat de l'ordre judiciaire, étant observé que le premier concours correspond classiquement à celui ouvert aux étudiants des facultés de droit. À ces trois concours principaux s'ajoutent également depuis quelques années des concours dits « complémentaires ».

Les conditions d'accès aux concours

1er concours : être de nationalité française, être âgé de 31 ans au plus au 1er janvier de l'année du concours (sauf dispositions relatives au recul ou à l'inopposabilité de la limite d'âge), être titulaire d'un diplôme bac+4 ou d'un diplôme d'IEP ou être ancien élève d'une École normale supérieure, être de bonne moralité et jouir de ses droits civiques, remplir les conditions d'aptitudes physiques nécessaires à l'exercice des fonctions.

2e concours : justifier de quatre années de service public, être âgé de 48 ans et 5 mois au plus au 1er janvier de l'année du concours, être fonctionnaire, militaire ou autre agent de l'État ou d'une collectivité territoriale, d'un établissement public ou de la fonction publique hospitalière.

3e concours : être âgé de 40 ans au plus au 1er janvier de l'année du concours (sauf dispositions relatives au recul ou à l'inopposabilité de la limite d'âge), justifier de huit années au total d'une ou plusieurs activités professionnelles dans le domaine privé, d'un ou plusieurs mandats de membre d'une assemblée élue d'une collectivité territoriale ou de fonctions juridictionnelles à titre non professionnel.

Concours complémentaires : justifier d'au moins dix ans d'activité professionnelle (au second grade) ou d'au moins quinze ans (au premier grade), dans le secteur privé ou public, dans le domaine juridique, administratif, économique ou social, qualifiant particulièrement les candidats à l'exercice des fonctions judiciaires, être titulaire d'un diplôme sanctionnant une formation d'une durée au moins égale à quatre années d'études après le baccalauréat ou d'un diplôme d'IEP ou avoir obtenu le certificat attestant la qualité d'ancien élève d'une École normale supérieure, être âgé de 50 ans au moins (premier grade) et de 35 ans au moins (second grade) au 1er janvier de l'année du concours.

Les candidats peuvent se présenter au maximum trois fois à chacun des trois concours d'accès à l'ENM. Seule la présentation physique aux épreuves est comptabilisée, et non le simple dépôt du dossier. Le nombre de places offertes aux concours est déterminé par le ministère de la Justice, en fonction des besoins prévisionnels en magistrats et des impératifs budgétaires. À titre d'information, les postes offerts aux trois concours ont pu varier entre 200 et 300 depuis l'année 2012.

Thierry Rambaud

PROFESSEUR AGRÉGÉ DE DROIT PUBLIC À L'UNIVERSITÉ PARIS-DESCARTES ET À SCIENCES PO (PARIS), CONSEILLER EXPERT AU CONSEIL DE L'EUROPE ET ANCIEN DIRECTEUR DES ÉTUDES DE L'ENA

Après un baccalauréat obtenu avec mention en 1993, je m'orientais vers des études juridiques et politistes à l'université Paris 2. Cette première année universitaire fut un vrai plaisir et une réelle découverte : la diversité des matières enseignées (droit public et privé, économie, histoire...), de nouvelles méthodes (commentaire d'arrêt, étude de cas), des professeurs souvent brillants (Philippe Ardant, Albert Rigaudière...). Ce furent de bons souvenirs !

Je décidai alors de continuer mes études de droit jusqu'à l'obtention en 1998 d'un master de droit public interne à Paris où je finis major (devant un certain Laurent Wauquiez qui fut ministre de l'Enseignement supérieur et de la recherche en 2011-2012, par ailleurs brillant normalien et énarque, qui finit second, et qui ne m'en veut pas trop aujourd'hui !)

Ce fut ensuite le doctorat soutenu en 2003, puis l'agrégation des facultés de droit en droit public obtenu en 2005-2006. Avec de beaux sujets comme la Constitution de 1791 ou encore le classement des actes administratifs unilatéraux !

J'ai aujourd'hui la joie d'enseigner à la faculté des matières aussi riches que le droit constitutionnel, le droit des libertés fondamentales, le droit comparé... le droit est une matière riche et vivante qui puise sans cesse dans la jurisprudence et l'actualité. C'est l'aspect le plus motivant et formateur : puiser dans la théorie et dans l'histoire la richesse d'un enseignement, enseignement qui se renouvelle dans l'actualité constitutionnelle, législative et jurisprudentielle.

Aujourd'hui, j'entreprends principalement mes recherches dans le domaine du droit des libertés publiques et des grandes traditions juridiques dans le monde (*common law,* droit musulman). J'ai également l'opportunité de pouvoir mettre en pratique ces connaissances comme expert auprès du Conseil de l'Europe. Le métier de professeur permet de concilier idéalement l'enseignement et la recherche, le temps de la réflexion, celui de la lecture et celui de l'écriture. Le parcours est long et souvent assez complexe, mais le résultat en vaut la peine !

Comment devenir professeur des universités ?

L'enseignant-chercheur partage, comme le libellé même de son statut l'indique, son activité entre enseignement et recherche. Son statut est tantôt celui de maître de conférences (MCF) tantôt celui de professeur des universités (PR). Quel que soit le corps dont il relève, l'enseignant-chercheur assure chaque année 128 heures de cours magistraux ou bien 192 heures de travaux dirigés (TD) à destination des étudiants.

En concertation avec son équipe pédagogique, l'enseignant-chercheur élabore également – et assez librement – le contenu des formations en considération de la matière enseignée. Il assure par ailleurs l'organisation et la correction des examens, participe à des jurys d'examen ou de concours, reçoit les étudiants pour les aider et les conseiller dans le choix de leur orientation. Par-delà les enseignements qu'il dispense, l'enseignant-chercheur doit consacrer une part de son temps à la recherche fondamentale ou appliquée, singulièrement au sein du centre de recherche auquel il est associé. Que sa réflexion personnelle provienne de son travail en bibliothèque ou en laboratoire, l'enseignant-chercheur participe à l'enrichissement de sa discipline dans le cadre d'objectifs définis au niveau national ou régional. Dans les filières professionnalisées, il fait de surcroît le trait d'union entre l'université et le monde professionnel. Il concourt enfin à la diffusion des connaissances scientifiques en publiant ses travaux et en participant à des conférences et à des colloques.

Pour devenir enseignant-chercheur, il faut en premier lieu être titulaire d'un doctorat, diplôme le plus élevé du cursus universitaire, (en théorie bac+8 et parfois davantage en pratique). Il faut, en second lieu, être inscrit sur une liste de qualification établie par le Conseil national des universités (CNU), instance nationale composée exclusivement d'universitaires représentant leurs pairs. La dernière étape du recrutement est la réussite aux concours de maître de conférences ou de professeur des universités organisés par les établissements d'enseignement supérieur. Les enseignants du supérieur les plus expérimentés sont souvent appelés à exercer des fonctions à haute responsabilité, telles que la direction d'une unité de recherche, la présidence d'une université ou bien encore des missions de réflexion auprès des autorités publiques, etc.

François Daoust

Général de gendarmerie, commandant le PJGN (Pôle judiciaire de la gendarmerie nationale)

Avec un baccalauréat scientifique en poche, il était logique que je suive un cursus dans le domaine des sciences. C'est pourquoi, je me suis tout naturellement inscrit à la faculté de droit de Montpellier en 1979…

Mon but initial était peu original dans le monde des juristes, le barreau était une voie qui revenait souvent, et cela m'attirait. Engagé dans la filière de droit privé et sous l'influence du lyrisme ou de la passion de certains professeurs, ce métier prenait une direction moins commune, ce serait avocat d'entreprise. C'était un fait, la rédaction et la construction de contrats dans le monde de l'entreprise me plaisaient vraiment. Les rencontres lors de stages et la compétitivité existante m'ont conduit à faire en parallèle une petite licence de sciences. La connaissance des termes scientifiques, des techniques d'analyses, etc., ne pouvait être qu'un plus dans la profession que je visais, par la parfaite compréhension du vocabulaire et des actes scientifiques inscrits dans ces contrats.

Mais cela était sans compter sur une obligation pour laquelle la parité n'était même pas un concept et à laquelle tout citoyen homme ne pouvait déroger à l'époque : le service national.

Afin d'en retirer quelque chose de positif, plutôt que de le subir, j'effectuai une préparation militaire supérieure, car cela préparait à l'encadrement et au commandement. De plus, la mise en situation de cette formation, lors du service militaire, était un exercice concret et bien réel. Et c'est au cours de cette période que j'ai changé complètement mon orientation professionnelle. En effet, parmi les cadres qui enseignaient, il y avait un gradé de gendarmerie. Ce fut une véritable découverte. La gendarmerie ne se résumait pas à l'image d'une vigie sur un bord de route ni à celle par trop caricaturale du porteur de valise du commissaire Maigret. L'exercice de la police judiciaire dans tout le spectre de la criminalité existant alors, avec la montée en puissance de cellules d'enquêtes sur la délinquance financière me captiva. Sans être un moine soldat, travailler au service du public et de la République me séduisit et représentait un véritable engagement.

Lors de mon incorporation (entre l'écrit et l'oral de ma maîtrise du droit de l'entreprise), j'ai suivi quatre mois de classes avant d'être affecté dans un régiment en Allemagne. Ce fut pour moi une période formatrice et riche d'enseignements. Mettant de côté les petites contraintes immédiates et terre-à-terre d'un éloignement géographique temporaire et d'une parenthèse dans les études, l'encadrement et la mixité sociale dans un contexte hors cadre de référence habituel de la société, furent particulièrement intéressant et formateur.

Fort de mes nouvelles orientations et de ma petite expérience des hommes, le retour à la faculté de droit fut facile, et après ma maîtrise du droit de l'entreprise, j'ai eu la chance de pouvoir suivre, sous l'égide de Mme Lazerge, le DEA de droit pénal et de sciences criminelles qui correspondait à mes nouvelles attentes. Dans la foulée je m'inscrivais au concours des officiers de gendarmerie et à l'issue j'intégrais l'école des officiers de la gendarmerie à Melun en septembre 1984. Les deux ans d'école furent deux années d'apprentissage d'un monde qui finalement était à l'époque assez fermé et mal connu. De nombreux métiers existaient dans toutes ses composantes, du plongeur au parachutiste, du bourrelier au cavalier émérite, du spécialiste du maintien de l'ordre au commandant de section de recherche, etc.

J'apprenais la richesse de cette institution, de ses missions et de ses savoirs. Le parcours professionnel qui existait alors passait d'abord pour les jeunes officiers par la gendarmerie mobile avant de s'orienter vers la sécurité publique et le judiciaire. C'est ainsi que ma première affectation me conduisit à l'escadron de Pamiers avec lequel j'ai pu partager des missions particulières parfois dures, mais qui forgent l'esprit de solidarité et de cohésion, telles que les troubles en

Nouvelle-Calédonie, le Liban, les renforts de gendarmerie départementale tant en sécurité publique que sur les grands rassemblements de personnes. Alors que mon temps en « mobile » arrivait à son terme et se profilait celui de la sécurité publique, une orientation nouvelle s'est présentée : la création d'un laboratoire de criminalistique au sein de la gendarmerie. Dans le développement de ses capacités judiciaires et afin de couvrir le domaine complet, la gendarmerie a créé un laboratoire au profit de ses unités de terrain. La recherche d'officiers au profil universitaire et pouvant à la fois travailler dans le domaine des sciences comme dans un environnement juridique m'a permis d'intégrer cette jeune unité en 1990. Parallèlement à cette affectation, j'ai pu suivre une formation complémentaire en chimie avec les pharmaciens du service de santé des armées du Val de Grâce et poursuivre ma cinquième et sixième années de sciences à l'ESC (École des sciences criminelles) de l'université de Lausanne où j'ai obtenu un diplôme postgrade de sciences forensiques.

Grâce à la volonté de ses pionniers, le laboratoire compte aujourd'hui 234 personnes et couvre tous les domaines de la criminalistique sur un même plateau. Participer, même modestement, à cette aventure que fut le développement de l'IRCGN (Institut de recherche criminelle de la gendarmerie nationale) est pour moi extraordinaire. L'engagement permanent dans le scientifique et le judiciaire, y compris directement sur le terrain pour les grandes scènes de crimes et de catastrophes, reste des moments forts, particulièrement poignants et pour lesquels nous sommes en empathie avec les familles de victimes. Mais ils demeurent empreints d'une constante, le professionnalisme du geste, et d'une volonté : aider à révéler la vérité.

Depuis 1990, après être passé derrière les paillasses, avoir commandé un département criminalistique et une division criminalistique, j'ai également eu la chance d'être affecté deux fois sur le terrain, une première fois à la tête de la compagnie de gendarmerie départementale de Nice et plus tard dans ma carrière j'ai pris le commandement du groupement de gendarmerie départementale de la Savoie. Cette alternance de commandement territorial et de postes au laboratoire est particulièrement riche et efficace dans son concept. Elle permet de ne jamais être coupé des contraintes et difficultés quotidiennes des uns et des autres facilitant la compréhension des interventions, la fluidité des échanges et les attentes communes.

C'est ainsi que j'ai dirigé depuis 2009 et pendant six années l'IRCGN, avant d'être nommé le 1er août 2015 général à la tête du PJGN. Le PJGN est une unité emblématique de la gendarmerie regroupant l'IRCGN, le SCRC (Service central de renseignement criminel), le C3N (Centre de lutte contre les criminalités numériques) et l'OCSTI (Observatoire central des systèmes de transport intelligents), et qui a pris ses quartiers à Pontoise dans les locaux répondant aux critères du XXIe siècle, qui ont été construits et adaptés à toutes ses missions.

En relisant la présentation de ma carrière, je mesure le parcours de cet étudiant qui commençait ses études en droit en 1979 pour exercer un métier et qui, en trente ans, en a fait près d'une dizaine.

Comment devenir Officier de gendarmerie ?

Force militaire chargée d'assurer la protection des personnes et des biens, la gendarmerie nationale est une entreprise moderne qui tire sa principale force de ses ressources humaines : plus de 100 000 hommes et femmes mettent leurs compétences, leur idéal et leur enthousiasme au service de la sécurité de leurs concitoyens.

Les 6 543 officiers de gendarmerie, qui représentent 5 % de l'effectif total, constituent l'encadrement supérieur de l'institution. Les hautes et nombreuses responsabilités qu'ils exercent les amènent à collaborer étroitement avec les autorités administratives, judiciaires, et militaires, ainsi qu'avec les élus qu'ils côtoient régulièrement.

Installée depuis le 1er octobre 1945 à Melun, ville préfecture de Seine-et-Marne (77), l'École des officiers de la gendarmerie nationale (EOGN), a pour mission d'assurer la formation initiale et continue des officiers de gendarmerie à l'exercice de leurs fonctions de commandement et de les préparer à leurs futures responsabilités de cadre de haut niveau.

L'École s'est fixé quatre objectifs pour la formation initiale de chaque officier :

• accroître ses qualités d'ouverture et de compréhension de ses environnements humain, social et professionnel ;

• acquérir les connaissances juridiques, techniques et administratives nécessaires au commandement d'une unité élémentaire ;

• se préparer en tant que chef militaire à faire face aux situations de crise ou de conflits armés ;

• forger son identité d'officier de gendarmerie dans le respect de la loi et des règles déontologiques.

L'enseignement au sein de l'École se caractérise par plusieurs pôles d'excellence reconnus en France et à l'étranger, notamment celui de l'éthique et de la déontologie.

Depuis le 1er septembre 2008, l'EOGN a intégré le centre d'enseignement supérieur de la gendarmerie et participe donc à la formation continue de tous les officiers de gendarmerie.

À savoir : le recrutement de type universitaire est ouvert aux candidats de nationalité française, titulaires d'un diplôme ou titre conférant le grade de master ou d'un diplôme ou titre homologué ou enregistré au répertoire national des certifications professionnelles au niveau 1 (1° de l'article 6 du décret du 12 septembre 2008). Au 1er janvier de l'année du concours, le candidat doit être âgé de 27 ans au plus (condition d'âge reculée d'un temps égal à celui effectué au titre du volontariat dans les armées, sans toutefois pouvoir excéder un an ou d'une durée égale au temps effectif de service civique accompli) et doit être en règle au regard des dispositions du code du service national.

Après l'obtention du concours, les lauréats sont soumis à une visite médicale d'incorporation avant d'intégrer les rangs de l'EOGN pour une formation de vingt-quatre mois. La première année de formation est composée d'un enseignement militaire effectué notamment en partenariat avec les écoles de Saint-Cyr Coëtquidan d'une durée totale de quinze semaines, et d'enseignements professionnels ponctués par de nombreux stages dans des matières spécifiques : droit, langues, interventions professionnelles. Au cours de la deuxième année, les élèves suivent une formation professionnelle destinée à préparer les officiers à exercer directement leur premier commandement dans l'une des quatre dominantes qui leur sont proposées : sécurité publique, maintien de l'ordre, police judiciaire, sécurité routière. À cela s'ajoute une formation universitaire conduisant les officiers-élèves à l'obtention d'un master 2 professionnel « Droit et stratégies de la sécurité » délivré par l'université Panthéon-Assas.

(Source : EOGN.)

Céline Postel

Juriste d'entreprise (SNCF), directrice de la stratégie au sein de la direction de la sûreté.

Bien qu'admise en terminale scientifique, c'est avec la volonté d'embrasser une carrière de commissaire de police que je quittais toutes mes amies et changeais de lycée pour intégrer une terminale B. À l'époque, les enseignants et conseillers d'orientation m'avaient assurée que cette voie était la meilleure.

Les « Julie Lescaut » et autres femmes de loi « ou d'honneur » n'existaient pas encore et aucune promotion particulière n'était donc faite à l'égard de cette profession. Mon environnement familial était étonné par ce choix précoce que l'on pensait davantage réservé aux hommes (« La police, un métier d'hommes », affirmaient à l'époque les publicitaires), mais n'avait pas émis d'objection. Il faut dire qu'un seul objectif me motivait car, éduquée dans un environnement très orienté sur l'histoire de l'art et voué au service public, je souhaitais intégrer, au sein du ministère de l'Intérieur, l'Office central de répression du trafic des biens culturels.

Le baccalauréat obtenu, cet objectif motiva mes choix durant mon cursus universitaire : maîtrise de droit mention « carrières judiciaires » à l'université Panthéon-Sorbonne, DEA de droit pénal et certificats de l'Institut de criminologie à l'université Panthéon-Assas, puis une inscription en thèse sur la thématique du droit pénal et des objets d'art.

Je tentais donc le concours mais sans succès. Contrainte par la force des choses de trouver rapidement une activité professionnelle, je souhaitais en revanche impérativement exploiter mes compétences en matière pénale.

Encore aujourd'hui, très peu d'entreprises disposent d'un service pénal. Auréolée de mes diplômes, je fus recrutée en CDD pour six mois au sein de l'unité pénale de la direction juridique de la RATP puis, définitivement au sein de la division pénale de la direction juridique de la SNCF. Ces deux entreprises sont en effet assujetties à une police des chemins de fer et disposent également d'un service interne de sécurité. Pour la SNCF, la Suge (surveillance générale) est rattachée à la direction de la sûreté de l'entreprise.

Vingt-cinq ans après, je continue chaque jour à me réjouir de ce choix car bien qu'exerçant désormais des fonctions stratégiques, la diversité des sujets traités durant mes fonctions de juriste (droit pénal du transport, droit pénal du travail, droit pénal de l'environnement, droit pénal des affaires, hygiène et sécurité du travail...) a été et reste encore très utile dans le quotidien professionnel. Les postes successivement occupés attestent également de l'immense richesse des relations professionnelles développées au sein de cette entreprise, par-delà la nécessité de travailler en permanence sur le dialogue social de l'entreprise. Pour une pénaliste, l'intégration au sein d'une entreprise, au moment même de l'entrée en vigueur du nouveau concept de responsabilité pénale de la personne morale présentait un vif intérêt, non démenti depuis.

Le rôle du juriste d'entreprise est protéiforme. Il conseille, analyse, consulte, sensibilise, forme, oriente, décrypte les textes et peut également réaliser de la veille juridique opérationnelle. Souvent associé en amont aux décisions stratégiques de l'entreprise, son sens de l'anticipation est alors fondamental.

S'il ne plaide pas, le juriste d'entreprise est, dans l'hypothèse d'un contentieux, l'interlocuteur naturel des avocats auxquels peuvent être communiqués des documents pertinents et des instructions précises.

Le juriste d'entreprise est un pivot indispensable entre les autorités judiciaires et les acteurs de l'entreprise. Sa connaissance des intérêts de son entreprise, d'un contexte parfois très spécifique, son appréhension transverse de problématiques pouvant influencer plusieurs domaines de l'entreprise en font un interlocuteur privilégié et très sollicité.

L'intégration au sein d'une grande entreprise de service public (l'EPIC SNCF compte à ce jour plus de 150 000 agents) comporte de nombreux intérêts :
– tous les domaines du droit sont abordés y compris ceux relatifs au droit public ;
– des passerelles vers d'autres fonctions sont parfaitement envisageables après plusieurs années passées au sein d'une direction juridique ; il en est ainsi des fonctions RH ou de fonctions au sein de la direction de la sûreté. Dans ce domaine particulier, des candidats titulaires d'une licence en droit ou d'un master en droit et sécurité peuvent faire l'objet d'une intégration directe en qualité de managers de proximité puis évoluer dans des postes fonctionnels. L'intégration au sein de la Suge est soumise à une formation professionnelle de quatre mois, interne à l'entreprise.
– enfin, il est possible, pendant quelques années d'acquérir une expérience professionnelle auprès d'autres sociétés du Groupe.

Dans tous les cas, le travail en réseau reste fondamental et le maintien d'un esprit d'analyse et de synthèse gage d'une réelle satisfaction professionnelle.

Comment devenir juriste d'entreprise ?

Le juriste d'entreprise est le garant des intérêts de son employeur. Plutôt généraliste au sein d'une petite structure, le juriste d'entreprise a tendance à être spécialisé dans un domaine précis au sein de structures plus importantes (droit pénal, droit social, droit des sociétés, droit fiscal, droit de l'immobilier, droit des nouvelles technologies de l'information, etc.).

Le rôle du juriste d'entreprise est d'interpréter, d'appliquer, et d'expliquer les textes de lois à ses collaborateurs ou à ses clients. Partant, il doit se tenir informé en permanence de l'évolution des lois et réglementations, et veiller à leur bonne application par une déclinaison pratique au sein de son entreprise. Il doit prévoir les différents risques qu'encourt son employeur et a donc une activité d'assistance et de conseil. Il participe également à la rédaction de contrats complexes et élabore des montages juridiques avantageux pour son entreprise. Il gère les contentieux et participe aux négociations commerciales. Il peut également participer à l'élaboration et à la déclinaison de formations spécifiques adaptées à son entreprise.

Le juriste d'entreprise exerce ses fonctions généralement dans les grandes entreprises ou les groupes internationaux. Sa carrière peut évoluer vers un poste de directeur juridique, de responsable de ressources humaines ou bien encore d'avocat.

La profession de juriste d'entreprise n'est pas subordonnée à l'obtention d'un concours. Le recrutement se fait sur dossiers (CV, lettre de candidature et entretiens d'embauche) étant observé que certains diplômes universitaires sont fortement appréciés par les entreprises. Il en est ainsi, par exemple, des masters 2 professionnels et du diplôme de juriste conseil d'entreprise (DJCE).

(Source : Lille 2.)

Christian Borniche

Secrétaire général de l'ESEP (École supérieure des enquêteurs de droit privé), Président de l'Union fédérale des enquêteurs de droit privé, chargé d'enseignement à l'Université Panthéon-Assas Paris 2

Il m'était difficile, en tant que responsable syndical, de refuser de témoigner sur une profession nouvelle, dans les textes sinon dans la pratique, et c'est donc à cette activité libérale d'enquêteur de droit privé que j'ai demandé de porter témoignage sur son histoire et sa transformation, au fil des ans, en une activité « para-juridique », désormais issue du monde universitaire, et reconnue, depuis peu, comme « un des acteurs privilégiés de l'effectivité même des droits de la défense ». Je lui laisse donc la plume...

Je suis née en 1833 à Paris, rue Cloche-Perse, près de l'église Saint-Eustache, d'un père – Eugène, François Vidocq – ancien bagnard, devenu chef de la police de sûreté parisienne avant de créer, à Paris, la première agence de recherches privées comme elles existent encore actuellement.

Je peux me vanter d'avoir eu, au sein du « Bureau des renseignements universels pour le commerce et l'industrie », de célèbres clients, comme, par exemple, Alfred de Vigny qui faisait suivre la comédienne Marie d'Orval dont il était éperdument amoureux.

En 1850, je découvre les États-Unis, grâce à Allan Pinkerton, ancien tonnelier et révolutionnaire écossais qui m'exportera vers le nouveau monde en créant ce qui deviendra l'agence homonyme, avec 70 succursales et près de 25 000 collaborateurs.

C'est en juillet 1900 que la première législation, héritée du droit allemand, verra le jour en France, instaurant une autorisation préfectorale délivrée sur des critères de moralité mais limitée à l'Alsace-Moselle. Il faudra attendre 1942 pour qu'une loi impose des conditions d'honorabilité, aux seuls directeurs d'agence mais sur l'ensemble du territoire, 1977 pour qu'un décret d'application de la loi soit enfin promulgué (avec 35 ans de retard), 1980 pour que les conditions d'honorabilité soient étendues à tout le personnel, et 2003 pour voir totalement refondue la législation imposant une formation professionnelle et un agrément de l'État.

Il est dommage que les retards apportés par l'autorité publique à la publication d'un texte réglementaire n'aient permis à cette réforme de n'entrer en application qu'au lendemain du décret n° 2009-214 du 23 février 2009, me laissant, pendant six ans, dans un vide juridique presque total.

Mais aujourd'hui, quelques réformes législatives et réglementaires plus tard, je suis devenue une profession libérale à part entière, relevant (depuis mai 2012) du Code de la sécurité intérieure (livre VI, titre II), placée sous la tutelle d'un organisme public de contrôle et de régulation, dirigé par un Préfet, établissement public administratif chargé de délivrer, au nom de l'État, les agréments et autorisations, tout autant que de poursuivre disciplinairement les manquements au code de déontologie qu'il a élaboré.

J'ai, également, été classée « profession de sécurité privée » (loi n° 95-73 du 21 janvier 1995, annexe I, chapitre I-3).

En 1997, l'université Panthéon-Assas Paris 2, saisie par l'Union fédérale des enquêteurs de droit privé, créait, pour la première fois en France, deux diplômes publics (juillet 1998 et juillet 2000), anticipant la réforme législative de 2003 qui imposera l'obligation de posséder une qualification professionnelle.

En 2003, le nouveau statut de la profession renforcera mon caractère libéral déjà reconnu par un décret du 15 décembre 1977. Il légalisera aussi les filatures, en m'autorisant à recueillir, même sans faire état de ma qualité, ni révéler l'objet de la mission, des informations ou renseignements destinés à des tiers, en vue de la défense de leurs intérêts (art. L621-1 code de la sécurité intérieure – rapport n° 508 commission des lois, Assemblée nationale du 18 décembre 2002).

En 2006, le ministre de l'Enseignement supérieur et de la Recherche créa, à mon intention, un diplôme d'État pour ceux qui voulaient embrasser la carrière – l'actuelle « licence professionnelle sécurité des biens et des personnes, mention activité juridique, directeur d'enquêtes privées » – et chargea l'université Paris 2 d'en dispenser l'enseignement.

Parallèlement à ces avancées législatives et réglementaires, la jurisprudence est venue, au fil des années, affiner l'exercice de la profession et de la réglementation, en reconnaissant, par exemple, un secret professionnel (art. 226-13 code pénal et 378 ancien code) de droit commun (CA Paris, 9/07/80, 9e ch. sect. B – 30/06/82, 4e ch. sect. A – 13/12/2002, 12e ch. sect. B – TGI Paris, 27/06/2001, 12e ch. – TGI Chalon-sur-Saône, 30/05/2014, ch. correctionnelle CA Dijon, 28/01/2016, ch. correctionnelle), toute indiscrétion constituant une faute (TGI Paris, 02/05/1978, 17e ch.), et en confirmant, par ailleurs, sous certaines réserves, la validité des rapports devant les cours et tribunaux, ou relevant, encore, une usurpation de qualité (art. 433-17 code pénal) pour les personnes exerçant sans autorisation (TGI Cambrai 06/04/2009) etc.

En 2009, la Commission nationale de la déontologie de la sécurité (aujourd'hui remplacée par le Défenseur des droits) rendit un avis historique, adopté en Assemblée plénière, estimant que la violation du secret professionnel constituait – outre une infraction pénale – une violation de la déontologie, et relevant que l'enquêteur de droit privé est devenu « un des acteurs privilégiés de l'effectivité même des droits de la défense » (avis CNDS n° 2008-135 du 21/09/2009), et qu'il est « nécessairement dépositaire d'informations confidentielles dans le cadre d'un secret partagé avec l'avocat ».

Cette reconnaissance de partenaire des droits de la défense n'a, d'ailleurs, rien d'étonnant puisque j'interviens, en effet, à la requête des juristes et plaideurs, pour rechercher des preuves dans le cadre de procédures civiles et commerciales qui ne relèvent ni du procureur de la République, ni d'un juge d'instruction, ni des services officiels de police et de gendarmerie.

Dans l'exercice de mes fonctions, je peux aider à rechercher ou fixer des preuves dans des affaires aussi variées que, par exemple : les conflits familiaux (infidélité conjugale, problème de mineurs) ; les recherches de bénéficiaires des contrats d'assurance non réclamés ; les litiges immobiliers (violation des clauses du bail, utilisation non conforme d'un appartement…) ; les fraudes aux assurances (escroqueries et tentatives, exagération de sinistres, déclarations mensongères ou abusives…) ; les litiges commerciaux (concurrence et pratiques déloyales, contrefaçon) ; les conflits professionnels (violation des règles de sécurité, faux arrêts maladie, détournement de clients, mise en danger de l'emploi, harcèlement…) ; en recherchant des débiteurs et enquêtant sur leur solvabilité ; en recherchant des éléments pour la révision d'un procès dans les affaires pénales.

Je peux également intervenir préventivement en déterminant le parcours professionnel d'un futur associé, en contrôlant la santé financière des entreprises qu'il a pu diriger, ou encore aider aux retrouvailles d'une famille en recherchant ses membres éclatés (s'ils acceptent la divulgation de leur adresse), la recherche dans l'intérêt des familles ayant été abandonnée par les pouvoirs publics (circulaire du 26 avril 2013, portant abrogation de la circulaire du 21 février 1983 relative aux recherches dans l'intérêt des familles).

Tel est donc mon parcours professionnel depuis 1833, avec une évolution (ou une révolution ?) qui devrait encore se poursuivre dans les prochaines années.

Ainsi, en 2015, le législateur a complété la qualification des membres de la profession en leur imposant le suivi d'une formation continue. Il n'est pas impossible que, dans un avenir plus ou moins proche, les enquêteurs de droit privé – ou, au moins, certains d'entre eux – puissent intervenir judiciairement, sous le contrôle des magistrats civils et commerciaux, afin de rechercher, établir et fixer des preuves nécessaires, soit à la solution d'un litige, soit à la réparation d'un préjudice.

Plusieurs décisions de ce type sont déjà intervenues avec la désignation d'un enquêteur de droit privé chargé, par des juridictions civiles et commerciales, d'exécuter une mesure d'instruction dans les domaines de la fraude aux assurances comme des pratiques déloyales.

Réussir son droit est donc, désormais, une composante essentielle pour exercer la profession en toute sécurité, et en toute légalité.

Comment devenir enquêteur de droit privé ?

• Diplôme d'université enquêteur privé : durée 1 an (1 jour et demi par semaine) : enseigne les bases techniques et juridiques indispensables à l'exercice de la profession mais ne permet pas d'exercer dans une agence de recherches privées. En revanche il donne accès à la licence professionnelle.

• Licence professionnelle « activité juridique, directeur d'enquêtes privées » : durée 1 an (2 jours par semaine + stage obligatoire de 400 heures)

Diplôme d'État, dédié à la direction d'une agence, qui permet d'obtenir l'agrément pour exercer en qualité de directeur d'agence, d'enquêteur indépendant, de collaborateur libéral ou d'associé d'une personne morale.

Pour plus d'infos :

Le centre d'information : 01 45 22 22 22 (service vocal non surtaxé) ou www.enqueteur.info.

Le syndicat : www.ufedp.fr

Législation : www.enqueteur.fr

Formations Paris 2 : www.formation.enqueteurs.info

Conditions d'accès (Code de la sécurité intérieure) à la direction d'agence, ou la collaboration libérale :

• qualification professionnelle (formation universitaire) ;
• agrément préalable des dirigeants et des indépendants ;
• honorabilité irréprochable (enquête administrative) ;
• autorisation préalable pour chaque établissement ;
• immatriculation préalable de l'entreprise au CFE ;
• assurance responsabilité civile professionnelle obligatoire ;

• autorisation administrative préalable à l'embauche d'un enquêteur salarié (contrôle d'honorabilité).

Critères complémentaires conseillés :

• assurance protection juridique du cabinet ;

• inscription dans une organisation syndicale (pour les services) ;

• permis moto (en zone urbaine) ;

• minimum 25/27 ans pour diriger une agence.

Emmanuelle Dupic

Inspecteur principal des finances publiques

J'ai décidé de m'orienter vers la fonction publique après une maîtrise de droit public (actuel master) à l'université Paris 2. À vrai dire, je n'avais pas à l'époque d'idée très précise de ce que je voulais faire, mais j'avais déjà effectué plusieurs vacations au sein du ministère des Finances qui m'avaient permis de découvrir des métiers aussi divers qu'intéressants. J'ai donc intégré un IPAG afin de préparer des concours de la fonction publique, et plus particulièrement ceux du ministère des Finances. J'ai réussi celui d'inspecteur du Trésor public en 1998.

Le premier poste. Après une année de formation théorique et six mois de stage pratique, j'ai pris mes fonctions en tant qu'adjointe à la trésorerie municipale de Saint-Denis. À la tête d'une équipe de 20 personnes et en relation directe avec le service des finances de la ville de Saint-Denis, j'étais chargée de garantir la bonne tenue de la comptabilité de la ville (recouvrement des recettes, contrôle et exécution des dépenses). Ce premier poste m'a permis de découvrir un métier certes technique mais faisant surtout appel à des qualités managériales, relationnelles et à une grande réactivité afin de répondre aux attentes des élus, des usagers et des entreprises.

Par la suite, j'ai exercé des missions variées, notamment au ministère des Finances, allant de la gestion des ressources humaines à l'élaboration de la réglementation comptable des établissements sociaux et médico-sociaux à Bercy, ce qui m'a conduit à participer à la rédaction d'arrêtés et décrets, et de me rendre au Conseil d'État pour présenter ces textes. Dans ce dernier poste, j'ai participé à l'élaboration des nouvelles règles de gestion applicables aux inspecteurs suite à la fusion de la direction générale des impôts et de la direction générale de la comptabilité publique, et de l'entrée en vigueur des nouveaux statuts le 1er septembre 2011. J'y ai découvert le dialogue social et les relations avec les organisations syndicales.

Aujourd'hui, après avoir réussi le concours professionnel d'inspecteur principal, je suis auditrice dans le département des Hauts-de-Seine. À ce titre, je vérifie le bon fonctionnement et le degré de maîtrise des risques dans des structures aussi diverses que les services de ma direction, les agences comptables de lycées, les régies de tribunaux, de musées… Pour cela, je me déplace dans ces différents établissements de manière inopinée. Autant dire que la routine n'existe pas : à chaque établissement un fonctionnement et des problématiques différentes. En cela, mon audit de la régie d'une maison d'arrêt aura été le plus impressionnant : l'entrée dans la prison, le déverrouillage et la fermeture des portes à mon passage… j'en garderai un souvenir marquant mais je ne regrette en aucun cas cette expérience.

Il m'arrive également d'avoir à faire face à un détournement. Je dois alors mener une enquête pour évaluer le montant du préjudice et le mode opératoire. Ce petit côté « Sherlock Holmes » n'est pas pour me déplaire même si cela demeure heureusement exceptionnel.

Pour le moment, mon métier d'auditrice me plaît mais d'ici un ou deux ans, je serai amenée à envisager un poste de responsable de service pour continuer à évoluer dans les fonctions d'encadrement supérieur.

Comment devenir inspecteur des finances publiques ?

Les missions d'un inspecteur des finances publiques – dont le concours est accessible à tout titulaire d'un diplôme de niveau bac+3 – présentent une grande diversité de sorte que chacun peut trouver un métier adapté à son profil et à ses ambitions professionnelles. Les principales fonctions de l'inspecteur des finances publiques sont les suivantes :

- dans un service des impôts des particuliers (SIP) ou dans un service des impôts des entreprises (SIE), piloter la mission d'accueil en assurant un rôle d'expertise sur les dossiers complexes ;
- dans un pôle de recouvrement spécialisé (PRS), apporter un soutien technique sur les recouvrements à fort enjeu ;
- dans un pôle de contrôle et d'expertise (PCE), assurer le contrôle sur pièces des dossiers des professionnels ;
- en tant que vérificateur, travailler au contact direct du monde économique à travers les contrôles fiscaux d'entreprises ou de particuliers ;

- dans un service du cadastre, diriger une équipe chargée de la mise à jour du plan cadastral et entretenir de nombreux contacts avec les usagers, les géomètres experts et les collectivités locales ;
- dans un service comptabilité de l'État, d'une direction départementale ou régionale des finances publiques (DRFiP/DDFiP), encadrer une équipe chargée de la tenue de la comptabilité générale et jouer un rôle de soutien et d'expertise sur les situations à risque ;
- dans un service dépenses de l'État d'une DDFiP/DRFiP, encadrer une équipe et superviser notamment le traitement des actes de dépenses (dépenses de fonctionnement, d'investissement, marchés publics) émanant des services ordonnateurs ;
- dans une DDFiP/DRFiP, exercer des fonctions supports en tant que chef du service des ressources humaines, de la formation professionnelle ou encore du budget-logistique ;
- dans un centre des finances publiques, exercer le rôle d'adjoint ou chef de poste, chargé d'un secteur d'animation et d'expertise dans le secteur public local.
- en tant que rédacteur dans le réseau ou en administration centrale, procéder à des expertises techniques dans votre spécialité ;
- en tant qu'huissier, participer sur le terrain au recouvrement forcé des produits d'État, locaux et divers.

L'inspecteur des finances publiques bénéficie d'une formation rémunérée de dix-huit mois qui le prépare efficacement à l'exercice de son futur métier. Il reçoit tour à tour une formation théorique de douze mois à l'École nationale des finances publiques (à l'établissement de Noisiel ou de Clermont-Ferrand, voire éventuellement de Toulouse), puis six mois de stage pratique dans sa première direction d'affectation. Le concours d'inspecteur principal permet d'accéder rapidement à des fonctions d'encadrement supérieur.

Élodie Frago

Conseiller technique juridique et CIL (Correspondant informatique et liberté) à l' ACSEA (Association calvadosienne pour la sauvegarde de l'enfant à l'adulte)

Nous sommes en 1990, à la veille de la date limite de la première inscription administrative à l'université et j'hésite encore entre études de droit ou de médecine. Mes parents s'impatientent, une discussion s'engage, ce sera droit : « Avec un diplôme de droit en poche, tu trouveras toujours du travail », me précise alors mon père.

J'intègre par conséquent les bancs de la faculté de droit et de sciences politiques de Caen au mois d'octobre de cette même année et j'y effectue les trois années suivantes jusqu'à l'obtention d'une maîtrise « mention carrière judiciaire ». Je conserve un excellent souvenir de cette période en raison d'une part de la qualité des enseignements reçus et d'autre part de sa résonnance sur mon rapport aux études. C'est en effet durant ce premier cycle que j'apprends à m'organiser, à structurer ma pensée, à m'exprimer clairement ainsi qu'à chercher. Car si un juriste ne peut tout connaître de la matière juridique, il doit néanmoins savoir où trouver la ressource lui permettant de raisonner !

Au regard des effectifs, 1 200 étudiants en première année et 300 en maîtrise (toutes filières confondues), une discipline personnelle s'impose naturellement et rapidement pour pallier l'absence d'encadrement, à l'exception des trois heures de travaux dirigés hebdomadaires. C'est dès les premières semaines de cours en première année de DEUG (remplacé aujourd'hui par la licence) que je fais la connaissance de celle que j'ai coutume de nommer « mon binôme ». Nous ne nous quitterons pas pendant quatre ans, nous imposant un rythme et une régularité dans le travail, confrontant nos analyses, nos questionnements et nous motivant à tour de rôle lors des moments de doute ou de découragement.

En 1994, le programme ERASMUS offre la possibilité d'effectuer une année d'études à l'étranger. Je saisis cette opportunité et m'installe une année à Londres afin d'y suivre une nouvelle maîtrise « mention droit européen et droit de la famille ». Les cours, les examens écrits et oraux sont dispensés en anglais, ce qui me permet de progresser rapidement et de combler l'absence de cours d'anglais juridique en France.

Titulaire de deux maîtrises, je décide d'intégrer un troisième cycle et candidate auprès de deux masters 2, droit de la famille et droit de la santé. Je choisis le second et effectue un stage auprès du CHU de Caen en qualité de chargée de mission afin d'accompagner l'entrée en vigueur des lois bioéthiques à l'hôpital. Malheureusement, cette expérience de quelques mois ne connaîtra pas de suite consolidée.

Un peu désemparée, je décide alors de préparer le concours d'entrée à l'École nationale de la magistrature et obtiens une place d'auditeur de justice stagiaire au TGI (tribunal de grande instance) d'Argentan. La découverte du monde judiciaire va conforter mon choix, mais je ne suis pas admissible à l'oral.

Je décide alors d'entrer dans la vie active pour, enfin, confronter mes connaissances théoriques et la réalité d'une profession. Ayant croisé quelques délégués à la tutelle lors de mon stage au tribunal d'instance de Domfront, je postule auprès de l'une des trois associations tutélaires du département du Calvados dans le but d'y exercer ce métier. Je suis recrutée et découvre une profession enrichissante et passionnante située à la croisée de nombreux champs professionnels : le domaine juridique bien sûr, mais également le domaine social, la psychiatrie, et celui de l'insertion professionnelle, les sciences humaines…

Je fais partie des tout premiers juristes à intégrer ce genre de service et ma légitimité n'est pas acquise d'emblée ! Il me faut faire mes preuves et parvenir à m'imposer par mes connaissances et compétences ainsi qu'à m'adapter et à apprendre pour le reste. En effet, la faculté de droit ne forme pas à la relation d'aide, pas davantage à la conduite d'entretien, ni à la constitution d'un dossier d'ouverture de droits... En revanche, elle nous forme en droit des personnes et droit des contrats. Elle nous enseigne également la réflexion, la prise de distance et la curiosité. Dotée de ces atouts majeurs je suis sortie plus grande de cette expérience semi-empirique !

J'œuvre maintenant depuis une vingtaine d'années dans le champ médico-social. Initialement déléguée à la tutelle, j'ai ensuite endossé successivement les fonctions de chef de service dans le champ tutélaire, puis responsable de l'action sociale au sein d'un regroupement de mutuelles et enfin directrice d'un département réunissant un service MJPM (mandataire judiciaire à la protection des majeurs) ainsi qu'un service de protection de l'enfance exerçant des mandats d'investigation éducative, des mesures de réparations pénales et de médiation (familiale et espace de rencontre). J'ai pu accompagner des équipes pluridisciplinaires dans la mise en œuvre des nombreuses réformes impactant le secteur social et médico-social depuis les années 2000. À ce titre, mes études juridiques m'ont à chaque fois permis d'appréhender rapidement les enjeux légaux et réglementaires en mouvement. J'ai continué à me former en passant un DU d'addictologie ainsi que mon certificat national de compétence MJPM.

Depuis le 1er janvier 2013, j'exerce des fonctions de conseiller technique juridique et de correspondant informatique et liberté au siège de l'association au sein de laquelle j'étais directrice. Formée par la Commission nationale informatique et liberté, je suis garante, en collaboration avec le responsable des systèmes d'information, de la protection et de la sécurité de l'ensemble des données à caractère personnel et sensible que l'association traite. Par ailleurs, je suis compétente dans tous les domaines du droit, à l'exception du droit social, dévolu au service RH. Je n'hésite pas à recourir à un conseil expert lorsque je ne maîtrise pas la matière ou lorsque j'ai besoin d'être confortée dans ma position.

Pour conclure, je suis aujourd'hui convaincue que les études juridiques peuvent conduire à bien des débouchés, parfois différents de celui ou ceux escomptés au départ de notre cursus. Elles nous préparent de manière certaine à l'autonomie dans la réflexion et nous confèrent une qualité certaine : l'adaptabilité.

Comment devenir mandataire judiciaire à la protection des majeurs ?

La fonction consiste à mettre en place les mesures de protection des majeurs que le juge des tutelles confie au mandataire au titre du mandat spécial auquel il peut être recouru dans le cadre de la sauvegarde de justice ou au titre de la curatelle, de la tutelle ou de la mesure d'accompagnement judiciaire. La désignation d'un mandataire judiciaire peut être liée à l'isolement de la personne protégée, à l'existence de conflits familiaux, ou à la valeur et à la complexité du patrimoine nécessitant des compétences importantes en matière de gestion financière et comptable. Si le mandataire est chargé d'exécuter le mandat spécial auquel il peut être recouru dans le cadre de la sauvegarde de justice, il est autorisé à effectuer certains actes déterminés mais le majeur placé sous sauvegarde de justice conservera l'exercice de ses droits. La mesure de sauvegarde de justice est un dispositif souple et de courte durée (deux ans maximum). Si le mandataire est chargé d'exécuter la curatelle – on l'appelle alors le curateur – il assiste le majeur dans les actes importants de la gestion de son patrimoine. Il peut l'assister dans certains actes concernant la protection de sa personne. S'il est chargé d'exécuter la tutelle – on l'appelle alors le tuteur – il représente le majeur dans tous les actes concernant la gestion du patrimoine de celui-ci. Il peut l'assister ou le représenter dans certains actes concernant la protection de sa personne. S'il est chargé d'exécuter la mesure d'accompagnement judiciaire, il est chargé de percevoir et gérer tout ou partie des prestations sociales dont bénéficie le majeur. Il mène auprès de lui une action éducative afin de rétablir les conditions d'une gestion autonome des prestations sociales.

Pour exercer l'activité de mandataire, il faut être âgé au minimum de 25 ans, satisfaire à certaines conditions de moralité et obtenir un agrément préfectoral. Cet agrément est délivré après vérification du respect de certaines conditions et avis conforme du procureur de la République. L'activité de mandataire peut être exercée sous forme d'une entreprise individuelle, sous forme de société ou sous forme associative.

Tout mandataire doit par ailleurs justifier d'une expérience professionnelle d'une durée minimale de trois ans dans un des domaines nécessaires à l'exercice des fonctions de mandataire (exemple : gestion administrative, financière, budgétaire, fiscale ou patrimoniale, action sociale, activité juridique, notamment droit civil, droit de la famille, etc.) et avoir obtenu le certificat national de compétence de mandataire judiciaire. Ce certificat atteste que vous avez suivi avec succès la formation complémentaire attestant des compétences nécessaires à l'exercice des fonctions de mandataire. Pour pouvoir accéder à cette formation, le candidat doit être titulaire d'un diplôme ou titre enregistré au niveau III du répertoire national des certifications professionnelles (par exemple, diplôme universitaire de technologie (DUT) ou brevet de technicien supérieur (BTS) ou diplôme de fin de premier cycle de l'enseignement supérieur).

Gilles Jurie

Conseiller de tribunal administratif et de cour administrative d'appel

J'ai suivi un cursus universitaire classique en droit (université Clermont-Ferrand 1) qui s'est achevé par l'obtention d'un DEA (diplôme d'études approfondies, dont l'équivalent actuel est le master 2 recherche) de droit public. J'ai ensuite, pendant plusieurs années, eu l'occasion d'exercer les fonctions de chargé de travaux dirigés, notamment en droit administratif général, en droit administratif des biens et en contentieux administratif.

Il existe essentiellement quatre voies d'entrée dans le corps de conseiller de tribunal administratif et de cour administrative d'appel : la voie de l'École nationale d'administration, la voie du tour extérieur, la voie du détachement et la voie du recrutement direct par voie de concours externe et interne (anciennement concours complémentaire).

C'est par cette dernière voie que j'ai intégré le corps. Il s'agit d'un concours administratif auquel peuvent candidater les titulaires de l'un des diplômes exigés pour se présenter au premier concours d'entrée à l'ENA, âgés de 25 ans au moins au 31 décembre de l'année au titre de laquelle le concours est ouvert. Il est organisé en deux épreuves d'admissibilité et une épreuve d'admission (arrêté du 28 septembre 2012). Une note résultant de l'étude d'un dossier de contentieux administratif constitue la première épreuve d'admissibilité, la seconde consistant en une dissertation de droit public. L'admission s'effectue par un oral de droit public. En ce qui concerne les modalités pratiques de candidature à ce concours (niveau de diplôme, seuil d'âge, programmes, organisation des épreuves, coefficients, etc.), on se référera utilement aux informations présentées par le Conseil d'État sur son site Internet : http://www.conseil-etat.fr/fr/recrutement-complementaire-de-conseillers-de/. L'activité des juridictions administratives est

également clairement présentée sur ce site, qui peut constituer une première étape dans la découverte de leurs missions, de leurs organisations et de leurs fonctionnements.
Eu égard à l'étendue du programme de ce concours ainsi qu'aux niveaux de connaissances juridiques et de maîtrise méthodologique exigés, il est fortement recommandé de suivre les enseignements d'un cycle préparatoire spécialisé où interviennent généralement des magistrats (la liste de ces préparations est diffusée à l'adresse Internet susmentionnée).

L'exercice des fonctions d'assistant de justice en juridiction administrative peut également, dans l'optique de la préparation de ce concours, se révéler appréciable dans la mesure où elle permet une familiarisation avec le travail du magistrat rapporteur (surtout en vue de l'épreuve écrite d'étude d'un dossier de contentieux administratif) et avec le fonctionnement concret du processus juridictionnel. Toutefois, si l'assistanat de justice peut être utile, il n'en est pas pour autant une obligation et le défaut de cette expérience n'est en aucun cas rédhibitoire pour présenter le concours complémentaire.

Attention : le format du concours complémentaire étant sans doute appelé à évoluer prochainement, la pertinence des informations présentées ci-dessus demeure subordonnée aux nouvelles orientations susceptibles d'être arrêtées.

Le conseiller de tribunal administratif et de cour administrative d'appel peut, comme son nom l'indique, exercer ses fonctions aussi bien au sein d'une juridiction de première instance que d'appel. Il est soumis aux lois statutaires de la fonction publique (loi du 13 juillet 1983 et loi du 11 janvier 1984). Il relève également de l'application de textes spécifiques parmi lesquels se trouvent les dispositions statutaires figurant dans le code de justice administrative (pour ces différents textes, voir : http://legifrance.gouv.fr/).

Le magistrat peut être amené à exercer deux types de fonctions juridictionnelles : rapporteur ou rapporteur public (anciennement commissaire du gouvernement).

Le rapporteur a pour rôle d'instruire les affaires qui lui sont affectées. En outre, préalablement à l'audience, il prépare une note traitant l'ensemble des points soulevés par l'affaire ainsi qu'un projet qui constitue la base du débat qui s'instaurera entre les magistrats participant au délibéré. Au tribunal administratif, c'est le rapporteur qui détermine les dossiers qui sont inscrits à l'audience. La fonction de rapporteur peut être exercée au sein d'une formation collégiale ou dans le cadre d'une instance soumise au « juge unique », qu'il s'agisse d'une procédure de fond ou d'une procédure d'urgence (référé suspension, référé liberté, référé précontractuel, etc.). Dans ce dernier cas, le rapporteur préside l'audience publique. L'exercice des fonctions de rapporteur en « juge unique » est néanmoins soumis à des conditions d'ancienneté et de grade.

Le rapporteur public, quant à lui, n'appartient pas à la formation de jugement. Il ne siège donc pas avec elle à l'audience et ne délibère pas non plus avec elle lorsqu'elle doit prononcer son jugement. Il est chargé d'établir et de prononcer des conclusions (qu'il présente à l'audience devant les parties) qui ont pour objet d'éclairer la formation de jugement sur les différents points soulevés par le litige, notamment ceux qui peuvent poser problème du point de vue de l'interprétation de la règle de droit applicable ou de l'appréciation des faits de l'espèce. Il se contente donc de donner un avis purement indicatif à la formation de jugement qui est libre de le suivre totalement ou partiellement ou de s'écarter complètement de son opinion.

Outre ses fonctions juridictionnelles, le magistrat administratif (qu'il soit rapporteur ou rapporteur public) est amené à exercer des fonctions administratives qui consistent essentiellement en la participation, en tant que membre ou président, à des commissions administratives de types variés (commission départementale des impôts, conseils de disciplines de la fonction publique territoriale, chambres disciplinaires de certaines professions réglementées, etc.).

Enfin, dans le cadre de sa carrière, le magistrat administratif est invité à effectuer une mobilité dans d'autres corps de la fonction publique d'État, territoriale ou hospitalière. Peuvent ainsi s'offrir diverses opportunités permettant d'élargir l'horizon professionnel du magistrat, notamment extra-juridictionnelle.

Comment devenir conseiller de tribunal administratif et de cour administrative d'appel ?

Chargés de dire le droit et de trancher les litiges entre l'administration et les citoyens, les juges administratifs doivent concilier défense des droits individuels, protection de l'intérêt général et souci de bonne gouvernance. Investis d'une fonction sociale essentielle, les membres du corps des tribunaux administratifs et des cours administratives d'appel exercent un métier diversifié (à leur fonction juridictionnelle s'ajoutent en effet de nombreuses fonctions administratives : avis divers, présidence de commissions et de jurys, etc.) et acquièrent des compétences valorisées. Aussi bien au sein du corps qu'en dehors du corps, ces compétences leur offrent des perspectives de carrière enrichissantes et complètes. Leur statut est reconnu et leur rémunération a été revalorisée à la mesure des responsabilités qui leur sont confiées. Dans la première partie de carrière, le magistrat administratif a le grade de conseiller puis de premier conseiller et peut exercer successivement les fonctions de rapporteur et de rapporteur public (en juridiction de première instance ou en juridiction d'appel). Après une quinzaine d'années dans le corps, l'accès au grade de président est envisageable.

On accède aux fonctions de conseiller de tribunal administratif principalement par voie de concours. Ce concours est ouvert :

- aux titulaires de l'un des diplômes exigés pour se présenter au premier concours d'entrée à l'École nationale d'administration (soit une licence en droit), âgés de 25 ans au moins au 31 décembre de l'année du concours ;
- aux fonctionnaires et autres agents publics, civils ou militaires, appartenant à un corps ou cadre d'emplois de catégorie A ou assimilé et justifiant de sept ans de services publics effectifs, dont trois ans effectifs en catégorie A ou assimilé et justifiant de quatre années de services publics effectifs ;
- et aux magistrats de l'ordre judiciaire.

(Source : Conseil d'État.)

Claire Merigonde

Directrice du service pénitentiaire d'insertion et de probation des Yvelines

J'ai entamé des études de droit de la façon la plus naturelle du monde… Il était écrit depuis le collège, quand la question commence à être posée par l'entourage et que les questionnements sur son avenir professionnel se font plus présents et pressants que je ferai mon droit.

En octobre 1991 je pénétrais donc pour la première fois dans un des amphithéâtres de la faculté de Nanterre. Les ressorts de cette orientation sont assez simples, voire simplistes : j'ai toujours aimé les matières littéraires davantage que les sciences exactes, mes parents avaient suivi des études de droit et enfin, je n'avais aucune idée précise du métier que je voulais exercer et les études de droit ouvraient comme on dit aujourd'hui « le champ des possibles ». Au-delà des carrières d'avocat ou de magistrat que ces études offraient, il en était des dizaines d'autres dont je me disais qu'elles m'étaient accessibles et que le temps m'aiderait à les « filtrer ». Tel fut effectivement le cas puisque très rapidement j'ai été plus particulièrement attirée par le droit public. Les questions autour de la place de l'État régalien, ses missions et limites d'intervention, son rôle de régulation des libertés publiques m'ont beaucoup intéressée tout au long de mes études.

J'ai rapidement compris que ni le barreau ni la magistrature n'auraient ma préférence et que ma place serait sans doute au sein d'un service public d'État. J'ai donc sélectionné un certain nombre de concours de la fonction publique, parmi lesquels celui de directeur d'hôpital qui m'intéressait tout particulièrement. Comme nombre d'étudiants, je me suis inscrite à plusieurs concours de catégorie A pour « faire mes armes », dont celui, par le plus grand des hasards, de directeur d'établissement pénitentiaire. Avouons-le tout de go, je n'avais aucune intention d'embrasser cette administration. Sauf que le concours en poche, en attendant celui des hôpitaux, je suis entrée en scolarité à l'École nationale de l'administration pénitentiaire (ENAP), alors accolée à la maison d'arrêt des femmes de Fleury-Mérogis, et qu'immédiatement le milieu professionnel que j'ai découvert m'a passionnée. A très vite transpiré de l'environnement carcéral la place qu'il faisait à l'humain et les responsabilités qu'il permettait d'endosser (même si cet aspect fut par la suite parfois bien pesant !). Ainsi, bien qu'admissible aux hôpitaux, je n'ai rien préparé et donc tout mis en œuvre pour rester au sein de l'administration pénitentiaire ! Et mes 25 bougies tout juste soufflées, je m'installais dans mon bureau à la maison d'arrêt de Villepinte, en tant que seconde adjointe du chef d'établissement. J'ai eu en charge la gestion des activités socioculturelles, du travail pénitentiaire et de la formation professionnelle, du quartier mineurs, des étrangers et d'un autre bâtiment de 200 places.

Assumer tant de responsabilités et occuper une telle place dans une administration à un si jeune âge est absolument extraordinaire. J'ai adoré ces deux années au contact de la population pénale, en particulier des moins de 18 ans embourbés dans d'inextricables difficultés, aux côtés de professionnels (surveillants, personnels d'insertion, enseignants et psychologues) d'une humanité et d'un courage à saluer.

Je n'achevais pas une journée au sein de l'établissement sans éprouver à la fois la dureté des missions de l'État que nous incarnions tous et le sentiment d'avoir rempli un rôle social indispensable au sein de cette « grande machine » qu'est la prison. J'ai poursuivi mon parcours dans un établissement très vétuste qu'était la maison d'arrêt de Nancy, en tant qu'adjointe au chef d'établissement pendant quatre années. Puis vint la lassitude, la fatigue, les questionnements sur mon investissement alors que j'avais donné naissance à deux enfants… et la réorientation après un passage en administration centrale sur la fonction de directrice des services pénitentiaires d'insertion et de probation.

Cette fonction, que j'ai l'honneur d'exercer depuis deux ans, est sans aucun doute celle qui m'a le plus passionnée depuis mes débuts dans cette administration. À la fois parce que les relations avec les magistrats sont plus complexes mais aussi plus riches qu'en établissement, parce que la conviction des conseillers pénitentiaires d'insertion et de probation est une évidence, parce qu'il reste possible d'impulser une politique et une dynamique, aussi ridicules que puissent être les budgets alloués.

Avec le recul, je maintiens que mon choix d'études fut le bon, parce qu'il m'a laissé le temps de mûrir mes envies et orienter sans précipitation mes choix professionnels, mais également parce qu'il me laisse la possibilité de réorienter, avec ou sans concours, ma vie professionnelle.

Comment devenir directeur pénitentiaire d'insertion et de probation ?

Les directeurs pénitentiaires d'insertion et de probation sont responsables de l'organisation et du fonctionnement des services pénitentiaires d'insertion et de probation (SPIP). Ils sont chargés d'élaborer et de mettre en œuvre la politique de prévention de la récidive et d'insertion des personnes placées sous main de justice dans les conditions prévues par les dispositions du code de procédure pénale.

Ils exercent des fonctions d'encadrement, de direction, de conception, d'expertise, de contrôle de leurs services et d'évaluation des politiques publiques en matière d'insertion et de probation. Ils sont chargés de coordonner et de piloter le travail des équipes pluridisciplinaires placées sous leur autorité.

Ils sont garants de la cohésion du travail des personnels placés sous leur autorité, de la bonne exécution des décisions de justice, ainsi que de l'évaluation des actions conduites envers les personnes placées sous main de justice.

Ils exercent leurs fonctions au sein des services pénitentiaires d'insertion et de probation (SPIP), ou au sein des directions interrégionales des services pénitentiaires, au centre national d'évaluation (CNE), à l'École nationale d'administration pénitentiaire (ENAP), au service de l'emploi pénitentiaire (SEP) ainsi qu'à l'administration centrale.

Ils peuvent également exercer des fonctions de direction dans les centres pour peines aménagées et dans les centres de semi-liberté.

Le corps des directeurs pénitentiaires d'insertion et de probation est accessible par concours externe aux candidats titulaires de l'un des titres ou diplôme requis pour le concours externe d'accès aux IRA (Institut régionaux d'administration) ou justifiant d'un autre titre ou diplôme classé au moins au niveau II ou d'une qualification professionnelle reconnus comme équivalents (bac+3). Le concours interne est quant à lui réservé aux agents titulaires de l'État, des collectivités territoriales ou établissements publics qui en dépendent, justifiant d'au moins quatre ans de services publics à la date d'ouverture du concours. Les directeurs pénitentiaires d'insertion et de probation recrutés par concours sont nommés directeurs pénitentiaires d'insertion et de probation stagiaires : ils suivent une formation rémunérée, à la fois théorique et pratique, d'une année à l'ENAP située à Agen.

Comment devenir conseiller pénitentiaire d'insertion et de probation ?

Prenant en charge les personnes confiées par l'autorité judiciaire, les personnels pénitentiaires d'insertion et de probation interviennent en prison et à l'extérieur après une évaluation de la situation de chacune d'elles. La prise en charge de ces personnes implique également un travail sur le passage à l'acte, le contrôle du respect des obligations imposées dans le jugement afin de prévenir la récidive.

Ils ont pour missions d'aider à la prise de décision judiciaire et de mettre à exécution les décisions pénales, restrictives ou privatives de liberté. En prison, les conseillers pénitentiaires d'insertion et de probation accompagnent les personnes détenues dans le cadre d'un parcours d'exécution des peines.

- Ils aident à la décision judiciaire : ils proposent des mesures d'aménagement de peine au juge de l'application des peines, en fonction de la situation du condamné.
- Ils aident à la préparation à la sortie de prison : il s'agit de faciliter l'accès des personnes incarcérées aux dispositifs d'insertion et de droit commun (logement, soin, formation, travail...). Pour ce faire, les personnels pénitentiaires d'insertion et de probation développent et coordonnent un réseau de partenaires institutionnels et associatifs.
- Ils apportent l'aide utile au maintien des liens familiaux. Ils portent une attention particulière aux problèmes d'indigence, d'illettrisme et de toxicomanie. Ils facilitent l'accès des personnes détenues à la culture, en programmant des activités adaptées au milieu carcéral (diffusion d'œuvres, ateliers...).

En milieu ouvert, les conseillers pénitentiaires d'insertion et de probation interviennent dans le cadre d'un mandat judiciaire.

- Ils apportent à l'autorité judiciaire tous les éléments d'évaluation utiles à la préparation et à la mise en œuvre des condamnations.
- Ils aident les personnes condamnées à comprendre la peine. Ils impulsent avec elles une dynamique de réinsertion, notamment par la mise en place de programme de prévention de la récidive.
- Ils s'assurent du respect des obligations imposées aux personnes condamnées à des peines restrictives ou privatives de liberté (semi-liberté, travail d'intérêt général, libération conditionnelle, placement sous surveillance électronique...).
- Dans le cadre des politiques publiques, ils favorisent l'accès des personnes placées sous main de justice aux dispositifs d'insertion sociale et professionnelle.

Pour mener à bien ces différentes missions, ils travaillent avec les autres personnels pénitentiaires et s'appuient sur un réseau de partenaires institutionnels et associatifs.

La profession de conseiller pénitentiaire d'insertion et de probation est accessible par voie de concours. Le concours externe est ouvert aux candidats titulaires d'un diplôme sanctionnant la réussite de deux années d'enseignement supérieur après le baccalauréat soit d'un titre ou diplôme équivalent. Le concours interne est, quant à lui, réservé aux agents titulaires de l'État, des collectivités territoriales ou établissements publics qui en dépendent, justifiant d'au moins quatre ans de services publics à la date d'ouverture du concours.

Dès l'obtention du concours, les conseillers pénitentiaires d'insertion et de probation bénéficient d'une formation rémunérée de vingt-quatre mois qui alterne cours théoriques à l'École nationale d'administration pénitentiaire (ENAP) à Agen et stages pratiques sur le terrain : la première année, la formation fait largement appel à l'intervention de praticiens extérieurs, universitaires et chercheurs. droit et procédure pénale, réglementation pénitentiaire, sociologie, psychiatrie, criminologie permettent aux futurs conseillers pénitentiaires d'insertion et de probation de situer le contexte de leur intervention. Des périodes de stages en milieux diversifiés (établissements pénitentiaires, tribunaux, associations...) viennent compléter ce premier cursus. La seconde année, l'élève est nommé stagiaire et est affecté dans un service pénitentiaire d'insertion et de probation. Des stages en établissements pénitentiaires, dans des tribunaux ou des associations notamment, complètent la formation théorique au cours des deux années de scolarité. La titularisation intervient à l'issue de la seconde année après avoir satisfait aux épreuves du certificat d'aptitude aux fonctions de conseiller pénitentiaire d'insertion et de probation. Ces épreuves comportent la soutenance d'un mémoire réalisé en cours de formation.

Vincent Robillard

Notaire à Caen

Je me suis inscrit à la faculté de droit de l'université de Caen, en septembre 1997, après avoir obtenu un bac ES au lycée Notre-Dame-de-Flers en juin 1997. Ce choix n'était pas évident. Nous étions massivement orientés vers des filières plus ou moins longues dans lesquelles les étudiants étaient davantage encadrés qu'à l'université. Cependant, mes parents et moi avons fait le choix de la faculté de droit, malgré ma réussite au concours d'entrée d'une école supérieure de commerce, pour plusieurs raisons. Ces raisons étaient essentiellement pratiques : logement commun avec mon frère qui commençait également ses études de droit à l'université, proximité de mes grands-parents qui habitaient Caen...

J'ai eu la chance d'avoir la confiance de mes parents dans ma capacité à m'investir dans ces études. C'est ce qui m'a valu de réussir sans encombres ma première année, malgré l'intérêt limité que j'éprouvais alors pour les études de droit. La peur de l'échec et la gratitude à l'égard de mes parents ont constitué un véritable moteur.

Cette première année a pourtant été délicate. Je doutais de ma façon de travailler. Les cours magistraux me semblaient flous ou insuffisants, malgré les pages de note que je prenais. Les TD ne m'inspiraient pas beaucoup plus. D'autant plus que je n'avais pas beaucoup d'amis étudiants en droit. Je dois ma réussite au fait que je me sois astreint, dès le premier jour, à respecter des horaires de travail – et de détente – très précis.

À force de lire et relire mes cours, je les connaissais quasiment par cœur. Les études de droit et le métier de juriste imposent une grande rigueur de travail. Finalement, autant que des connaissances juridiques, ce sont des méthodes de travail qu'il faut acquérir la première année. J'ai obtenu de bons résultats cette année-là, avec notamment une mention bien, mais j'ai vécu une année peu épanouissante, presque monacale. À cette époque, je n'imaginais pas que je puisse faire autant d'années d'études, mais je n'avais pas d'autres objectifs que celui de réussir l'examen qui se présentait à moi. Les années suivantes ont heureusement été plus agréables.

Le puzzle des enseignements juridiques suivis se mettait en place et mon intérêt à les suivre était grandissant. J'ai progressivement pris goût à la vie étudiante. L'acquisition des méthodes de travail et la confiance en moi aidant, je pouvais notamment pratiquer nombre d'activités sportives. Je faisais les efforts nécessaires aux moments importants pour valider convenablement mes examens. Évidemment, j'ai connu quelques ratés à certaines épreuves, mais sans grand dommage au final.

Année après année, je faisais le choix des matières qui m'intéressaient le plus, jusqu'à me retrouver, presque par hasard, dans la filière notariale. Ensuite, examen après examen, je me suis retrouvé à obtenir le diplôme de notaire en 2005. J'avais intégré, dès 2002, un office notarial à Caen, en tant que notaire-stagiaire, puis notaire-assistant à compter de l'obtention de ce diplôme.

J'ai continué à me former en alternance, le rythme de vie me convenant bien. J'ai ainsi obtenu un diplôme universitaire en gestion de patrimoine auprès de l'université de Clermont-Ferrand en 2006, puis un diplôme en fiscalité notariale approfondie auprès de l'université de Paris-Dauphine en 2010.

Parallèlement, j'assumais la charge de groupes de travaux dirigés à la faculté de droit de Caen, en droit des régimes matrimoniaux et droits des successions. Je découvrais alors l'envers du décor universitaire, avec un regard différent, et finalement beaucoup de plaisir.

Le 14 février 2012, par arrêté de Monsieur le ministre de la Justice, garde des Sceaux, j'ai été nommé notaire. Cela constitue un aboutissement par rapport à ces longues études, mais aussi et surtout un défi : continuer à se former !

Comment devenir notaire ?

En sa qualité d'officier public nommé par le Garde des Sceaux, le notaire a pour mission de recevoir tous les actes et contrats auxquels les parties doivent ou veulent faire donner le caractère d'authenticité attaché aux actes de l'autorité publique. Juriste de proximité, il joue pour les particuliers, un rôle important en matière de droit de la famille, (contrat de mariage, changement de régime matrimonial, divorce...) et en ce qui concerne le règlement des successions et de donations. Il intervient également, en matière immobilière, notamment dans la rédaction des promesses de vente ou encore des actes de prêt et de vente. Il a, en outre, le monopole des formalités concernant la propriété foncière (baux, achat, vente, société civile immobilière, copropriété...). Il est aussi compétent en droit des sociétés (rédaction des cessions de fonds de commerce ou de fonds artisanaux, établissement des baux et leur cession, ainsi que tous contrats et conventions concernant l'activité économique comme les contrats de franchise...). Il s'intéresse, par ailleurs, à la vie des collectivités territoriales, confrontées en particulier au droit de l'urbanisme. Il a, enfin, une activité de conseil personnalisé et d'accompagnement à long terme auprès des particuliers et des sociétés.

Le notariat est accessible par trois voies distinctes : la première est universitaire, la deuxième est professionnelle, la troisième est interne.

• **La voie universitaire** : elle est réservée aux étudiants titulaires d'un master de droit notarial (proposé par une trentaine d'universités ayant conclu une convention avec le Centre national de la formation notariale CNEPN [Centre national de l'eseignement professionnel notarial). Après l'obtention de son master, l'étudiant est appelé à suivre une formation rémunérée en alternance de deux ans en office notarial. En sa qualité de collaborateur d'une étude, l'étudiant stagiaire suit parallèlement des cours dans un CFPN (Centre de formation professionnelle notariale) et dans une université habilitée à délivrer le DSN (diplôme supérieur de notariat). À l'issue de ces deux années de formation en alternance (réparties en quatre semestrialités), l'étudiant doit préparer et soutenir un rapport de stage réalisé à partir d'un dossier de l'étude. Les vingt-quatre mois de stage justifiés, les quatre semestrialités validées, la soutenance du rapport passée avec succès, l'étudiant pourra se voir délivrer le DSN par son université de rattachement et prétendre au titre de notaire-assistant.

• **La voie professionnelle** : réformée en profondeur en 2013 – avec la suppression de l'examen d'entrée –, la voie professionnelle est désormais accessible aux titulaires d'un master 2 en droit, économie, gestion ou comptabilité (ou d'un diplôme reconnu équivalent par le ministère). Avant le 1er juin de chaque année, tout candidat à cette voie d'accès au notariat doit déposer un dossier au centre de son choix (et un seul, les candidatures multiples étant prohibées). Ce dossier comprend notamment le relevé des notes obtenues par l'intéressé depuis le début de ses études supérieures. Ce dossier est examiné pendant l'été par une commission composée d'un universitaire, de deux notaires et d'un clerc diplômé notaire. Les candidats dont les dossiers auront été retenus sont ensuite convoqués dans le cadre d'un entretien avec les membres de la commission susvisée. Les candidats retenus à l'issue de ces auditions sont appelés à recevoir un enseignement portant notamment sur l'organisation de la profession, les missions, la déontologie et les responsabilités diverses du notaire. Cette formation fait l'objet d'un examen à l'automne, étant observé que tout échec à cet examen ferme définitivement l'accès au notariat par cette voie. En cas de succès à cet examen, l'étudiant pourra accéder à la formation dispensée par le CNEPN à la condition de justifier de l'obtention d'un stage. D'une durée de trente mois et effectué dans le cadre d'un contrat de travail (CDD ou CDI), ce stage s'articule autour d'une formation en alternance structurée en 6 modules d'environ cent vingt heures. À l'issue du stage, le notaire-stagiaire doit préparer et soutenir un rapport dans les mêmes conditions que celles évoquées à propos de la voie universitaire. Après validation de la formation, du stage et de la soutenance de mémoire, l'intéressé se voit délivrer le diplôme de notaire par le CNEPN.

• **La voie interne :** tout titulaire du diplôme de premier clerc ou du diplôme de l'IMN (Institut des métiers du notariat) depuis au moins six ans, ayant neuf ans d'exercice auprès d'un notaire, peut après une préparation obligatoire de deux années dispensée par le Centre de formation professionnelle du notariat se présenter à l'examen de contrôle technique des connaissances. Un succès à cet examen permet d'accéder au titre de notaire par la voie interne.

(Source : ministère de la Justice et centre national de formation notariale de Paris.)

Arash Derambarsh

ANCIEN ASSISTANT PARLEMENTAIRE, ÉDITEUR ET DOCTEUR EN DROIT

Mon expérience professionnelle en tant qu'assistant parlementaire me marquera très longtemps. Passionné de politique, j'ai mené mes études de droit en parallèle. Fervent partisan de l'Europe fédérale, j'ai milité au sein de l'UDF pour devenir rapidement conseiller national.

J'ai ainsi été repéré par de nombreux politiques dont Michel Hunault, député de la 6e circonscription de Loire-Atlantique. J'ai beaucoup appris à ses côtés et j'ai découvert les coulisses du travail de parlementaire en 2006. Michel Hunault a été délégué de l'Assemblée nationale auprès de l'Assemblée parlementaire du Conseil de l'Europe et de l'UEO (Union de l'Europe occidentale) et membre du réseau parlementaire de la Banque mondiale. De plus, il a été membre de la commission des lois de l'Assemblée nationale. Spécialiste des questions de justice et de droits de l'homme ainsi que de la situation carcérale, il a ainsi été vice-président de la mission d'information de l'Assemblée nationale sur les prisons et Secrétaire de la Commission d'enquête parlementaire sur les dysfonctionnements de la justice dans l'affaire « Outreau ». C'est un député discret, qui n'aime pas la lumière et qui travaille ses dossiers sur le fond.

Au regard du règlement intérieur de l'Assemblée nationale, un député ne peut avoir que trois collaborateurs au maximum. J'ai donc travaillé aux côtés de son assistant parlementaire principal, monsieur Fabrice Layer. Travailler pour un représentant de la nation, un législateur, exige une grande capacité d'analyse juridique, un sens politique et un sens de l'écoute. Il faut également et surtout de l'humilité car ce travail est au service des Français.

Mon parcours n'a pourtant pas été un long fleuve tranquille. En effet, j'ai redoublé à de nombreuses reprises, mais j'ai toujours voulu mener mes études de droit jusqu'au bout, jusqu'à l'obtention récente de mon doctorat. Le droit m'a apporté un sens de l'analyse indispensable pour mieux comprendre les enjeux de notre société, pour plus facilement contourner les obstacles ou pièges du quotidien et enfin, pour mieux défendre ses intérêts. Autant d'outils qui m'ont été nécessaires à l'Assemblée nationale.

Ainsi, pour rédiger une proposition de loi, il fallait connaître le droit en vigueur, et savoir si ladite loi était toujours en conformité avec la société française. Le député Michel Hunault étant spécialiste des sujets portant sur les droits de l'Homme et les établissements pénitentiaires, ce travail était passionnant. J'ai rédigé des notes sur les prisons françaises, sur la garde à vue, sur la déontologie des fonctionnaires de police...

Enfin, découvrir les couloirs de l'Assemblée nationale était une grande chance. J'ai eu la chance de côtoyer de près les députés, les membres du gouvernement de Dominique de Villepin, la salle des quatre colonnes, la buvette du palais Bourbon (nom communément donné au bâtiment qui abrite l'Assemblée nationale) et analyser de l'intérieur les rapports de force politiques.

Depuis mon élection en qualité de conseiller municipal de Courbevoie (printemps 2014), mon expérience d'assistant parlementaire m'a permis d'être à l'initiative de la loi du 11 février 2016 contre le gaspillage alimentaire, un combat qui m'anime depuis de longues années et au sujet duquel j'ai d'ailleurs publié un ouvrage à succès (*Manifeste contre le gaspillage alimentaire*, prix « Edgar Faure » du livre politique de l'année 2015).

Comment devenir assistant parlementaire ?

La création de la fonction d'assistant parlementaire (ou de collaborateur de député ou de sénateur) remonte à 1975. Elle constitue, d'une certaine manière, l'aboutissement d'un long processus répondant aux souhaits des parlementaires de disposer, à côté de leur indemnité personnelle perçue comme « un salaire », des moyens humains et matériels leur permettant de faire face aux diverses charges de leur mandat, et venant renforcer ceux qui avaient été accordés collectivement aux groupes politiques.

À l'image de ce qui existe dans certains parlements étrangers comme le Congrès américain, les parlementaires français disposent ainsi d'une dotation mensuelle spécifiquement consacrée au recrutement de collaborateurs particuliers, appelée « crédit collaborateur » (voir la fiche de synthèse publiée sur le site de l'Assemblée nationale consacrée aux assistants parlementaires : http://www.assemblee-nationale.fr/connaissance/fiches_synthese/fiche_83.asp). La spécificité des contrats de collaborateurs parlementaires réside dans le fait qu'il s'agit de contrats de droit privé, le parlementaire « employeur » étant considéré comme une PME. Ce contrat détermine librement le périmètre des fonctions des collaborateurs parlementaires, ce qui est source de grande disparité dans les tâches confiées aux assistants. Certains sont des collaborateurs de terrain : leurs fonctions consistent principalement à recevoir les administrés et à traiter les diverses réclamations locales. D'autres sont spécialistes de la plume et du droit : leurs fonctions consistent à préparer le travail législatif de leur parlementaire et à organiser sa communication politique. Des négociations visant à créer un véritable statut de collaborateur parlementaire à l'Assemblée nationale sont actuellement en cours. Ces négociations devraient conduire à la conclusion d'une convention collective (d'ici janvier 2017) prévoyant notamment un « forfait-jour » au profit de l'assistant parlementaire.

Autres professions

Naturellement, les nombreux témoignages qui précèdent ne sauraient épuiser l'énumération des débouchés professionnels des études de droit. La diversité des professions juridiques est telle qu'elle décourage l'inventaire. Ajoutons aux dépositions qui précèdent quelques autres pistes professionnelles et non des moindres : directeur des services pénitentiaires, huissier de justice, commissaire-priseur, inspecteur des douanes !

Comment devenir directeur des services pénitentiaires ?

Les directeurs des services pénitentiaires mettent en œuvre la politique définie pour la prise en charge des personnes faisant l'objet d'une mesure privative de liberté. Ils forment un corps chargé de l'encadrement supérieur des services pénitentiaires. Ils exercent les fonctions d'encadrement, de direction, de conception, d'expertise et de contrôle des établissements, circonscriptions et services de l'administration pénitentiaire chargés des personnes placées sous main de justice et mettent en œuvre la politique définie à cet effet. Ils exercent les attributions qui leur sont conférées par les lois et règlements pour l'application des régimes d'exécution des décisions de justice et sentences pénales. Ils peuvent être appelés à exercer leurs fonctions en administration centrale. À ce titre et sous l'autorité du directeur de l'administration pénitentiaire, ils peuvent être chargés de la conception, de la mise en œuvre et de l'évaluation des politiques publiques entrant dans leurs missions.

Les directeurs des services pénitentiaires sont recrutés par la voie de deux concours distincts. Le concours externe est ouvert aux candidats âgés de 45 ans au plus au 1er janvier de l'année du concours, titulaires de l'un des titres ou diplômes permettant de se présenter au concours externe d'entrée à l'ENA (bac+3) ou justifiant d'un diplôme, d'un titre équivalent ou d'une expérience professionnelle dans les conditions prévues au décret n° 2007-196 du 13 février 2007. Le concours interne est, pour sa part, réservé aux fonctionnaires et agents de l'État, des collectivités territoriales et des établissements publics qui en dépendent, de la fonction publique hospitalière, aux militaires, aux magistrats et aux agents d'organisations internationales justifiant de quatre ans de services publics au 1er janvier de l'année du concours.

Après l'obtention du concours, les lauréats suivent une formation rémunérée d'une durée de vingt-quatre mois à l'École nationale d'administration pénitentiaire (ENAP d'Agen) en alternance avec des stages pratiques. Cette formation vise à préparer les directeurs des services pénitentiaires aux fonctions managériales de chef d'établissement, de structure pénitentiaire et de cadre supérieur en direction interrégionale et en administration centrale. La première année permet l'acquisition et le développement des compétences de management, de pilotage et de mise en œuvre des politiques de prise en charge des personnes placées sous main de justice ainsi que de gestion des ressources humaines, économiques, budgétaires et financières autour du cadre juridique et institutionnel des emplois de directeurs des services pénitentiaires (responsabilité pénale et administrative, contentieux administratif, droits et obligations des fonctionnaires, droit public, droit pénal, procédure pénale, finances publiques et marchés publics). Des stages en structure pénitentiaire et hors institution pénitentiaire (préfecture, hôpital, métiers de la sécurité, etc.) et le partenariat avec le réseau des écoles du service public contribuent, du fait de l'enrichissement qu'ils procurent, à renforcer la professionnalisation de l'encadrement supérieur de l'administration pénitentiaire. La seconde année, les élèves nommés en qualité de stagiaires sont affectés en établissement pénitentiaire ou exceptionnellement en tant que cadre supérieur en direction interrégionale ou administration centrale. Au terme de leur année de stage, un jury d'aptitude professionnelle présidé par le directeur de l'administration pénitentiaire propose la titularisation au vu de la manière de servir et d'une soutenance orale sur un travail de recherche ou projet professionnel.

Comment devenir huissier de justice ?

L'huissier de justice est à la fois un officier ministériel et un officier public (celui qui a le pouvoir de dresser des actes authentiques). L'une de ses missions principales consiste à rechercher des solutions aux litiges entre créanciers et débiteurs. Lorsqu'une personne se trouve dans l'impossibilité de régler sa dette à une autre, il peut notamment établir un plan de remboursement accepté d'un commun accord par le créancier et le débiteur. Lorsqu'une personne refuse de régler sa dette à une autre, il intervient pour faire respecter le droit. C'est lui qui est seul habilité par la loi à pratiquer une saisie sur les biens du débiteur. Il est le seul, par ailleurs, à pouvoir accomplir les formalités nécessaires au bon déroulement d'un procès. C'est lui par exemple qui convoque à l'audience les personnes concernées, et c'est également lui qui leur fait part du jugement rendu. Il effectue, par ailleurs, des constats qui pourront servir de preuve à l'occasion d'un litige.

L'huissier de justice exerce une profession libérale en toute indépendance (ordonnance n° 45-2592 du 2 novembre 1945). Sa rémunération n'est pas libre pour autant. L'huissier de justice est payé en fonction d'un tarif fixé par décret, sauf cas très particuliers. À l'instar des notaires, il existe deux voies d'accès à la profession d'huissier de justice : la première voie est universitaire alors que la seconde est de nature professionnelle, étant observé que l'accès aux fonctions d'huissier de justice est réservé aux seuls ressortissants français et réclame une bonne moralité (ne pas être frappé de condamnation pénale ou disciplinaire, ni de faillite personnelle).

La voie universitaire : La formation est ouverte aux titulaires d'un bac+4 en droit ou d'un diplôme reconnu équivalent (arrêté du 27 septembre 1995). Essentiellement pratique, elle comprend un stage professionnel rémunéré de deux ans dans une étude d'huissier, doublé d'un enseignement assuré dans chaque région par la Chambre des huissiers. Il est fortement recommandé par ailleurs d'obtenir le diplôme de l'END (École nationale de procédure) dont les cours peuvent être suivis parallèlement au stage. À l'issue du stage, le candidat est appelé à présenter l'examen professionnel d'huissier de justice qui permet d'accéder effectivement à la profession. Le programme et les modalités de cet examen professionnel (qui a lieu au moins une fois par an) sont déterminés par arrêté du garde des Sceaux.

La voie professionnelle : Le candidat devra cumuler une capacité en droit ou un DUT des carrières juridiques et judiciaires ou un diplôme de droit validant deux années après le baccalauréat, et dix ans d'activité professionnelle au sein d'un office, dont cinq ans en tant que clerc principal. Le titre d'huissier de justice est conféré par arrêté du garde des Sceaux, après avis de la chambre départementale et avis conforme du parquet dans le ressort duquel se trouve établi l'office. Il peut s'agir : soit d'une présentation du candidat par le titulaire de l'office, ou ses ayants cause, confirmée par un traité de cession enregistré fixant notamment le prix selon la rentabilité de l'office ; soit d'un office vacant, ou créé, après dépôt d'un dossier dans un délai prescrit et sur proposition d'une commission siégeant à la Chancellerie.

(Source : ministère de la Justice.)

Comment devenir commissaire-priseur ?

Il existe deux catégories de commissaires-priseurs : les premiers sont qualifiés de judiciaires alors que les seconds sont volontaires.

• Les commissaires-priseurs judiciaires sont nommés par le garde des Sceaux. Ce sont des officiers ministériels qui prêtent serment devant le tribunal de grande instance. Ils doivent acquérir une charge pour exercer leur métier. Leurs activités sont définies par la loi : interventions en matière de procédures collectives et de saisies, inventaires de successions, successions et ventes en matière de tutelle... Ils ont également le statut d'arbitres experts. Ils peuvent donc être consultés par les tribunaux, les huissiers et les avocats.

• Les commissaires-priseurs volontaires ont quant à eux la charge des ventes volontaires d'objets ou de meubles appartenant à des particuliers. Le commissaire-priseur estime la valeur de ces objets pour fixer leur prix de départ lors de la vente. Pour cette étape, il fait éventuellement appel à un expert d'art. C'est pourquoi une excellente connaissance en arts est indispensable. Les enchères représentent l'aboutissement du travail du commissaire-priseur et révèlent tout son talent. À la fois expert, psychologue et acteur, il doit savoir convaincre et séduire les acheteurs potentiels.

Les commissaires-priseurs peuvent aussi agir à la demande d'une compagnie d'assurances ou d'un assuré pour estimer les biens garantis d'une personne. Ils exercent au sein d'une société de vente volontaire, qui est une société commerciale et qui doit demander un agrément au conseil des ventes volontaires.

Pour accéder à la profession, les candidats titulaires d'un diplôme national en droit et d'un diplôme national en histoire de l'art, arts appliqués, archéologie ou arts plastiques (ces deux diplômes devant être d'un niveau Licence selon le décret n°2013-884), doivent se présenter à l'examen d'accès au stage de commissaire-priseur. Ceux qui l'ont réussi effectuent ensuite un stage de deux ans (dont six mois au moins dans un office de commissaire-priseur judiciaire). Le stage comprend, en outre, un enseignement théorique et un enseignement pratique dispensés sous le contrôle du Conseil des ventes volontaires et de la CNCPJ (Chambre nationale des commissaires-priseurs judiciaires).

Au terme du stage obligatoirement rémunéré, la CNCPJ délivre au stagiaire qui a démontré son aptitude à l'exercice de la profession un certificat de bon accomplissement du stage, qui lui permet d'effectuer des ventes volontaires.

Les candidats à la profession de commissaire-priseur judiciaire doivent ensuite passer un nouvel examen qui est l'examen d'aptitude à la profession de commissaire-priseur judiciaire. Le commissaire-priseur judiciaire doit être titulaire d'une charge ou d'un office, qu'il doit racheter seul ou avec des associés. Le nombre et l'implantation des offices sont fixés par décret. Il est payé sous forme d'honoraires, en pourcentage de ce qu'il vend. Le vendeur lui cède ainsi 7 % du prix de l'adjudication (le prix atteint par l'objet à la fin de la vente) et l'acheteur 9 %. Des revenus complémentaires viennent s'ajouter aux honoraires, comme le bénéfice de la vente des catalogues d'exposition et de la publicité, ou celui des expertises.

Le commissaire-priseur volontaire, qui exerce au sein d'une société commerciale, n'est pas obligé de racheter une charge. Il ne bénéficie pas du statut d'officier ministériel, et ne peut donc prendre en charge que les ventes volontaires. Les frais de vente sont libres.

(Source : ministère de la Justice et CNCPJ.)

Comment devenir directeur de service de la protection judiciaire de la jeunesse (PJJ) ?

Le directeur de service de la protection judiciaire de la jeunesse (PJJ) est en prise directe avec l'ensemble des acteurs de la justice des mineurs. Il appartient à un corps de catégorie A de la fonction publique d'État.

Il assure la mise en œuvre de la politique définie par le ministère de la Justice et des Libertés en faveur des mineurs délinquants (ordonnance du 2 février 1945), des mineurs en danger (article 375 et suivants du code civil) et des jeunes majeurs faisant l'objet d'une mesure de protection judiciaire. Il a la responsabilité de la direction des établissements et services territoriaux du secteur public de la PJJ. Il organise et garantit la mise en œuvre des moyens nécessaires à l'action d'éducation. Garant de la qualité de la prise en charge éducative et du maintien de la continuité des parcours des jeunes, il pilote la représentation des intérêts de la mission de la PJJ et assure la coordination des unités placées sous son autorité.

En lien étroit avec son équipe, le directeur constitue l'interface avec les autorités judiciaires. Il représente la structure qu'il dirige dans les instances de politiques publiques (contrat urbain de cohésion sociale, contrat local de sécurité) et participe aux différentes instances décisionnelles départementale et régionale compétentes à l'égard des adolescents en difficulté. Il peut être amené à exercer ses fonctions dans les différents services territoriaux et centraux de la direction de la protection judiciaire de la jeunesse. Pour exercer ce métier à forte responsabilité, il bénéficie d'une formation de deux ans, accessible sur concours, comprenant quarante-neuf semaines de stages.

On devient directeur de service de la protection judiciaire de la jeunesse par voie de concours. Sans condition d'âge, le concours externe est ouvert aux candidats titulaires d'une licence (bac+3) ou d'un diplôme classé au niveau II ou équivalent. Le concours interne est ouvert aux fonctionnaires ou agents publics justifiant d'au moins quatre ans de services effectifs. Enfin, un concours (dit « de la troisième voie ») est réservé aux candidats qui justifient de l'exercice d'une activité professionnelle d'encadrement ou de responsabilité dans le domaine de l'action éducative, sociale ou médico-sociale pendant au moins cinq ans au cours des dix dernières années.

À l'issue du concours, les futurs directeurs bénéficient d'une formation rémunérée de deux ans à l'ENPJJ (École nationale de la protection judiciaire de la jeunesse), à Roubaix. Cette formation allie cours théoriques et stages pratiques.

Le corps de directeur comprend deux grades, celui de directeur, puis celui de directeur hors classe. Sous certaines conditions, les directeurs des services peuvent accéder, sur nomination, à l'emploi de directeur fonctionnel, directeur territorial et directeur interrégional.

(Source : ministère de la Justice et des Libertés, www.justice.gouv.fr.)

Comment devenir greffier en chef ?

Au sein des juridictions de l'ordre judiciaire, le greffier en chef exerce des fonctions juridiques, de gestion et d'encadrement. Le greffier en chef est un agent de la fonction publique, de catégorie A. Dans les plus importantes fonctions, le greffier en chef est nommé directeur de greffe d'une juridiction. Assisté d'autres greffiers, il dirige les services d'une juridiction. Il est chargé de l'affectation des personnels non-magistrats, participe à l'élaboration des budgets, en assure l'exécution et veille à la bonne gestion des moyens matériels, des locaux et équipements. Le greffier en chef est dépositaire des minutes et archives au sein de la juridiction, il en assure la conservation.

Il peut exercer ses fonctions à la Cour de cassation, dans une cour d'appel, dans un tribunal de grande instance, un tribunal d'instance, un conseil de prud'hommes ou un conseil départemental d'accès au droit.

Selon sa juridiction d'appartenance, il possède des attributions propres : au tribunal d'instance, en matière de cession de salaire et de saisie de rémunérations, de procuration de vote, de certificat de nationalité française, de consentement à adoption, d'appositions de scellés et de vérifications des comptes de tutelles ; au tribunal de grande instance, en matière de pièces à conviction, d'aide juridictionnelle (vice-présidence du bureau) ainsi qu'à l'occasion de différentes déclarations dans le domaine du droit de la famille (autorité parentale, changement de nom).

Le greffier en chef peut être nommé directeur délégué à l'administration régionale judiciaire des services administratifs régionaux. Il exerce alors des fonctions de responsable de la gestion budgétaire, des ressources humaines, de la formation et responsable de la gestion informatique pour l'ensemble d'une cour d'appel. Il peut enseigner à l'École nationale des greffes. Missions ou études peuvent lui être confiées à l'administration centrale du ministère de la Justice ou autres structures administratives.

L'accès à la profession se fait par voie de concours. Un concours externe est ouvert aux candidats titulaires d'un titre ou diplôme classé au moins au niveau II (bac+3) ou d'une qualification reconnue équivalente à l'un de ces titres ou diplômes, dans les conditions fixées par arrêté conjoint du ministre de la justice et du ministre de la fonction publique. Un concours interne est ouvert aux fonctionnaires ou agents publics ayant exercé depuis au moins quatre ans.

À l'issue du concours, les lauréats sont appelés à suivre une formation conçue selon le principe de l'alternance : formation théorique et stages pratiques en juridictions. Elle vise les divers aspects des missions juridiques, d'encadrement et de gestion. D'une durée de dix-huit mois, la formation rémunérée est assurée par l'École nationale des greffes (ENG) à Dijon.

(Source : ministère de la Justice et des Libertés, www.justice.gouv.fr.)

Comment devenir inspecteur des douanes ?

L'inspecteur des douanes et droits indirects appartient à la catégorie A de la fonction publique de l'État. La diversité des fonctions qui lui incombe reflète la multiplicité des missions fiscale, économique et de protection de l'espace national et européen dont la douane a la charge. Tout au long de sa carrière, l'inspecteur des douanes est appelé à diversifier son expérience professionnelle.

En administration centrale, l'inspecteur des douanes peut exercer des fonctions de rédacteur à la direction générale, en direction territoriale ou au sein d'une direction à compétence fonctionnelle. Il peut être également inspecteur poursuivant, représentant l'administration devant les juridictions judiciaires ou bien encore formateur dans les diverses écoles des douanes.

Dans le domaine des opérations commerciales (fiscalité et dédouanement), les fonctions de l'inspecteur des douanes peuvent être des fonctions de conseil aux entreprises au sein des pôles d'action économique des directions régionales des douanes et droits indirects. Par-delà cette fonction de conseil, l'inspecteur des douanes peut diriger une unité d'agents chargés des opérations de dédouanement et de perception des contributions indirectes. Il peut également mener des enquêtes destinées à vérifier la régularité des opérations intéressant le service des douanes et, le cas échéant, relever et constater des opérations irrégulières ou frauduleuses.

Dans le domaine de la surveillance, l'inspecteur des douanes peut exercer des fonctions dédiées à l'organisation des missions incombant aux unités des brigades de surveillance placées sous son autorité. En qualité d'officier de douane judiciaire, l'inspecteur est habilité à mener certaines enquêtes judiciaires, sur réquisition du procureur de la République ou sur commission rogatoire d'un juge d'instruction.

À l'issue du concours, les lauréats sont nommés inspecteurs stagiaires et sont appelés à suivre une formation de dix-huit mois, dont douze mois à l'END (École nationale des douanes) située à Tourcoing, et six mois de stage pratique.

Pour présenter le concours externe d'inspecteur des douanes pour lequel il n'existe pas de limite d'âge, les candidats doivent : être français ou ressortissants d'un État membre de l'Union européenne ou de l'Espace économique européen (sous réserve de certains emplois dont l'accès est limité aux seuls ressortissants de nationalité française) ; jouir de l'intégralité de leurs droits civiques et être en position régulière au regard des dispositions du code du service national ; être titulaires d'un diplôme national de niveau licence ou d'un diplôme équivalent ou bien justifier d'une expérience professionnelle d'au moins trois ans à temps plein dans un emploi au moins équivalent à celui exercé par un inspecteur des douanes ; remplir les conditions physiques exigées pour l'exercice des fonctions.

(Source : Direction générale des douanes et droits indirects.)

PARTIE 2

Cours et conseils méthodologiques

[D]e Brest à Nancy comme de Lille à Pau, les programmes universitaires de la première année de licence de droit accordent une importance de premier choix à trois matières fondamentales : l'histoire du droit, l'introduction au droit civil et enfin le droit constitutionnel. Les développements qui suivent ont pour objet d'exposer les données les plus essentielles de ces enseignements étant observé qu'une sélection bibliographique permet d'approfondir utilement ces premières connaissances. Mais la maîtrise du savoir juridique n'est pas un gage absolu de réussite car les examens universitaires ne se résument pas à de simples tests de connaissance à l'instar de QCM (questions à choix multiple). Qu'il s'agisse de dissertation, de cas pratique, de commentaire d'arrêt (simple ou comparé) ou plus simplement de QRC (questions à réponse courte), les épreuves reposent sur une méthodologie singulière par ses codes et ses exigences. Partant, les étudiants trouveront à la suite du cours un savoir-faire adapté à chaque type d'épreuve auquel ils seront régulièrement confrontés.

Maîtriser l'histoire du droit

Par Céline Combette
Maître de conférences à l'université Panthéon-Assas

QU'EST-CE QUE L'HISTOIRE DU DROIT

Tout juriste doit définir le sujet qu'il va traiter. Commençons, ainsi, par donner une définition de l'histoire du droit. L'histoire du droit peut se définir comme l'étude de l'évolution du droit. Deux éléments ressortent de cette définition : d'une part, un critère temporel, d'autre part, un critère matériel.

En ce qui concerne le critère temporel, le champ d'étude de cette matière apparaît gigantesque. Pour nous en convaincre, établissons un simple bornage chronologique. La borne finale est facile à poser : l'historien du droit achève son travail au moment où commence celui du juriste en droit positif. Quant à la borne de départ, elle peut être établie à partir d'une locution latine : *ubi societas, ibi jus*, c'est-à-dire « là où il y a une société, il y a du droit ». Le droit apparaît dans et existe pour une société. On peut donc en déduire que dès lors que des sociétés sont apparues, le droit est apparu. Une société correspond à un groupe organisé d'êtres humains.

Le droit remonte donc aux origines des premiers groupes organisés d'êtres humains. Cependant, pour cette période la plus reculée, qu'on qualifie de préhistoire du droit, les sources juridiques sont soit inexistantes, soit difficiles à appréhender car provenant de vestiges matériels encore existants (sépultures, fresques, etc.). La place à la conjoncture est dès lors très importante. Il est difficile de caractériser les rapports juridiques existant entre les hommes de cette période.

Le champ d'action de l'historien du droit ne commence qu'au moment de l'apparition de l'écriture. Le berceau des premières véritables sources juridiques se situe en Proche-Orient ancien, et plus exactement en Mésopotamie. Cet emplacement n'est pas le fruit du hasard. Le Proche-Orient ancien disposait de nombreux atouts lui permettant de nous laisser un héritage juridique monumental. Parmi ces atouts : l'écriture cunéiforme ou encore une vie économique intense réclamant la mise en place d'un cadre juridique. Les sources qui nous sont parvenues sont alors de deux sortes : d'une part, des actes de la pratique, d'autre part, des textes qualifiés de « codes ». Cependant, là encore les informations qui nous sont parvenues laissent place à de nombreuses incertitudes. Ces incertitudes tiennent principalement au fait que c'est un droit sans doctrine. Il n'existe pas, notamment, un vocabulaire spécifique au droit.

Quoi qu'il en soit, l'histoire du droit a donc un champ d'étude plurimillénaire.

En ce qui concerne le critère matériel, l'histoire du droit a pour domaine d'étude l'ensemble des règles qui régissent les rapports des hommes dans la vie en société, que ces règles relèvent du droit public ou du droit privé.

Pour aller plus loin :

Écriture cunéiforme : système d'écriture apparu en Mésopotamie entre 3200 et 3000 av. J.-C. L'écriture en Mésopotamie a évolué. Au départ, il ne s'agit que de simples dessins de la chose signifiée pour aboutir, après plusieurs étapes, à des signes matérialisés par des traits terminés en forme de coins ou clous, d'où le nom donné à partir du XVIIIe siècle d'écriture cunéiforme.

Mésopotamie : ce nom est formé de deux termes grecs : l'un, *meso*, signifie : « au milieu », l'autre, *potamos*, « les fleuves ». Ce lieu tient son nom de sa localisation géographique. Il est situé entre deux fleuves, le Tigre et l'Euphrate. Il s'agit de l'actuel Irak. En Mésopotamie, la vie s'est développée autour des rives de ces deux fleuves. Se sont succédé en Mésopotamie plusieurs grandes civilisations comme les Sumériens ou encore les Akkadiens, Hittites, Assyriens ou Perses.

J. Gaudemet, *Les Naissances du droit. Le temps, le pouvoir et la science au service du droit*, 4e édition, Montchrestien, 2006

LA PLACE DE L'HISTOIRE DU DROIT DANS LES ÉTUDES DE DROIT

On a coutume de représenter le droit sous la forme d'un arbre. Le tronc, le droit, se ramifie en deux branches principales : le droit public et le droit privé. C'est ce qu'on appelle la *summa divisio* du droit.

Le droit public correspond à l'organisation des pouvoirs publics dans un espace géographique déterminé. Le droit privé s'intéresse aux relations des hommes dans leur vie aussi bien privée que professionnelle.

Chacune de ces branches se scinde ensuite en de multiples ramifications (par exemple, pour le droit privé : le droit civil, le droit des affaires ; et pour le droit public : le droit constitutionnel, le droit administratif). Parfois, ces ramifications s'entremêlent pour former des matières mixtes (comme, par exemple, le droit pénal).

L'histoire du droit peut dès lors être considérée comme formant les racines de cet arbre. Mais que faut-il entendre par « racine » ? Le dictionnaire Larousse propose plusieurs acceptions du mot « racine ». Dans un premier sens, il s'agit de « ce qui est à la base, à l'origine de quelque chose ». Cette acception est bien évidemment satisfaisante pour l'histoire du droit. L'histoire du droit permet de comprendre ce qui est à la base de nos institutions actuelles. Cette matière permet ainsi de retrouver les solutions les plus lointaines, ou non, des prescriptions modernes. Cependant, cette définition ne rend pas totalement compte de tout l'intérêt de cette matière. Une autre acception du mot « racine » nous semble également devoir être retenue. Elle complète la première définition. Une racine, c'est aussi « un organe généralement souterrain des plantes vasculaires, qui les fixe au sol et qui assure leur ravitaillement en eau et en sels minéraux ». L'histoire du droit permet de mieux comprendre les solutions modernes pour mieux les appliquer ; elle permet également de les interpréter, voire, si besoin, de les faire évoluer. L'histoire du droit alimente le droit positif.

Ces considérations très générales sont peut-être trop éloignées des préoccupations de ceux qui pensent entamer des études de droit. Évoquons plus simplement la place que concèdent à l'histoire du droit les étudiants qui ont déjà commencé ce cursus.

Par opposition aux matières dites fondamentales, les cours d'histoire du droit sont considérés, par certains étudiants, comme relevant des « petites matières ». Ce type de raisonnement s'arrête à une vision purement comptable des années universitaires. Les matières d'histoire du droit ayant, en général, un coefficient moins important que les matières fondamentales, elles « rapportent » moins. Cette analyse n'est pas en soi critiquable. Elle est même induite par le régime des examens, et la mise en place du système des unités dans les universités.

Ces étudiants ont, toutefois, tendance à ne pas travailler les matières d'histoire du droit pendant l'année universitaire, et à ne véritablement s'y mettre qu'au dernier moment, c'est-à-dire dans les jours qui précèdent le partiel. Ces étudiants se privent alors de beaucoup !

D'une part, parce que cette matière a quelque chose de rassurant. Elle donne l'impression d'être immédiatement accessible à tous les étudiants qui découvrent ce qu'est le droit ; elle semble même, pour reprendre une expression issue de l'histoire du droit, faire « pont et planche » avec certaines matières du lycée. Ainsi, pour ceux qui sont un peu perdus par leur entrée à l'université, c'est un bon moyen pour commencer à appréhender le monde juridique. Car, ne vous y trompez pas, c'est bel et bien une matière juridique.

D'autre part, en ayant cette vision comptable, l'étudiant fait de l'histoire du droit un simple exercice de mémoire. Il s'agit d'ingurgiter une masse d'informations conséquente en très peu de temps. Problème : la mémoire efface au bout d'un certain temps, plus ou moins long, les informations dont elle n'a pas une utilité fréquente. Or, certaines des informations, censées être acquises lors de la première année de licence, peuvent être sollicitées tout au long du cursus universitaire. Prenons un exemple : la compilation de Justinien. Cette compilation est étudiée en L1. Cependant, les enseignants en histoire du droit y feront référence tout au long du cursus universitaire, de la L1 au M2. Mais, le mot est important, ils n'y feront que « référence ». Si l'étudiant doit, à chaque fois, rechercher dans ses notes des années précédentes, ce que l'enseignant lui évoque l'année en cours, il perd un temps précieux. Mais surtout, et c'est le plus important, en optant pour un apprentissage par cœur, il se prive d'un bon moyen lui permettant de se démarquer lors des examens, voire de concours auquel il sera confronté tout au long de son cursus universitaire et postérieurement. En effet, l'histoire du droit permet de donner de la consistance à une copie ou à une présentation orale. Tous les étudiants auront, plus ou moins, le même bagage technique. Ces mêmes étudiants n'auront pas tous, par contre, la même culture juridique. L'histoire du droit lie à la fois technique juridique et culture juridique. C'est cette culture juridique que les examinateurs ou membres de jury attendent pour faire la différence entre les candidats.

Démarquez-vous grâce à cette « petite matière » qui, au final, n'en est pas une !

Pour aller plus loin :

Summa divisio : littéralement, « division la plus élevée », c'est-à-dire la division fondamentale. La dichotomie entre « droit privé » et « droit public » remonte aux origines de la réflexion juridique. Par exemple, Ulpien (≈170-223) y fait référence dans un paragraphe du *Digeste, D.* I. 1. 1. 2. Arrêtons-nous sur l'ensemble de ce fragment : au *principium*, Ulpien donne une définition du droit. Pour ce juriste romain, « le droit est l'art du bon et du juste » (*ius est ars boni et aequi*). Puis, dans le paragraphe 2, il souligne que la science juridique se divise en deux branches, « le public et le privé ». Pour lui, le droit public, c'est ce qui intéresse l'État romain, le droit privé s'intéresse, quant à lui, aux particuliers.

DES DATES : POUR QUOI FAIRE ?

L'une des questions que tout étudiant se pose, alors qu'il suit des cours d'histoire du droit, est invariablement la suivante : « Faudra-t-il connaître par cœur, pour les partiels, toutes les dates données lors de ces cours ? »

Tout d'abord, il faut rassurer cet étudiant : il est tout à fait normal d'ignorer les dates qui ont fait le droit (à l'exception, bien évidemment, de certaines dates qui sont tout à la fois de la culture juridique et de la culture générale, voire de la culture citoyenne, telles : la Déclaration des droits de l'homme et du citoyen du 26 août 1789, ou encore la Constitution du 4 octobre 1958).

En revanche, il est moins normal de ne pas connaître les grandes périodes de notre civilisation. Un trop grand nombre d'étudiants inversent ces différentes périodes, ou, pire, ne les connaissent pas. Il est important de se rafraîchir la mémoire avant son premier cours d'histoire du droit, au risque d'être, dès le départ, perdu et de prendre un retard impossible à rattraper.

À retenir :

Préhistoire :
- 8000000 av. J.-C.
- 3200 av. J.-C.

Antiquité :
- 3200 av. J.-C.
- 476

Moyen Âge :
- 476
- 1492

Renaissance :
- fin XIVe siècle
- début XVIIe siècle

Ancien Régime :
- 1515
- 1789

Période contemporaine

Pour en revenir à notre question principale : il ne faut pas faire des dates une manie. Par contre, il est indispensable de connaître le contexte historique dans lequel s'inscrit la source juridique que vous êtes amené à étudier lors de ces différents cours. Sans ce contexte, vous risquez de ne pas saisir la raison d'être de la notion travaillée. Ce contexte est un amalgame de plusieurs éléments : politique, économique, ou encore, par exemple, social. Sans la prise en compte de ces différents événements, les solutions juridiques étudiées ne se comprennent pas. La plupart du temps, le contexte est rappelé lors du cours magistral. Cependant, parfois l'enseignant pense que le contexte est connu et qu'il n'a pas besoin de le traiter. Il appartient à l'étudiant de ne pas rester dans l'ignorance et de travailler son cours. Si vous avez un doute, n'hésitez pas à aller voir vos enseignants à la fin des cours. Ils sont à votre écoute.

De même, en conclusion de ce point sur les dates, il ne faut pas omettre un élément important : la précision est une des qualités requises des juristes. En conséquence, arriver à dater correctement une loi, un traité international, etc., est, sans aucun doute, gage d'un véritable investissement dans ses études.

LES MATIÈRES ÉTUDIÉES EN HISTOIRE DU DROIT

Du fait de l'autonomie des universités, chacune d'entre elle propose son offre de formation. Chaque université a la maîtrise de sa maquette de cours et propose l'ossature du cursus qu'elle souhaite pour son LMD (licence, master, doctorat).

Cependant, les universités suivent, en général, la même idée : il s'agit, lors de la licence, de donner à l'étudiant les bases en droit ;

l'enseignement y est, dès lors, très général. Ce n'est que dans un second temps, lors du master, que l'étudiant est appelé à se spécialiser. La licence doit ainsi être vue comme permettant à l'étudiant de déterminer dans quel domaine il voudra par la suite se spécialiser pour réussir, au final, son insertion professionnelle. La licence permet, en conséquence, à un étudiant de construire un projet pédagogique, qui débouchera ensuite sur un projet professionnel.

Il est tout à fait normal de ne pas savoir ce qu'on veut faire lorsqu'on entre en L1. Et si on pense savoir, la licence doit aussi permettre de conforter ce projet, ou d'en construire un autre.

L'étudiant doit être actif pendant sa licence. Il doit s'informer, faire des stages, etc. Mais il a aussi une certaine maîtrise des cours qu'il peut suivre. Vous ne devez pas hésiter, dès lors, à piocher un peu partout et, ainsi, construire votre projet pédagogique grâce à cette liberté qui vous est laissée par le biais de cours optionnels. Parmi les cours en option, des cours en histoire du droit sont souvent proposés (exemple, en L2, histoire du droit des obligations). Ces matières peuvent donc permettre à un étudiant de donner une véritable consistance à sa culture juridique, mais aussi, comme nous le verrons, de mieux comprendre ses cours en droit positif.

Nous présenterons, après cette introduction, les différentes matières d'histoire du droit que les universités peuvent proposer au cours de la licence en droit. Il n'est pas question d'être exhaustif, mais plutôt d'utiliser certaines matières auxquelles vous serez confronté au cours de vos études, afin de vous faire comprendre tout l'intérêt que vous pouvez tirer de celles-ci.

Nous proposons ces diverses matières sous la forme de fiches. Celles-ci ne sont pas des résumés de cours. Il s'agit surtout de présenter la matière en soulignant quel est le cœur du sujet, en d'autres mots, son incontournable, ce qui fait le substrat de chaque matière.

Les matières d'histoire du droit, en fiches

FICHE 1 : INTRODUCTION HISTORIQUE AU DROIT

L'enseignant, à travers ce cours, est amené à dresser un inventaire des monuments du droit. Nous n'en présenterons, ici, que quelques-uns. Nous insisterons surtout sur la période antique, pour ne faire qu'un rapide état des lieux des autres périodes. En effet, ce droit antique est à la base de notre système juridique. Il faut parfaitement le maîtriser pour pouvoir comprendre le reste.

Mais, dans un premier temps, il faut s'arrêter sur les grandes étapes chronologiques de l'histoire du droit. Là encore, connaître cette chronologie, qui est spécifique à l'histoire du droit, peut nous éviter bien des déconvenues. Cette chronologie doit être travaillée en parallèle de la frise de l'histoire événementielle, que nous avons précédemment donnée (page 91).

Quatre grandes étapes se détachent :

– le droit antique (vers 3200 av. J.-C.- 476) ;

– l'ancien droit, une période extrêmement dense puisqu'elle inclut le droit franc, le droit féodal, ou encore le droit d'ancien régime ; cette période regroupe ainsi, ni plus ni moins, que le droit depuis l'antiquité jusqu'à 1789 ;

– le droit intermédiaire, c'est-à-dire le droit de la période révolutionnaire ;

– le droit contemporain.

À l'intérieur de chacune, on peut distinguer plusieurs époques, ou s'arrêter sur différents lieux au cours d'une même période.

Le droit antique

Cette période va depuis le moment où nous disposons de renseignements historiques indiscutables (vers 3200 av. J.-C.) jusqu'à l'effondrement de l'Empire romain d'Occident, c'est-à-dire 476. Date à laquelle l'empereur Romulus Augustule est déposé par le chef barbare Odoacre. Ce dernier renvoie les insignes de la fonction impériale à l'empereur de l'Empire romain d'Orient.

Le droit antique débute avec le droit du Proche-Orient ancien. Fait partie de ce droit, le droit de la Mésopotamie. On parle encore, pour ce dernier, de droit cunéiforme.

Ce droit mésopotamien, comme nous l'avons précédemment indiqué, nous le connaissons à travers deux types de source. D'une part, les actes de la pratique, d'autre part, des textes législatifs qualifiés de codes.

En ce qui concerne les actes de la pratique, on ne dénombre pas moins de 500 000 tablettes qui ont été exhumées et qui intéressent toutes, ou tout du moins en très grande majorité, les juristes. Parmi ces actes de la pratique on trouve des contrats. Ces derniers démontrent que la vie économique en Mésopotamie est intense : on loue, on vend, on prête à intérêt. Ce qui nous permet de faire la transition avec les autres types de document : les codes.

En général, la promulgation de ces codes intervient à un moment où une grande partie de la population est en proie à des difficultés économiques. Il s'agit de contrôler, dans une certaine mesure, les dettes afin d'éviter des troubles qui pourraient menacer l'ordre politique établi. Parmi ces codes, le plus ancien, le code d'Ur-Namma (ou Ur-Nammu). Le roi sumérien d'Ur (vers 2000 av. J.-C.) est l'auteur de ce plus ancien code juridique. Il nous est cependant parvenu mutilé. Tout comme ne nous est parvenu que partiellement, par le biais de plusieurs tablettes d'argile, le code de Lipit-Ištar (vers 1930 av. J.-C.). Mais le plus célèbre code de cette époque est, sans conteste, le code de Hammurabi (ou Hammourabi). Ce code doit être considéré comme un monument, bien évidemment, de l'histoire du droit, mais aussi de l'Histoire tout court. Il date d'environ 1750 av. J.-C. ; il est aujourd'hui conservé au Louvre. Il a été découvert par une mission française en Susiane. Il s'agit d'une haute stèle de basalte. Cette dernière a connu une histoire mouvementée. Elle date, tout d'abord, des dernières années du règne de Hammurabi. Elle aurait été érigée dans une grande ville de Babylonie, avant d'être déportée en Iran, au XIIe siècle av. J.-C., pour y être exposée sur l'acropole de Suse, comme d'autres chefs-d'œuvre artistiques et historiques. Ce n'est qu'au cours de l'hiver 1901-1902 que cette stèle a été exhumée. Un homme s'attela dès lors à la lourde tâche de déchiffrer les quelques trois mille cinq cents lignes de texte qu'elle contient. Cet homme, c'est Jean-Vincent Scheil.

Pour aller plus loin :

En haut de la stèle, sur l'une des faces, est sculptée une scène représentant le roi Hammurabi et le dieu Šamaš. Viennent ensuite les écritures. Ce code se divise en trois parties : un prologue, le corps même du texte, un épilogue. Le prologue fait allusion à l'investiture du roi, comment son empire s'est formé, ainsi que ses réalisations. L'épilogue résume l'œuvre juridique d'Hammurabi, et prépare à sa perpétuation. Le corps même du texte : 300 articles (également appelés « lois »). Matériellement, ces articles décrivent, dans un premier temps, les circonstances qui ont amené à prendre la décision ; cette description, claire et rapide, se fait au moyen d'une phrase à valeur de conditionnel : « si quelqu'un a fait telle action... » ; à cette phrase posant une condition, fait suite une réponse au futur : « alors il lui arrivera ceci » (exemple : § 229 : « Si un maître d'œuvre construit une maison pour un homme, mais ne fait pas un ouvrage solide, (si) la maison qu'il construit s'écroule et cause la mort du propriétaire de la maison, alors ce maître d'œuvre sera mis à mort »).

Dans le code de Hammurabi, on trouve aussi bien du droit public que du droit privé.

B. André-Salvini, *Le Code de Hammurabi*, RMN, 2008

À la suite du code de Hammurabi, on peut également citer : les lois du royaume d'Eshnunna, quasi-contemporaines du code de Hammurabi ; les lois hittites (vers 1500 av. J.-C.) ; les lois assyriennes, qui ont été composées vers le XIIe siècle av. J.-C. ; et, enfin, les lois néo-babyloniennes (vers 650 av. J.-C.).

Pour aller plus loin :
Focus sur la question des dettes dans les codes du Moyen-Orient ancien : de longs développements sont consacrés à la question des dettes à travers ces différents codes.
Tel est le cas pour les lois assyriennes. De nombreux articles traitent de la question des dettes. On peut prendre le cas du § 44 de la tablette A : « Si un Assyrien ou une Assyrienne qui habite dans la maison d'un homme comme gage pour sa valeur a été pris pour la pleine valeur (de la dette), il (le gagiste) peut le fouetter, tirer (ses cheveux) ; écraser et percer ses oreilles. » Un homme a placé son propre corps en garantie de sa dette. Il n'a pas réussi à rembourser son créancier. Le gage, donc le débiteur, est définitivement acquis au créancier. Ce dernier possède désormais un droit de correction sur son débiteur. Cependant, la liste de ce que le créancier peut désormais faire à son débiteur permet d'en déduire que le créancier ne pourra pas, par contre, le mettre à mort (cf. G. Cardascia, *Les Lois assyriennes*, Les éditions du Cerf, 1969, p. 215-217).

Le code de Hammurabi vise lui, principalement, à protéger les emprunteurs. On prévoit des mesures de rééchelonnement des dettes, ou encore le plafonnement du taux d'intérêt. Ainsi, les parties ne peuvent stipuler un intérêt dépassant 33 % pour le prêt de grains, et 20 % pour le prêt d'argent. Que se passe-t-il en cas de non-respect de ces taux ? Le contrat de prêt est nul, la tablette enregistrant l'obligation de dette doit être brisée – comme elle le sera quand le paiement aura été effectué –. Les effets sont ainsi rigoureux pour le créancier qui perd, tout simplement, ce qu'il avait prêté.

Le code de Hammurabi prévoit également l'hypothèse de constitution de garanties. Ces garanties offertes par le débiteur au créancier peuvent être, là encore, des êtres humains. On peut parler d'otages. Plusieurs paragraphes prévoient cette hypothèse. *Quid* s'il arrive quelque chose à cet otage ? Le paragraphe 115 du code de Hammurabi indique que si le garant vient à décéder de mort naturelle alors qu'il était dans la prison privée du prêteur, alors ce dernier ne devra aucune réparation à l'emprunteur. Par contre, selon le paragraphe 116 de ce même code, si cet otage meurt sous l'effet des coups ou d'autres abus physiques pendant qu'il est dans la maison du prêteur, la responsabilité de ce dernier sera engagée : si le garant était le fils de l'emprunteur, on tuera le fils du prêteur ; si le garant était un esclave de l'emprunteur, le prêteur devra une indemnisation à l'emprunteur (le Code de Hammurabi indique que ce prêteur devra peser et livrer 20 siècles d'argent à l'emprunteur) ; de même, dans tous les cas, le prêteur perdra tout ce qu'il avait prêté à l'emprunteur.

B. André-Salvini, *Le Code de Hammurabi*, RMN, 2008
A. Finet, *Le Code de Hammurabi*, Les éditions du Cerf, 2002

Autres droits de cette période antique : le droit grec et le droit romain. Arrêtons-nous sur le droit romain qui se compose de trois périodes.

– L'ancien droit ou droit archaïque qui va de la fondation légendaire de Rome (753 av. J.-C.) jusqu'au milieu du IIe siècle avant notre ère.
– Le droit classique : du milieu du IIe siècle avant notre ère à l'avènement de Dioclétien (284) ; ce droit est considéré comme renfermant l'âge d'or du droit romain.
– Le droit post-classique (ou Bas-Empire) : de 284 à 565.

Établissons une sorte de *best of* des sources juridiques de ces différentes périodes.

• **En ce qui concerne le droit archaïque**, à l'origine, droit et religion s'entremêlent. Le corps de règles qui régit le corps social est présenté comme ayant été dicté par les dieux. Ce corps de règles prend le nom de « *fas* ». *Fas*, c'est ce que les dieux ont dit, et que la population doit respecter. Puis, les Romains ont distingué entre le *fas* et le *ius*. Le *ius*, c'est le droit d'origine humaine.

Parmi ce droit d'origine humaine, on peut retenir comme la plus représentative de cette période la loi des XII Tables (ou code décemviral).

Pour aller plus loin :

La loi des XII Tables est une loi. Les lois sont votées, à Rome, par les *comices curiates* (assemblée du peuple romain). Les lois ne sont pas les seules sources de droit dans la Rome archaïque. L'autre source de droit pour cette époque est la coutume. On parle alors de *mos majorum* (c'est-à-dire « mœurs des anciens »). Cicéron (106 av. J.-C.- 43 av. J.-C.) donne une définition classique de la coutume : c'est « le droit que la volonté unanime et la longue durée ont, sans loi, consacré » (Cic., *De inventione*, II, 67).

Gaius, célèbre jurisconsulte romain (120-180), après avoir distingué, d'une part, entre le droit écrit et la coutume, et, d'autre part, entre le droit civil (*ius civile*) et le droit des gens (*ius gentium*), donne une liste des différentes sources du droit au sein de ses *Institutes*.

Gaius, *Institutes*, I. 1 : « Tout peuple régi par le droit écrit et par la coutume suit en partie un droit qui lui est propre, en partie un droit qui lui est commun avec l'ensemble du genre humain. En effet, le droit que chaque peuple s'est donné lui-même lui est propre et s'appelle le droit civil (ndlr, *ius civile*), c'est-à-dire droit propre à la cité, tandis que le droit que la raison naturelle établit entre tous les hommes est observé de façon semblable chez tous les peuples et s'appelle droit des gens (ndlr, *ius gentium*) [...] ». I. 2 : « Les sources du droit, pour le peuple romain, sont les lois, les plébiscites, les sénatus-consultes, les constitutions impériales, les édits émanant de ceux qui ont le droit d'édicter, les réponses des prudents » (*cf.* Gaius, *Institutes,* texte établi et traduit par Julien Reinach, Les Belles Lettres, Paris 2003).

Ce texte est né dans un contexte de conflits entre les plébéiens et les patriciens, c'est-à-dire entre les deux groupes sociaux qui se partagent la cité romaine. Les plébéiens accusent, entre autre, les patriciens de se servir du droit dans le seul intérêt de leur ordre. En effet, seuls les patriciens ont jusqu'alors accès au droit : ils sont les seuls à le connaître et à l'appliquer. Ainsi, par exemple, les pontifes (tous des patriciens) maîtrisent le calendrier judiciaire. Vous ne pouvez pas agir en justice si le jour n'est pas faste. Or, les pontifes déterminent, à leur gré, les jours fastes et ceux qui ne le sont pas. De même, ils détiennent les formules très précises que les parties doivent dire pour notamment agir en justice, toute erreur de l'une des parties dans la formule entraînant la nullité de la procédure. Le patriciat finit par accéder à certaines demandes de la plèbe et à rendre, peu à peu, le droit accessible à tous. Un collège composé de dix magistrats, les décemvirs, est notamment chargé de codifier le droit. Ce travail débouchera sur la loi des XII Tables (450 av. J.-C.). Cette loi, sans doute gravée sur des pierres et affichée au forum, a été détruite lors de la mise à sac de Rome par les Gaulois de Brennus. Très attachés à cette loi des XII Tables, les Romains l'ont fait graver à plusieurs reprises – pour souligner l'affection des Romains envers ce texte, Cicéron nous apprend qu'elle était apprise par cœur par les enfants de son époque –, mais aucune stèle ne nous est, hélas, parvenue. Nous ne possédons que des fragments de cette loi grâce aux juristes, surtout de l'époque classique, qui l'ont abondamment commentée, et qui donc la citaient.

Pour aller plus loin :

Quelques dispositions de la loi des XII Tables : la loi des XII Tables évoque notamment un délit privé, l'*injuria*. L'*injuria* correspond à une atteinte physique contre une personne. trois comportements relèvent de ce délit privé : 1° le *membrum ruptum* ; 2° l'*os fractum* ; 3° l'injure légère. Le *membrum ruptum* correspond à une atteinte définitive à une partie quelconque du corps. C'est l'hypothèse d'un membre amputé, ou encore des coups de couteau qui laissent des traces.

L'*os fractum* correspond, quant à lui, à des blessures ou des coups qui ont laissé une trace visible, mais le temps va les effacer.

Et, enfin, l'injure légère. Sont comprises dans cette catégorie toutes les atteintes légères à la personne qui n'entraînent aucune lésion - comme par exemple une gifle -.

La loi des XII Tables punit ces comportements au moyen de différents procédés : le *membrum ruptum* est visé par la table 8.2. Cette atteinte est punie de la peine du talion. Cependant, ce talion ne s'applique que si l'auteur des violences et sa victime ne sont pas parvenus à se mettre d'accord sur un arrangement financier. On parle alors de composition pécuniaire. On pense que la menace du talion a pour objectif d'amener le coupable à payer une composition. Pour les autres dommages, *os fractum* et injure légère, c'est le régime des peines fixes qui s'applique ; ces peines peuvent varier de 25 as et 300 as. 25 as sont ainsi prévus en cas d'injure légère, par la table 8.4 ; alors que les violences rentrant dans la catégorie de l'*os fractum* sont, quant à elles, au terme de la table 8.3, punies de 300 as lorsque la victime était un homme libre, et de 150 as lorsque la victime était un esclave (somme qui était versée au propriétaire de la victime).

J.-M. Carbasse, *Manuel d'introduction historique au droit*, PUF, 2015
E. Chevreau, Y. Mausen, C. Bouglé, *Histoire du droit des obligations*, LexisNexis, 2015
J. Macqueron, *Histoire des obligations. Le droit romain*, Publications du Centre d'histoire institutionnelle et économique de l'Antiquité romaine, 1971
Voir aussi le site internet, très riche : http://droitromain.upmf-grenoble.fr.

• **Le droit classique.** C'est la période la plus riche du droit romain. Deux mots-clefs caractérisent cette période : préteur et jurisprudence.

Pour aller plus loin :
Le préteur (et non prêteur) est à la fois un magistrat et un homme politique. Cette charge a été instituée en 366 av. J.-C. Il est élu pour une durée d'un an par les *comices centuriates*.

J. Gaudemet, E. Chevreau, *Les Institutions de l'Antiquité*, LGDJ, 2014
M. Humbert, D. Kremer, *Institutions politiques et sociales de l'Antiquité*, Dalloz, 2014

Le rôle du préteur s'explique par la procédure à Rome. Rome applique un principe : « le droit naît de l'action ». L'action précède le droit. C'est une vision différente de la nôtre. Aujourd'hui, on applique le principe inverse : le droit précède l'action. Par exemple, un droit est reconnu par une loi ; si ce droit n'est pas respecté, la victime va saisir le juge. À Rome, le préteur indique qu'il accordera une action, dans une situation donnée. Il reconnaît, par ce fait, un droit. Les actions que le préteur accorde sont indiquées dans son édit. On parle d'édit du préteur.

Matériellement, on devrait plutôt parler des édits du préteur. Le premier édit est celui que le préteur promulgue lors de son entrée en fonction ; il dresse alors la liste de toutes les actions qu'il s'engage à délivrer aux particuliers, et donc les cas pour lesquels il organisera un procès. Pour cet édit, il utilise son *ius edicendi*.

Cet édit est ainsi un véritable programme d'actions. Il dure un an, c'est-à-dire le temps de fonction du préteur. Chaque année est publié un nouvel édit. Cependant, on n'assiste pas, d'une année à l'autre, à une remise en cause profonde des actions qui sont reconnues en justice. Au contraire. En général, chaque préteur reprend l'édit de son prédécesseur, et lui donne sa touche personnelle, en concédant de nouvelles actions lors de son entrée en fonction. C'est, ainsi, plutôt une mise à jour à laquelle on assiste chaque année. Les autres édits, le préteur va les prendre tout au long de sa magistrature face à des besoins imprévus (*edicta repentina*).

L'ensemble de ces édits forment le droit prétorien.

Pour aller plus loin :

La notion de droit prétorien existe encore aujourd'hui. Elle désigne une solution juridique d'origine juridictionnelle. Pour désigner ce droit prétorien, on utilise également la locution de droit honoraire, car provenant d'un magistrat, et donc du titulaire d'un « honneur ».

J.-M. Carbasse, *Manuel d'introduction historique au droit*, PUF, 2015

D. Chagnollaud de Sabouret (sous la direction de), *Dictionnaire élémentaire du droit. 200 notions incontournables*, Dalloz, 2014

Cependant, les préteurs vont peu à peu perdre leur pouvoir créateur du droit. Tout d'abord, de leur seul et propre fait : les préteurs se succèdent, mais n'ajoutent presque plus rien à leurs édits. Ils ne font que recopier ce que leurs prédécesseurs ont fait. Mais, ce qui va surtout porter un coup fatal à l'activité prétorienne, c'est la « mise en ordre » des édits que l'empereur Hadrien (76-138) va ordonner au juriste Julien de réaliser. Il s'agit, par cette « mise en ordre », de réunir en un seul recueil les différents édits pris jusqu'alors. On parle, à ce sujet, de codification des édits prétoriens. Dans les faits, si le droit pour les préteurs de prendre des édits n'est pas supprimé, dans la pratique, l'activité prétorienne est comme paralysée. Les préteurs n'utilisent plus leur droit ; ils ne créent plus d'actions. Par cette codification, l'édit a pris un caractère définitif. À partir de l'époque des Sévères, cette codification de Julien sera appelée *edictum pertetuum*.

L'autre source de droit pour l'époque classique, c'est la jurisprudence.

Le mot « jurisprudence » est composé de deux termes : *juris* et *prudentia*. C'est « la connaissance du droit ». La jurisprudence a une double fonction à Rome : d'une part, c'est l'équivalent de notre doctrine actuelle. Rome, contrairement à la Grèce antique, a laissé de nombreux traités dogmatiques en droit privé. Parmi les auteurs de traités les plus célèbres : Quintus Mucius Scaevola et Servicius Sulpicius. Ces deux auteurs sont considérés comme les fondateurs de la science du droit. Ils datent du Ier siècle av. J.-C. ; époque où commence à se mettre en place une véritable technique juridique romaine. D'autre part, c'est l'activité de juristes qui donnent des consultations ; ces consultations se matérialisent par des *responsa* (« réponses »). La jurisprudence romaine ne correspond donc pas à la jurisprudence contemporaine. Cette dernière étant l'ensemble des décisions judiciaires.

Les *responsa* émanent des « connaisseurs du droit ». À l'origine, seuls les pontifes peuvent donner ces consultations. Mais ils vont perdre ce monopole. Les connaisseurs du droit seront alors qualifiés de « prudents ». Au départ, ces prudents donnent des consultations dans un cercle purement privé, et à titre gratuit, prenant la forme de services entre amis.

À l'époque d'Auguste (63 av. J.-C.-14), certains prudents se voient reconnaître une valeur officielle : ils acquièrent le droit « officiel de délivrer des consultations munies de l'*auctoritas* de l'empereur ». Juristes, ils deviennent « jurisconsultes ». Ces juristes se voient délivrer le *ius publice respondendi* (le droit de répondre publiquement).

Cette reconnaissance officielle donne, à ces jurisconsultes, un poids plus important à leur consultation.

Un palier supérieur est franchi à l'époque d'Hadrien (76-138). Les juges, en effet, jusqu'alors n'étaient pas liés par les consultations de ces jurisconsultes. Hadrien décide qu'en cas d'unanimité de ceux disposant du *ius publice respondendi*, l'opinion des jurisconsultes lie le juge. D'autres étapes seront ensuite franchies, après le droit classique. Il est important de les traiter dès à présent : Constantin (272-337) établit une autorité supérieure à Papinien (142-212) par rapport à Paul (160-230) et Ulpien (170-223). Mais c'est surtout en 426 que l'ultime étape intervient. Nous sommes à l'époque de Valentinien III, empereur d'Orient. Ce dernier va être à l'origine de « la loi des citations ». Cinq jurisconsultes, tous de l'époque classique, se voient reconnaître une autorité supérieure à tous les autres. Il s'agit de : Gaius, Papinien, Paul, Ulpien, et Modestin (début du IIIe siècle). Eux peuvent toujours être invoqués devant les tribunaux. Les autres ne pourront l'être que sous une double réserve : 1° avoir été cités par l'un des cinq jurisconsultes précédemment visés ; 2° être en possession d'un manuscrit prouvant qu'ils ont bien défendu l'opinion dont le plaideur se prévaut. Mais *quid* en cas de divergences d'opinion entre les cinq jurisconsultes, ou entre eux et ceux qu'ils citent : dans ce cas, le juge doit trancher selon l'opinion majoritaire ; et s'il y a un partage égalitaire d'opinion entre les jurisconsultes, c'est celle défendue par Papinien qui l'emporte. Si ce dernier ne s'est pas prononcé, le juge retrouve sa liberté. Cette loi des citations est une parfaite démonstration de l'étroite collaboration des jurisconsultes avec le pouvoir impérial. Les jurisconsultes font désormais carrière auprès de l'empereur (notamment à l'époque des Sévères). Leur rôle est d'aider l'empereur dans l'élaboration des textes législatifs. Celui qui désormais est un monument juridique, c'est l'empereur. C'est l'avènement du prince-législateur. Un prince-législateur auprès de qui on n'hésite pas désormais à solliciter l'avis, comme jadis on le faisait avec les jurisconsultes.

• Ce rôle de l'empereur nous permet d'enchaîner avec l'ultime étape du droit romain : le droit postclassique.

Pour aller plus loin :

Gaius, *Institutes*, I.7 : « Les réponses des prudents sont les sentences et consultations de ceux auxquels il a été accordé de créer du droit. Si leurs opinions concordent, leur sentence a force de loi ; dans le cas contraire, le juge est libre de suivre telles sentences qu'il veut : c'est ce que décide un rescrit du divin Hadrien. »

J.-M. Carbasse, *Manuel d'introduction historique au droit*, PUF, 2015

J.-P. Andrieux, *Histoire de la jurisprudence : les avatars du droit prétorien*, Vuibert, 2012

A. Schiavone, *Ius. L'invention du droit en occident*, Belin, 2011

L'empereur fait du droit (notamment par le biais de Constitutions). Il est la source du droit. Mais une source si féconde que les besoins de mettre de l'ordre vont vite se faire ressentir. Cette mise en ordre va se faire par le biais de compilations. Vers le IIIe siècle sont publiés le code hermogénien et le code grégorien. Il ne s'agit pas alors d'une initiative du pouvoir impérial. Ces codes sont de nature privée. Il faut attendre le règne de l'empereur Théodose II (Empire romain d'Orient) pour voir un tel monument. Ce monument, c'est le code théodosien. Il s'agit là d'un véritable code officiel. Quasiment dix années de travail ont été nécessaires : l'empereur Théodose II décide de cette codification en 429, elle sera promulguée en 438 (en Orient, et en Occident, grâce à Valentinien III). Ce code théodosien contient, par ordre chronologique, toutes les Constitutions impériales promulguées depuis Constantin. Il comprend 16 livres. Il traite aussi bien de droit ecclésiastique que de droit privé. Cet ouvrage allait en inspirer un autre : la (ou les) compilation(s) de Justinien. Justinien accède au trône en 527. L'Empire romain d'Occident a disparu, sous l'effet des invasions germaniques, depuis 476. Pour Justinien, il faut restaurer l'empire. Cette restauration passe, bien évidemment, par le biais d'une reconquête territoriale, mais aussi par un esprit d'unité. Cet esprit d'unité, c'est dans le droit qu'il faut, selon Justinien, le chercher. Le droit, c'est ce qui a fait la renommée des Romains. Cette unité passe par un travail de compilation. Il s'agit notamment de regrouper les écrits des jurisconsultes, et le droit de l'empereur.

Cette compilation comprend quatre éléments :

– code (promulgué 529, puis 534) : il renferme toutes les Constitutions impériales depuis Hadrien jusqu'à Justinien ;
– *Digeste* (ou *Pandectes*) (533, par la Constitution Tanta) : il contient les opinions des jurisconsultes. Les compilateurs ont travaillé sur 3 000 000 de lignes pour n'en retenir, pour cet ouvrage, que 150 000 ;
– *Institutes* (533) : manuel pour les étudiants en droit ;
– *Novelles* : Constitutions publiées par Justinien depuis 534.

Pour aller plus loin :
Comment s'y retrouver dans le *Digeste* ? Le *Digeste* est divisé en 50 livres. Chaque livre contient plusieurs titres, titres eux-mêmes divisés en fragments, fragments divisés en paragraphes. Le premier paragraphe de ces fragments est appelé *principium* (c'est une sorte de préface de la loi ; pour le dictionnaire Gaffiot, *principium* signifie : « 1. Commencement ; 2. Début d'un ouvrage, entrée en matière d'un discours, exorde »). Les autres parties de la loi prennent le nom de paragraphe.

D. I. 1. 1 *pr* (Ulpien *lib. 1 institutionum)*

↓

Il s'agit d'un texte du *Digeste* au livre I, titre 1, loi 1, *principium*

D. IX. 2. 2. 2 (Gaius *lib.* 7 *ad edictum provinciale*)

↓

Il s'agit d'un texte du *Digeste* au livre IX, titre 2, loi 2, paragraphe 2

Le titre d'un livre du *Digeste* est dédié à un domaine particulier. On parle de *sedes materiae*. Ainsi, par exemple, le titre 2 du livre 9 du *Digeste* est consacré à la *lex aquilia* (ou loi aquilienne), c'est-à-dire au dommage causé sans droit à la chose d'autrui.

Cette compilation ne connaîtra pas, immédiatement, le succès que Justinien espérait. L'Occident ne la connaît pas. Il faudra attendre le

XIIe siècle pour assister à ce qu'on a coutume d'appeler « la renaissance du droit romain ». On découvre la compilation de Justinien. Cette compilation redevient le monument juridique qu'elle n'aurait jamais dû cesser d'être.

Et entre-temps quelles ont été les sources juridiques ?

L'ancien droit

À la chute de l'Empire romain d'Occident, un principe se met en place en Gaule : celui de la personnalité des lois. Les Barbares sont des admirateurs de la civilisation romaine. Fait partie intégrante de la notion de civilisation, le droit. Ils laissent donc leurs nouveaux sujets gallo-romains continuer d'être soumis au droit romain. Mais quel droit romain ? La compilation de Justinien n'est pas connue en Occident. Ils suivent le code théodosien. Un code théodosien qui paraît très (trop) complexe à la population. Le roi Alaric décide de donner une loi romaine à ses sujets gallo-romains : la loi romaine des Wisigoths (qui sera connue à partir du XVIe siècle, sous le nom de *Bréviaire d'Alaric*). Cette loi sera étendue à tout le royaume lorsque Clovis s'imposera sur les Wisigoths. Cette loi romaine sera le seul recueil de droit romain utilisé en Occident jusqu'au XIe siècle. Et les sujets barbares ? Chaque peuple germanique décide de se doter d'un droit écrit, c'est-à-dire un droit comparable, au moins dans la forme, au droit romain. En général, il s'agit de la mise par écrit des coutumes que suivaient jusqu'alors ces peuples. Cependant, parfois, elles empruntent aux solutions romaines (mais on sent aussi une réelle influence chrétienne).

On trouve ainsi :

- la loi des Wisigoths (promulguée en 476 par Euric, on parle aussi à son sujet de code d'Euric) ;
- la loi des Burgondes (encore appelée loi Gombette ; promulguée, par le roi des Burgondes, en 502, Gondebaud) ;
- la loi des Francs, loi salique (plusieurs versions ont été rédigées depuis la plus ancienne version qui remonte à la fin du règne de Clovis ; la version la plus tardive, composée à l'époque

carolingienne, prend le nom de loi salique amendée. Cette loi salique est surtout considérée comme un véritable code pénal).

Pour aller plus loin :

Le but de ces lois nationales était de mettre un terme à la pratique de la vengeance (*faida*). À la place de cette vengeance on fixe le montant qui est dû par l'auteur des faits à sa victime (ou sa famille). En cas de meurtre, dans la loi salique, le prix (qui prend le nom de wergeld) varie en fonction de la qualité de la victime : tuer un Franc coûte plus cher que tuer un Romain ; il vous en coûtera 200 sous d'or pour avoir tué un Franc, et seulement 100 sous pour un Romain. Ce prix peut évoluer en fonction d'autres éléments : si, par exemple, le Franc était placé sous la protection du roi, il faut alors débourser 600 sous. En cas de blessure, le prix varie en fonction de leur gravité apparente. Pour une main coupée, si la main pend encore, le coupable devra 2 500 deniers. Si la main a été complètement séparée, 4 000 deniers, qui font 100 sous. Pour le pouce de la main ou du pied, s'il est séparé, 1 800 deniers ; s'il pend encore, 1 200.

Que se passe-t-il si le coupable ne peut pas payer ? La solidarité familiale joue alors. L'article 61 de la loi salique met en place une pratique, la *chrenecruda* : celui qui n'a pas de quoi se payer la composition fixée par la loi salique doit jurer qu'il ne possède aucun bien mobilier. Puis, il rentre dans sa maison. À l'intérieur de sa bâtisse, il prend de la terre aux quatre coins et jette cette terre par-dessus son épaule, sur ses parents les plus proches. Enfin, en chemise et pieds nus, il saute par-dessus une haie qui entoure la maison. Par cette procédure formelle, il accepte de perdre ses biens qui sont transmis à sa famille, qui, elle, se trouve dans l'obligation de payer pour le coupable.

J.-M. Carbasse, *Manuel d'introduction historique au droit*, PUF, 2015
J. Bouineau, *Traité d'histoire européenne des institutions*, Litec, 2009

À côté de ces lois nationales, on va assister à l'émergence (surtout avec les Carolingiens) d'un droit territorial, c'est-à-dire applicable à tous les sujets du territoire. Ce droit territorial, c'est à travers les capitulaires qu'il va trouver à s'exprimer. Mais le dernier capitulaire date de 884. À partir de 884, le roi ne légifère plus. Il faudra attendre le XIIe siècle pour que le roi légifère à nouveau (1155).

Entre-temps, on a assisté à l'émergence de nouvelles règles de droit : les coutumes. Coutumes qui se sont surtout développées dans le nord du royaume (et qui sont différentes d'un territoire à l'autre). Droit romain, qui a été redécouvert au XIIe siècle, et droit coutumier vont dès lors dominer. Tant et si bien qu'on dira que la France est divisée en deux : entre pays de droit écrit (droit romain, au Sud), et pays de coutumes (droit coutumier, au Nord, où on assistera à un mouvement de rédaction tout d'abord privé, puis officiel des coutumes). Cette distinction va perdurer jusqu'à la Révolution française. Seule la législation royale uniformise, dans certains domaines, le droit de la France. Tel est le cas des grandes ordonnances de Louis XIV prises par Colbert. Parmi ces ordonnances : celle touchant la réformation de la justice (véritable code de procédure, 1667) ; celle sur les eaux et forêts (1669) ; ou, encore, l'ordonnance criminelle (1670). Ces ordonnances ne faisaient, au final, que préfigurer la future codification napoléonienne.

Pour aller plus loin :
Le mouvement de rédaction officiel des coutumes découle de l'ordonnance de Montils-lès-Tours (1454) ; cette ordonnance, en son article 125, ordonne la rédaction des coutumes « de tous les pays de France ». Cet article indique les raisons de cette rédaction : car « voulons abréger les procès et litiges d'entre nos subjectz et les relever de mises et despens et mettre certaineté ès jugemens tant que faire se pourra et oster toutes matières de variations et contrariétez ».

Conséquence de ce patchwork de coutumes : *cf.* Voltaire, *Dictionnaire philosophique*, éd. Garnier (1878), T. 18, mot « coutume » : « Il y a, dit-on, cent quarante-quatre coutumes en France qui ont force de loi ; ces lois sont presque toutes différentes. Un homme qui voyage dans ce pays change de loi presque autant de fois qu'il change de chevaux de poste. La plupart de ces coutumes ne commencèrent à être rédigées par écrit que du temps de Charles VII ; la grande raison, c'est qu'auparavant très-peu de gens savaient écrire. On écrivit donc une partie d'une partie de la coutume de Ponthieu ; mais ce grand ouvrage ne fut achevé par les Picards que sous Charles VIII. Il n'y en eut que seize de rédigées du temps de Louis XII. Enfin aujourd'hui, la jurisprudence s'est tellement perfectionnée qu'il n'y a guère de coutume qui n'ait plusieurs commentateurs et tous, comme on croit bien, d'un avis différent. Il y en a déjà vingt-six sur la coutume de Paris. Les juges ne savent auquel entendre ; mais pour les mettre à leur aise, on vient de faire la coutume de Paris en vers. C'est ainsi qu'autrefois la prêtresse de Delphes rendait ses oracles. »

J.-L. Gazzaniga, « Le code avant le code », in *La Codification*, Dalloz, 1996, p. 7-18

Le droit intermédiaire

Par décret du 5 juillet 1790, les constituants décident que « les lois civiles seraient revues et réformées par les législateurs, et qu'il serait fait un code général de lois simples, claires et appropriées à la Constitution ». Ce texte débouchera, le 21 mars 1804, sur la promulgation du code civil. C'est enfin l'unification du droit. Il se présente comme une « transaction entre le droit écrit et les coutumes ». Tels sont les propos de Portalis, considéré comme le père du code civil, dans son *Discours préliminaire du premier projet de code civil.* Les autres rédacteurs du code civil sont Maleville, Tronchet et Bigot de Préameneu. Mais l'ombre de Napoléon y plane tout autant (et tellement qu'en 1807, le code civil prendra le titre de code napoléon). D'autres codes suivront (code de procédure civile, 1806 ; code de commerce, 1807, code pénal, 1810).

Pour aller plus loin :
La législation du droit intermédiaire ne doit pas être omise. Le législateur révolutionnaire a été à l'origine de nombreux textes, surtout dans le domaine du droit de la famille. Parmi les dispositions les plus symboliques, on peut citer :

– la laïcisation du mariage, et sa conséquence, l'instauration du divorce ;
– une réforme profonde du droit successoral (avec notamment la fin de l'exclusion successorale de l'enfant naturel).

L. Pfister, *Introduction historique au droit privé*, PUF, 2004
A. Lefebvre-Teillard, *Introduction historique au droit des personnes et de la famille*, PUF, 1996

Quant à lui, est surtout marqué par ce qu'on appelle « l'inflation législative ». Le législateur multiplie les lois.

> **Pour aller plus loin :**
> J.-L. Halpérin, *Histoire du droit privé français depuis 1804*, PUF, 2012

FICHE 2 : HISTOIRE DU DROIT ET DES INSTITUTIONS

Ce cours permet à l'étudiant de mieux se saisir de certaines problématiques de deux autres cours : d'une part, celui de droit constitutionnel, d'autre part, celui relatif aux institutions judiciaires et institutions administratives. En effet, ce cours s'interroge sur la question suivante : comment se sont construites nos institutions modernes ?

Qu'est-ce-qu'une institution ? Selon le *Dictionnaire historique de la langue française*, dirigé par Alain Rey, institution est « un emprunt (fin du XIIe siècle) au latin classique *institutio* " disposition, arrangement ", " méthode, doctrine, système " et " formation, éducation, instruction " [...] ». Le mot, repéré isolément au XVIe siècle (1564), est repris à la fin du XVIIe siècle et au XVIIIe siècle pour désigner ce qui est établi par les hommes et non par la nature ; par spécialisation, institutions « choses instituées » désigne l'ensemble des structures fondamentales de l'organisation sociale (1790). Les institutions correspondent, ainsi, à l'ensemble des structures qui encadrent la vie des hommes en société. Ces structures sont d'ordre politique, mais aussi judiciaire, administratif ou encore financier.

Parmi elles, l'État tient une place à part. Là encore, utilisons le *Dictionnaire historique de la langue française* dirigé par Alain Rey, pour définir ce mot : « État, aujourd'hui écrit avec une majuscule, est utilisé depuis la fin du XIVe siècle (v. 1500) pour désigner un groupement humain soumis à une même autorité, puis (1549) l'autorité souveraine qui s'exerce sur l'ensemble d'un peuple et d'un territoire. »

Aujourd'hui, le cadre général d'un État est contenu dans sa Constitution. Mais depuis quand la France dispose-t-elle d'une Constitution ? Le cours d'Histoire du droit et des institutions répond notamment à cette interrogation.

En 1789, les États généraux, convoqués par Louis XVI pour le 5 mai, se proclament, le 17 juin, Assemblée nationale. Le 20 juin, les députés de cette assemblée font le serment de ne pas se séparer tant que la Constitution du royaume ne « soit établie et affermie ». C'est le fameux serment du jeu de paume. Le 3 novembre, Louis XVI promulgue, par lettres patentes, 19 articles qui instituent, à la place de la monarchie de droit divin, une monarchie constitutionnelle. Dans le même acte, il promulgue la Déclaration des droits de l'homme et du citoyen (qui avait été adoptée par l'Assemblée nationale constituante le 26 août). La Déclaration sert de préambule au texte établissant la monarchie constitutionnelle ; tout comme elle servira de préambule à la Constitution de 1791, dont les articles promulgués le 3 novembre avaient dessiné le contour général.

Pour aller plus loin :

Extrait des 19 « articles de Constitution » (1789).

Article I. Tous les pouvoirs émanent essentiellement de la Nation, et ne peuvent émaner que d'elle.

II. Le Gouvernement François est Monarchique : il n'y a point en France d'autorité supérieure à la Loi ; le Roi ne règne que par elle ; et ce n'est qu'en vertu des Lois qu'il peut exiger l'obéissance.

XIX. Le Pouvoir judiciaire ne pourra, en aucun cas, être exercé par le Roi, ni par le Corps législatif ; mais la Justice sera administrée au nom du Roi par les seuls Tribunaux établis par la Loi, suivant les principes de la Constitution, et selon les formes déterminées par la Loi.

Extrait du Procès-verbal de l'ASSEMBLÉE NATIONALE, du Jeudi premier octobre 1789.

L'ASSEMBLÉE NATIONALE a arrêté que M. le Président se retirera devers le Roi, à l'effet de présenter à son acceptation les divers articles déjà délibérés de la Constitution.
Signé Mounier, Président ; Démeunier, Faydel, l'Abbé D'Eymar, l'EV. de Nancy, le Vicomte de Mirabeau, Bureaux de Pusy, Secrétaires.

Réponse du Roi : 5 octobre au soir.
J'ACCEPTE purement et simplement les Articles de Constitution et la Déclaration des Droits de l'Homme, que l'ASSEMBLÉE NATIONALE m'a présentés.
Signé, Louis.

La Constitution de 1791 est présentée comme la « première Constitution », voire la « première Constitution écrite » de la France. Cette dernière affirmation ne peut qu'interpeller. Interprétée *a contrario*, elle implique qu'il existerait, avant celle-ci, une Constitution non écrite. Et en effet, historiens du droit – et historiens – discutent de l'existence d'une telle Constitution avant la Révolution.

Où réside la pierre d'achoppement ? Les débats se cristallisent autour des fameuses « lois fondamentales du royaume ». Si certains auteurs les qualifient de Constitution coutumière, d'autres leur dénient cette qualité.

Pour aller plus loin :
Propose une très belle synthèse de la question : « les lois fondamentales, une Constitution coutumière ? », le manuel de B. Basdevant-Gaudemet, J. Gaudemet, *Introduction historique au droit, XIII-XXe siècle*, LGDJ, 2010
Voir aussi F. Furet, R. Halévi, *La Monarchie républicaine. La Constitution de 1791*, Fayard, 1996.

La notion de lois fondamentales du royaume est apparue au XVIe siècle. Elles se définissent comme l'ensemble des règles relatives à la Couronne et au royaume, auxquelles tous sont soumis, y compris le roi.

Les lois fondamentales du royaume ne correspondent pas à n'importe quelle loi, car elles s'imposent au roi, pourtant législateur suprême. Un auteur du XVIe siècle, Claude de Seyssel (1450-1520), résume parfaitement quelle doit être l'attitude du roi à leur encontre. Dans *La Grande Monarchie de France* (1519), cet auteur affirme que « les princes n'entreprennent pas de déroger et quand le voudroient faire, l'on obéist point à leur commandement ». Les lois fondamentales du royaume ont ainsi une autorité singulière qui les place en dehors de la portée du roi.

Mais de quoi traitent donc ces lois fondamentales du royaume pour s'imposer au roi ? Ces lois fondamentales du royaume déterminent, d'une part, comment on devient roi en France, mais aussi, d'autre part, ce qui relève du patrimoine personnel du roi (et ce qui, au contraire, appartient au domaine royal, et dont le roi ne peut pas disposer). Les lois fondamentales traitent ainsi :

– d'une part, de la dévolution de la Couronne. Trois grands principes en découlent : hérédité, primogéniture, masculinité ;
– d'autre part, du statut de la Couronne : dans ce domaine, les lois fondamentales du royaume posent, tout d'abord, le principe de l'indisponibilité de la couronne (qui implique plusieurs conséquences : le roi ne peut pas abdiquer, le roi ne peut pas choisir son héritier, le roi ne peut pas modifier l'ordre de dévolution ou ajouter de successibles), mais aussi, ensuite, le principe de continuité de la fonction royale (un principe qui peut se traduire par une question : à partir de quel moment le roi devient-il roi ? Cette question trouvera une solution sous la forme d'une acclamation : « le roi est mort, vive le roi ») ;
– et, enfin, du statut du domaine royal : pendant le Moyen Âge, la royauté avait une conception patrimoniale du pouvoir. Ainsi, au cours du haut Moyen Âge, notamment sous les Mérovingiens, mais aussi avec la dynastie carolingienne, on assiste à des partages successifs du royaume. Le royaume est partagé entre tous les fils mâles du roi (comme on partagerait les terres d'un père de famille, à sa mort, entre ses fils). Si cette pratique a peu à peu disparu, au bas Moyen Âge, le roi gouverne grâce à des largesses. Il récompense, notamment ceux qui l'ont servi, grâce à des donations de terre. Ces donations amputent le domaine royal. Parmi les lois fondamentales

du royaume va être posé le principe d'inaliénabilité du domaine royal. Mais encore faut-il savoir ce qui relève du domaine royal. Le roi, comme toute personne physique, dispose d'un patrimoine. Et comme toute personne physique, il peut disposer de son patrimoine. L'édit de Moulins (1566), puis l'ordonnance de Blois (1579) vont établir la distinction entre le domaine casuel et le domaine fixe. Le domaine casuel contient tous les biens que le roi va acquérir durant son règne en sa seule qualité de personne physique. Ces biens formeront son patrimoine personnel. Le roi peut disposer, pour cause raisonnable, des biens relevant de ce domaine casuel. Mais, ces biens sont appelés à augmenter le domaine fixe et ceci dans trois hypothèses : à la mort du roi ; du vivant du roi si les biens ont été administrés pendant dix ans comme domaine de la Couronne ; quand ils ont été expressément incorporés au domaine fixe. Le domaine fixe, lui, est inaliénable et imprescriptible (un caractère qui sera à l'origine d'un adage d'Antoine Loysel [1536-1617] : « Qui mange l'oie du roi, cent ans après en rend la plume »). Le roi ne peut pas disposer de ce domaine. Il ne lui appartient pas, mais appartient à la Couronne. Le roi n'est qu'un simple administrateur de ce domaine. On dit aussi que le roi reçoit le domaine en dot lors de son mariage avec la Couronne. Le roi ne peut qu'augmenter ce domaine, jamais le diminuer.

On le comprend, ces lois fondamentales ne définissent pas le statut de la Nation, comme notre Constitution actuelle le fait. Elles ne font qu'encadrer une institution : la royauté, ou plus exactement le roi. On ne peut donc pas les considérer comme formant une Constitution, au sens que nous lui donnons aujourd'hui.

Utilisons ces lois fondamentales du royaume pour aborder ce qui fait le cœur du droit : le raisonnement juridique.

Comme nous l'avons déjà indiqué, en introduction de cette partie consacrée à l'histoire du droit, contrairement à ce que beaucoup pensent (et même parfois, malheureusement, ce que pensent les étudiants en droit eux-mêmes au cours de leurs années de licence), la mémoire n'est pas le premier instrument dont l'étudiant en droit doit se servir. Le premier outil qui lui permettra de réussir (en dehors de son travail, qui est hors catégorie), c'est sa logique. Une logique à la fois formelle, c'est-à-dire mathématique, et argumentative.

On attend du juriste qu'il apporte une solution juridique à un problème. Mais comment de façon concrète utilise-t-il sa logique ? La logique formelle, le juriste trouve à la mettre en pratique à travers l'exercice du syllogisme. Le syllogisme est un raisonnement déductif. Le syllogisme consiste « dans l'opération intellectuelle permettant d'appliquer la solution générale prévue par une règle de droit à une situation de fait qui en remplit les conditions » (cf. *Dictionnaire élémentaire du droit*, sous la direction de D. Chagnollaud, Dalloz, 2013, entrée « Raisonnement juridique », p. 87 et suivantes).

Le syllogisme juridique contient trois éléments :

– une majeure, qui exprime la règle ;
– une mineure, qui expose les faits ;
– une conclusion, qui donne la solution juridique.

Pour aller plus loin :

Exemple de syllogisme :

Majeure : « Tous les hommes sont mortels »

Mineure : « Socrate est un homme »

Conclusion : « Socrate est mortel »

Toutefois, ce syllogisme poussé à l'extrême peut parfois conduire à des aberrations. Il oublie une part d'humanité. Le droit tempère cette logique formelle grâce à la logique argumentative.

Tentons de mener un raisonnement juridique à partir des lois fondamentales du royaume grâce à un cas pratique.

Cas pratique

Le 11 juin 1658, le roi de Tobago, un royaume étranger lointain, décède. Son frère Léonis vous interroge, en qualité de meilleur juriste français de votre époque, sur la question suivante : à qui la Couronne doit-elle être transmise si le royaume de Tobago venait à suivre les principes du royaume de France ? Il vous présente la situation : le souverain défunt Augustin Ier était lui-même l'héritier de César Ier, son père. César Ier avait eu, par ordre de naissance, trois enfants : Augustin, Gertrude et Léonis. Augustin, l'aîné, avait succédé à son père, sans aucune difficulté. Gertrude s'est mariée avec un roi étranger, Pierre. Ils ont un fils, Brutus. Augustin Ier avait lui-même une fille, Claire, et sa femme est enceinte. Répondez à son interrogation. Qui doit succéder à Augustin Ier ? Claire, Léonis, Gertrude, Brutus, ou encore l'enfant à naître qu'attend la femme d'Augustin Ier ? Justifiez votre réponse en argumentant pour chaque prétendant à la Couronne.

Ce cas pratique est à résoudre en appliquant les principes contenus dans une des lois fondamentales du royaume : celle qui établit le principe de masculinité, et plus précisément, d'une part, l'exclusion des femmes à la Couronne, mais aussi, d'autre part, l'exclusion des descendants mâles des femmes.

Toutes les lois fondamentales ont été dégagées de façon pragmatique à l'occasion de difficultés rencontrées par la monarchie. En ce qui concerne celle de l'exclusion des femmes à la Couronne, il faut remonter au début du XIVe siècle. C'est la fin de ce que les historiens appellent « le miracle capétien ». Pendant plus de trois siècles, tous les rois ont eu des fils qui ont pu succéder à leur père. La question de l'éventuelle succession d'une femme ne s'était, ainsi, jamais posée. Ce miracle cesse en 1316. Pour comprendre le problème, il faut remonter à la mort de Philippe le Bel en 1314. Son fils aîné devient roi, sous le nom de Louis X, dit le Hutin Ayrel d'or. Louis X meurt en 1316. Au moment de son décès, il a : une sœur, Isabelle, deux frères, Philippe et Charles, une fille, Jeanne, et sa femme est enceinte. Les légistes s'interrogent, mais concluent que si la reine accouche d'un fils, même fils posthume, il deviendra roi. Mais *quid* si tel n'est pas le cas ?

En attendant la naissance, le gouvernement du Royaume est assuré par le frère aîné de Louis X, Philippe le Long, comte de Poitiers. Ce dernier convoque une assemblée pour le 16 juillet 1316, qui décide que jusqu'à l'accouchement de la reine, Philippe est régent. Si la reine accouche d'un garçon, il restera régent le temps de la minorité du roi. Si, par contre, la reine accouche d'une fille, Philippe sera roi. La reine accouche d'un garçon, Jean. Le bébé décède au bout de 5 jours. Philippe se fait sacrer roi, à Reims, le 9 janvier 1317. Jeanne est évincée de la Couronne au profit de son oncle paternel. Une nouvelle assemblée est réunie. Cette dernière déclare : « Femme ne succède à la Couronne de France. » Cette assemblée manque d'arguments juridiques pour expliquer l'éviction de Jeanne (le droit aurait même pu servir les prétentions de Jeanne, les usages de la féodalité permettent à une femme de succéder dans les fiefs). Les arguments sont surtout d'ordre politique : l'indépendance du royaume était en jeu. Par un futur mariage, la reine aurait pu faire passer la Couronne dans une famille étrangère.

Le principe est posé : « le royaume ne tombe point en quenouille. »

Quelques années plus tard, quand Philippe le Long décède, avec seulement des filles, c'est son frère, Charles, qui devient roi. Aucune discussion n'a alors lieu. Reste un problème : une femme peut-elle transmettre les droits qu'elle n'a pas ? Cette question sera solutionnée dans le sens de l'exclusion des descendants mâles des femmes. Elle se pose à la suite de la mort de Charles IV, en 1328. Charles IV n'a que des filles au moment de son décès, et sa femme est enceinte. Cette dernière accouche, par contre, d'une fille. Toutes ses filles ne peuvent prétendre à la Couronne en application du principe de l'exclusion des femmes. Reste alors deux prétendants : d'une part, le neveu de Charles IV, Édouard. Ce neveu est le fils d'Isabelle – fille de Philippe le Bel – et d'Édouard II, roi d'Angleterre. Pour les partisans d'Édouard, si une femme ne peut succéder à la couronne de France, elle peut faire « pont et planche », c'est-à-dire transmettre les droits qu'elle ne saurait elle-même exercer. L'autre prétendant est, d'autre part, un cousin germain, Philippe de Valois. Ici, on avance un adage juridique pour les prétentions de Philippe : *nemo dat quod non habet* (« personne ne peut donner ce qu'il n'a pas »). Les femmes ne pouvant succéder, elles ne peuvent transmettre ce droit. L'accession au trône est reconnue à Philippe de Valois, qui deviendra Philippe VI. Ce n'est que quelques années plus tard qu'un autre argument juridique va être avancé au soutien de cette décision. Cet argument est tiré de la loi salique. La loi salique contient un titre intitulé « *de alodis* ». Ce titre est relatif à la succession des terres. Il est alors indiqué au sein de ce titre que les femmes ne succèdent pas à la *terra salica* et que la terre est partagée entre les seuls fils. Or, il s'agit ici d'un argument fallacieux : la loi salique ne vise que les successions privées.

Maintenant que nous connaissons les principes coutumiers, réfléchissons sur le cas pratique à travers un syllogisme :

Majeur :
« Le royaume ne tombe point en quenouille » (à développer avec ce qui s'est passé en 1316).
« Personne ne peut donner ce qu'il n'a pas » (à développer avec ce qui s'est passé en 1328).
« Loi salique. »

Mineur :
Augustin vient de décéder alors qu'il a une fille (Claire), une sœur (Gertrude), un frère (Léonis), un enfant à naître (?), et un neveu (Brutus).

Conclusion :
La fille, Claire, ne peut pas succéder : « Le royaume ne tombe point en quenouille. »
La sœur d'Augustin, Gertrude, ne peut pas succéder : « Le royaume ne tombe point en quenouille. »
Le neveu, Brutus, ne peut pas succéder : « Personne ne peut donner ce qu'il n'a pas. »

Pour chacun des prétendants précédents, indiquer également l'argument tiré de la loi salique.

Le frère d'Augustin, Léonis, peut succéder (il faut remonter dans l'arbre généalogique pour découvrir son droit à succéder ; il le détient de son père, César Ier). Mais on doit d'abord savoir si l'enfant à naître est une fille ou un garçon : si c'est une fille, elle ne pourra pas succéder : « Le royaume ne tombe point en quenouille » ; si c'est un garçon, en qualité de descendant mâle, c'est lui qui succédera.

FICHE 3 : HISTOIRE DU DROIT DES BIENS ET DES PERSONNES

Nous avons présenté, précédemment, les cours d'histoire du droit que l'on retrouve quasiment dans toutes les universités lors de la L1. D'autres cours en histoire du droit peuvent être proposés, mais sont, en général, en option. Tel est le cas de l'histoire du droit des biens et des personnes. Quand ce cours est dispensé, il a lieu, en général, au second semestre, c'est-à-dire en parallèle du cours de droit civil ; cours qui, justement, traite, d'une part, du droit des personnes, et d'autre part, du droit des biens. Là encore ce cours d'histoire du droit doit être envisagé comme un support à la compréhension du droit positif.

Surtout, ce cours, comme celui de droit civil, servira pour longtemps aux étudiants qui l'auront choisi. En effet, les questions qui y sont abordés seront utiles à l'étudiant tout au long de son cursus universitaire, voire au moment de concours et autres examens, mais aussi dans sa vie professionnelle. Pourquoi ? Nous avons indiqué, en présentation de cette partie, que le droit était, en général, présenté sous la forme d'un arbre avec deux branches principales : le droit privé et le droit public. En ce qui concerne le droit privé, si on suit la division proposée par Gaius, il se décompose en deux sous-branches principales : « Tout le droit dont nous faisons usage concerne ou les personnes, ou les choses, ou les actions. » Comme nous l'avons indiqué les actions ont une place à part à Rome. Ainsi, tout notre droit peut être rapporté soit aux personnes, soit aux choses. À partir de cette première distinction, toute une série de sous-distinctions vont avoir lieu.

L'ensemble de ces distinctions permet au juriste de qualifier les faits dont il est saisi. Aucune erreur ne lui est permise. Chaque qualification débouche sur un régime juridique particulier.

Me revient une anecdote quand j'étais étudiante : voulant connaître le monde de la magistrature, et étant en stage dans un TGI, j'ai assisté à une scène qui m'a, à jamais, montré l'importance de bien qualifier les faits ; un avocat présentait à un magistrat une convention que son client, un père de famille avait conclu avec son ancienne compagne. Cette convention stipulait que le père de famille renonçait à ses droits sur son fils, alors qu'en contrepartie, la mère de famille indiquait qu'elle ne lui demanderait pas de pension alimentaire pour cet enfant. Le magistrat a repris l'avocat en lui indiquant qu'il était impossible de faire une telle convention : on ne transige pas sur des droits extrapatrimoniaux ! Ils sont inaliénables. Ce magistrat, d'un ton cinglant, renvoyait l'avocat à son cours de première année de droit.

Pour aller plus loin :

Distinction entre droits patrimoniaux et extrapatrimoniaux. Les droits patrimoniaux sont évaluables en argent ; le droit de propriété est un droit patrimonial. Ce droit de propriété fait en outre partie des droits réels, c'est-à-dire qu'il s'exerce directement sur une chose. Il faut le différencier des droits personnels, qui, eux, s'exercent sur une personne. Le droit réel peut ainsi se formuler : « je suis propriétaire de ce stylo ». Le droit personnel ne peut, par contre, se formuler de la façon suivante : « je suis créancier de 1 000 euros ». Il faut, dans ce dernier cas, une personne sur qui exercer ce droit : « je suis créancier de Pierre pour 1 000 euros ».

Les droits extrapatrimoniaux ne sont pas évaluables en argent. Ils ne font, en conséquence, partie d'aucun patrimoine. C'est, par exemple, le droit à la vie reconnu à toute personne physique.

L'histoire du droit peut permettre au juriste de comprendre comment certaines distinctions se sont forgées, afin de mieux les appréhender en droit positif. Bien évidemment, le droit évolue. Fait par et pour une société déterminée, il s'adapte aux besoins de cette société.

Cette partie consacrée à l'histoire du droit des biens et des personnes va nous permettre de donner l'exemple d'un exercice type en histoire du droit : le commentaire de texte. Nous allons utiliser, pour cela, un passage de Gaius. Dans les *Institutes*, Gaius présente les divisions afférentes aux choses.

Sujet

Gaius, *Institutes*, texte établi et traduit par Julien Reinach, Les Belles Lettres, Paris, 2003 (texte qui a été repris par les compilateurs de Justinien au *Digeste* I. 8) :
« II. 2. Il y a donc lieu de faire une distinction capitale entre les choses en deux articles : choses ressortissant au droit divin, choses ressortissant au droit humain. 3. Ressortissent au droit divin les choses sacrées et celles qui inspirent un respect religieux [...]. 9. Ce qui est de droit divin n'est compris dans les biens de personne ; au contraire, ce qui est de droit humain se trouve généralement dans les biens de quelqu'un quoique pouvant n'appartenir à personne : tel est le cas des successions avant qu'il y ait constitution d'héritier. 10. Les choses qui relèvent du droit humain sont ou publiques ou privées. 11. Celles qui sont publiques sont censées ne compter au nombre des biens de personne en particulier : elles passent pour appartenir à la collectivité. Les choses privées sont celles qui appartiennent aux individus. 12. D'autre part les choses sont ou corporelles ou incorporelles. 13. Celles corporelles sont celles qu'on peut toucher ; exemples : un terrain, un esclave, un vêtement, de l'or, de l'argent, et ainsi de suite. 14. Sont incorporelles les choses qu'on ne peut toucher, telles que les choses qui consistent en un droit, comme une succession, un usufruit, les obligations, de quelque manière qu'elles aient été contractées [...]. 14a. ...non mancipables. Sont mancipables... de même les bâtiments en sol italien... des biens-fonds stipendiaires et tributaires ne sont pas mancipables. 15. Mais ce que nous avons dit... qu'ils sont mancipables... sont réputés mancipables dès leur naissance. Mais Nerva, Proculus et d'autres auteurs de l'école opposée, pensent qu'ils ne sont pas mancipables que s'ils ont été domestiqués. Et s'ils sont trop farouches pour l'être, ils seraient réputés devenir mancipables lorsqu'ils

parviendraient à l'âge habituel de la domestication. 16. Mais ne sont pas mancipables les bêtes sauvages tels qu'ours et lions, ainsi que les animaux qui leur sont presque assimilables ; tels qu'éléphants et chameaux, et peu importe à leur égard qu'on ait coutume de les domestiquer comme bêtes de trait ou de somme, car le nom de ces animaux n'existait même pas au temps où fut établie la distinction entre choses mancipables et non mancipables [...]. 18. La différence entre les choses mancipables et non mancipables est considérable. 19. Car les choses non mancipables s'aliènent par la simple livraison, si toutefois elles sont corporelles et peuvent de ce fait être livrées [...]. 22. Les choses mancipables, au contraire, sont celles qui s'aliènent au moyen d'une mancipation. »

Le commentaire de texte en droit repose sur une technique particulière due à la nature même des informations à étudier. En effet, un tel commentaire a pour but de dégager toutes les informations que peut apporter à la connaissance de l'histoire juridique le texte qui est soumis. Une phrase résume cet exercice : « Le texte, tout le texte, mais rien que le texte. »

Méthode

Découpage du temps. En général, un commentaire dure trois heures. Une heure doit être consacrée à l'appréhension du texte, deux heures à la rédaction même du commentaire.

– Première heure : la prise en main du texte

a/ La lecture (quinze minutes) : il faut lire le texte, ainsi que tout ce qui l'entoure (titre, nom de l'auteur, date de publication, etc. ; ici, vous devez avoir repéré qu'il s'agit d'un texte de Gaius, issu de ses *Institutes*, mais que ce texte a également été repris au *Digeste* par les compilateurs).

Cette phase est primordiale. Il est conseillé de lire le texte sans rien souligner, et encore moins prendre des notes.

b/ Analyse du texte (trente minutes) : vous devez ici « triturer » le texte. Il faut en faire ressortir la substantifique moelle. Soulignez les mots importants et tentez de dégager les césures du texte. Les mots soulignés devront tous être présents ensuite dans le corps du commentaire ; ils devront soit être définis (exemple : « mancipable »), soit donner lieu à une explication (exemple : « Nerva, Proculus et d'autres auteurs de l'école opposée »).

c/ Construction du plan : ce plan est à bâtir à partir des mots-clefs dégagés précédemment. Il faut les regrouper par thèmes ou voir s'il y a des césures, c'est-à-dire des ruptures dans le texte qui font ressortir des lignes directrices. Ici, il faut passer par une feuille de brouillon.

Quels sont les mots-clefs du texte que nous commentons ? distinction capitale ; choses ; choses ressortissant au droit divin choses ressortissant au droit humain ; choses sacrées ; inspirent un respect religieux ; compris dans les biens de personne ; biens de quelqu'un (biens humain) ; publiques ou privées ; corporelles ou incorporelles ; mancipables (ou non) ; Nerva, Proculus et d'autres auteurs de l'école opposée ; différence entre choses mancipables et non mancipables considérable ; simple livraison ; mancipation. Tous ces mots doivent se retrouver dans le corps du devoir.

– Deux dernières heures : la rédaction

a/ L'introduction (trente minutes) : elle comprend quatre instants : 1°) présentation du texte et de son auteur (Gaius, *Institutes*, texte établi et traduit par Julien Reinach, Les Belles Lettres, Paris, 2003 : il faut ainsi présenter Gaius et son ouvrage, les *Institutes* ; de même, il faut relever que ce texte a été inséré au *Digeste*, sa portée semble donc importante) ; 2°) contexte historique (c'est un texte de droit romain, donc avec des institutions particulières à Rome) ; 3°) problématique ; 4°) annonce du plan.

b/ Le corps du devoir (une heure vingt) : le plan est connu. L'étudiant maîtrise le cours, ce qui lui permet de définir les différents termes mis en évidence.

c/ Une conclusion (dix minutes) : donner l'intérêt et la portée du texte.

Deux types de plan peuvent être adoptés :

- soit suivre l'ordre du texte (on parlera alors de plan linéaire) ;
- soit dégager les thèmes forts du texte (le plan est alors thématique).

Ici, un plan linéaire s'impose. Le texte fait ressortir des points de rupture importants. Tout d'abord deux grandes parties : de « Il y a donc lieu de faire » à « de quelque manière qu'elles aient été contractées » forme la première partie. L'auteur, dans cette première partie, fait une distinction, qu'il indique comme étant primordiale, entre les choses de droit divin et celles de droit humain. L'autre partie, qui formera la seconde partie, est formée par la partie du texte entre « Non mancipables. Sont mancipables » et « sont celles qui s'aliènent au moyen d'une mancipation ». Cette partie est consacrée aux choses mancipables et celles qui ne le sont pas. Il s'agit d'une distinction que seuls les Romains appliquaient.

À l'intérieur de ces deux grandes parties, on parvient à identifier deux ruptures importantes : dans la première partie, une sous-partie est consacrée aux choses de droit divin, une autre, aux choses de droit humain ; dans la seconde partie, une sous-partie est dédiée aux choses mancipables, l'autre à celles qui ne le sont pas.

Corrigé

Ce qui donnerait :

I. La *summa divisio* des biens
  A/ Les choses divines
  B/ Les choses humaines
II. Une distinction romaine
  A/ Les *res mancipi*
  B/ Les *res nec mancipi*

FICHE 4 : HISTOIRE DU DROIT DES OBLIGATIONS

Ce cours a lieu au second semestre de la L2. Il est, en général, proposé en option. Si la L1 est une année d'adaptation, car en gros, elle répond à l'interrogation suivante : « Suis-je fait pour les études de droit à l'université ? », la L2 apporte la réponse à une autre question : « Suis-je un juriste ? ». Les concepts étudiés en deuxième année sont techniques. Parmi eux : ceux relatifs au droit des obligations. Le cours d'histoire du droit des obligations propose de revenir à l'origine de ces obligations et à leur évolution.

Le droit romain tient une place à part dans cette histoire du droit des obligations. Selon Philippe Malaurie : « La théorie des obligations du code Napoléon est la fille du droit romain, mais comme les enfants réussis, une fille qui ressemble à son père mais vivante différente de son père » (« Droit romain des obligations. Droit français contemporain des contrats et l'Europe d'aujourd'hui », in *JCP*, édition générale, I. 246). Les obligations, comme vous le verrez ici même, ont évolué depuis le droit romain. Heureusement ! Le droit des obligations s'adapte aux besoins des différentes époques qu'il traverse ; aujourd'hui encore il sait se transformer, parfois même la pratique allant plus vite que le législateur.

Le droit des obligations, c'est : un vocabulaire spécifique, des définitions précises, ou encore des classifications singulières. Et tous ces éléments trouvent leur point de départ à Rome.

Le mot « obligation » est apparu, pour la première fois, au milieu du XIIIe siècle. Il a été emprunté au substantif latin *obligatio*. C'est dans une pièce de théâtre, intitulée *Le Rustre*, et sous une forme verbale, qu'on trouve, pour la première fois, une trace de cette terminologie. L'auteur de cette pièce, c'est Plaute (≈254 av. J.-C.-184 av. J.-C.). Un auteur qui inspirera, plusieurs siècles plus tard, Molière. Il faut attendre le Ier siècle av. J.-C. pour trouver une trace de l'emploi du substantif *obligatio*. Cette fois, c'est sous la plume de Cicéron (106 av. J.-C.- 43 av. J.-C.).

Pour aller plus loin :

Plaute, *Le Rustre ou Truculentus* : la servante (Astaphium) : « Sa propriété et ses maisons sont hypothéquées (ndlr obligées) pour acheter le domaine d'Amour. »

Cicéron, *Epistulae ad M. Brutum*, Lettres à Brutus (1. 18. 3) : « Il est plus grave et plus difficile de répondre des sentiments et de la pensée d'autrui [...], que de son obligation de payer une somme d'argent. »

R.-M. Rampelberg, « L'obligation romaine : perspective sur une évolution », in *Arch. phil. droit*, 44, 2000, p. 51

Rome n'a pas été avare en définition : les compilations de Justinien contiennent deux définitions du mot « obligation ». À vrai dire ces deux définitions se complètent. Mais, surtout, ces deux définitions sont intemporelles : elles correspondent encore aux définitions que donnent les manuels de droit des obligations contemporains.

Pour aller plus loin :

Institutes, 3. 13*pr* : « Nous devons maintenant passer aux obligations. L'obligation est un lien de droit qui nous impose la nécessité de payer quelque chose, conformément aux droits établis dans notre patrie. »

D. XLIV. 7. 3*pr* (Paul au livre II des *Institutes*) : « La nature des obligations ne consiste pas à nous faire acquérir la propriété d'un effet ou d'un droit, mais à obliger quelqu'un à nous donner, à nous faire ou à nous répondre de quelque chose. »

(Trad. Hulot, cf. www.histoiredudroit.fr/corpus_iuris_civilis.html.)

De ces définitions, il ressort un certain nombre d'éléments caractéristiques des obligations. Toute obligation comprend :

– au moins un créancier et un débiteur. L'obligation est un lien juridique entre deux (ou plusieurs) personnes. Ce n'est pas un lien entre une personne et un objet. L'obligation est un droit personnel (et non un droit réel). Si ce rapport entre deux individus n'est pas présent, l'obligation n'existe pas ;

– un lien de droit : l'obligation se distingue de simples devoirs éthiques ou moraux. Des moyens juridiques sont à la disposition du créancier pour obliger le débiteur à s'acquitter de sa dette. En droit romain, on applique un principe : pas d'obligation sans action ;

– une prestation : Paul indique que le débiteur est tenu soit : à donner (*dare*), à faire (*facere*), ou encore, à assumer un devoir, répondre (*praestare*).

Toujours dans cet effort de systématisation du droit des obligations, les juristes romains ont aussi proposé plusieurs classifications. Parmi ces classifications, celle qui est considérée comme la plus importante : la classification prenant en considération la source de l'obligation. On appelle « source » l'événement juridique qui donne naissance à l'obligation. Cette classification a été affinée par les juristes romains au fil des siècles.

Le premier jurisconsulte romain à s'être penché sur ce sujet est Gaius, ce qui n'est guère surprenant. Gaius est un vrai pédagogue. Cette classification se trouve dans ses *Institutes*. Les obligations comportent, selon ce jurisconsulte, une « division fondamentale » (*summa divisio*). Les obligations peuvent naître soit d'un contrat, soit d'un délit.

> **Pour aller plus loin :**
> Gaius, *Institutes*, III. 88 : « Passons maintenant aux obligations. Elles comportent une division fondamentale en deux espèces : toute obligation en effet naît d'un contrat ou d'un délit. »
> (*Nunc transeamus ad obligationes. Quarum summa diuisio in duas species diducitur : **omnis enim obligatio uel ex contractu nascitur uel ex delicto.***)

Les contrats peuvent être de quatre genres selon Gaius : *re*, *verbis*, *litteris* et *consensu*. En d'autres termes, à Rome, les contrats naissent : par la remise d'une chose (*re*), par les paroles (*verbis*), par un écrit (*litteris*), ou, enfin, par le consentement mutuel (*consensu*). Chaque contrat a son propre régime juridique.

Puis, Gaius traite des obligations qui naissent de délits. Il énumère certains délits, tout en prenant soin de préciser qu'il n'en existe, là, qu'un seul genre. Parmi les délits cités par Gaius : le vol ou encore le dommage causé à la chose d'autrui.

> **Pour aller plus loin :**
> « Le vol ? Mais pourquoi traiter du vol en " histoire du droit des obligations " ? » : Ce sera l'une des interrogations que vous vous poserez en L2. Au cours de la L2 vous aurez un cours de « droit civil ». Au sein de ce

cours, vous traiterez lors d'un premier semestre des contrats, puis, lors du second semestre de la responsabilité, mais la notion même de vol ne sera évoquée que dans un autre cours de L2 (voire en M1) : le cours de « droit pénal ». Alors pourquoi traiter du vol en « histoire du droit des obligations » ? La réponse tient à des considérations historiques : aujourd'hui, le droit établit une distinction fondamentale entre « délit civil » et « délit pénal ». Le délit civil n'est pris en considération que s'il a entraîné un dommage (ou préjudice) à une autre personne. Ce dommage causé à autrui, sous certaines conditions, oblige celui qui en est l'auteur à réparer. La punition de ce dernier n'est pas recherchée. Au contraire, le délit pénal existe même si aucun dommage n'a été provoqué. Le délit pénal ne cherche pas à réparer, mais à punir l'auteur des faits. En ce sens, une peine sera prononcée.

À Rome, comme dans les sociétés antiques, cette distinction entre « délit pénal » et « délit civil » n'existe pas, ou peu. Par contre, elles distinguent entre « délits privés » et « délits publics ». Les délits publics sont appelés des *delicta publica.* Les délits privés sont des *delicta privata*.

Pour les premiers, on parlerait, avec notre terminologie moderne, de crimes, pour les seconds, de délits. Les délits publics comme les délits privés sont des actes illicites.

Le délit public correspond à l'acte qui lèse l'intérêt commun. Ce délit public correspond à notre notion moderne de délit pénal.

Les délits publics ne sont pas très nombreux à Rome. C'est même l'exception, même si leur liste va s'allonger. Parmi les délits publics, citons le sacrilège ou encore le meurtre d'un citoyen romain. À l'origine, ce meurtre prend le nom de parricide (*parricidium*). Ce n'est qu'à la fin de la République que ce mot sera réservé au meurtrier d'un proche. Pour ces délits, la répression publique est organisée par et pour la cité. Parmi les peines prononcées par les Romains : la submersion, également appelée « peine du sac », c'est le mode d'exécution infligé au parricide. Le condamné est, tout d'abord, fouetté jusqu'au sang. Puis, enfermé dans un grand sac de cuir en compagnie de quatre animaux considérés alors, par les Romains, comme particulièrement horribles : une vipère, un coq, un singe et un chien. Puis, le sac est jeté à la mer, ou au fond d'un gouffre profond. Le coupable est expulsé de la cité.

Le délit privé est celui qui lèse un intérêt particulier. Le délit privé débouche sur une peine, elle aussi privée. La peine privée tend avant tout à satisfaire la victime. La peine est exclusivement due à la victime. C'est par une action privée que la victime poursuivra l'auteur des faits. Cette action aura lieu, comme toute autre créance, devant les tribunaux civils de droit commun. Ainsi, les délits privés sont des obligations car les Romains considèrent que leurs auteurs sont débiteurs envers leurs victimes, victimes qui sont, eux, titulaires d'un droit de créance.

Cette *summa divisio* rend-elle compte de toute la richesse des obligations ? Gaius lui-même semble dubitatif, notamment quand il évoque certaines espèces d'obligation qu'il classe dans les contrats *re*. Ces contrats naissent de la remise d'une chose ; cette dernière devra, ensuite, être restituée. L'exemple type de contrat *re* est le prêt de consommation (*mutuum*). Un créancier, Paul, remet du blé à un débiteur, Jean. Jean consomme ce blé. Mais, il devra restituer, à Paul, du blé (de même quantité, de même qualité, et de même nature). Or, c'est parmi ces contrats *re* que Gaius traite du paiement de l'indu. Et on sent l'embarras de ce jurisconsulte. Le paiement de l'indu correspond au cas où une prestation est accomplie indûment, par le fait d'une erreur (tel est le cas, par exemple, d'un héritier qui paie par erreur une dette dont le défunt s'était acquitté de son vivant). Celui auprès de qui une telle prestation a été accomplie est tenu de restituer. Comme dans le *mutuum*, il y a donc bien restitution. Les effets sont identiques. Mais cette restitution peut-elle justifier à elle seule le classement du paiement de l'indu dans les contrats *re* ? Il existe une différence majeure entre un *mutuum* et un paiement de l'indu : dans cette dernière hypothèse, celui qui a payé par erreur n'avait nullement l'intention de donner naissance à une obligation. La volonté des parties est absente. Or, même dans les contrats *re*, la volonté est nécessaire pour faire naître l'obligation. Gaius en est parfaitement conscient : « Mais cette espèce d'obligation ne semble pas comporter de lien contractuel car celui qui donne avec l'idée de s'acquitter désire plutôt dénouer une affaire que la nouer » (*Institutes*,

III. 91). Gaius ne va pas plus loin. Il a cependant pointé du doigt les limites de sa classification.

> **Pour aller plus loin :**
> **La classification bipartite de Gaius, une première ?** Nous connaissons bien le droit public grec. Un peu moins le droit privé grec. Peu de penseurs grecs ont proposé des synthèses de ce domaine. La Grèce ancienne est composée de quelque 300 cités. Chaque cité applique son propre droit privé. Il était dès lors très difficile, voire impossible, d'en faire une synthèse afin d'en tirer des règles générales. Pourtant, il existe une exception. Cette exception, on la doit à Aristote (384 av. J.-C.- 322 av. J.-C.). À travers un ouvrage, l'*Éthique à Nicomaque*, Aristote propose une dichotomie entre les rapports entre individus : certains sont volontaires, les autres involontaires. Parmi les actes volontaires, Aristote place, notamment, la vente, l'achat, le prêt de consommation. Ils sont volontaires parce que le fait à leur origine est volontaire. Aristote distingue deux types d'actes involontaires : ceux qui sont clandestins (comme le vol, l'adultère, la prostitution), et ceux qui sont violents (tels que les voies de fait, le meurtre, la diffamation ou encore l'outrage).

Un autre ouvrage, que nous connaissons grâce aux passages qui ont été insérés par les compilateurs dans le *Digeste*, propose une nouvelle classification. Cet ouvrage porte le nom de *Res cottidianae* (également dénommé *Les Livres quotidiens ou Livres d'or*). Il est traditionnellement attribué à Gaius.

Entre les obligations résultant d'un contrat et celles provenant d'un délit, une nouvelle entrée fait son apparition : « les autres causes diverses ». Ce passage nous est connu grâce aux compilateurs qui l'ont inséré dans le *Digeste* (*D.* XLIV. 7. 1*pr* : « Les obligations naissent ou d'un contrat, ou d'un acte illicite, ou bien d'autres causes diverses, suivant leurs propres règles juridiques. » Rentrent ainsi dans cette catégorie les obligations qui ne naissent ni d'un contrat ni d'un délit. Cette catégorie se définit par opposition aux deux autres.

Un autre paragraphe de ce fragment précise un peu les choses : au *D.* XLIV. 7. 1. 5, l'auteur des *Res cottidianae* distingue entre les obligations qui naissent *quasi ex contractu* et les obligations qui naissent *quasi ex malificio*. Rentrent dans la première catégorie la gestion d'affaire, la tutelle ou encore le paiement de l'indu. Ici, les effets sont identiques à ceux des contrats. Dans la seconde catégorie, l'auteur classe des hypothèses qui débouchent sur des actions pénales privées, et ceci alors même qu'il ne s'agit pas de délits. C'est le cas du juge qui fait le procès sien, de l'hypothèse de corps solides ou liquides qui, en tombant d'une maison dans la rue, tuent ou blessent un homme ou un animal, ou, encore, du cas de celui qui pose ou suspend des objets de telle manière qu'ils risquent de tomber sur les passants. Ces obligations *quasi ex maleficio* ont ainsi les mêmes effets que si elles étaient issues d'un délit.

Ultime étape de cette classification en droit romain : les compilations de Justinien. Comme nous venons de le voir, les compilateurs ont inséré dans le *Digeste* la classification tripartite contenue dans les *Res cottidianae*. Et pourtant, ils vont eux-mêmes proposer une autre classification. Une classification quadripartite. Cette classification est contenue dans les *Institutes* de Justinien. Il est certain que les *Res cottidianae* ont servi de point de départ aux rédacteurs des *Institutes*. Cependant, ces auteurs vont séparer en deux catégories parfaitement autonomes les obligations qui relevaient jusqu'alors de la catégorie fourre-tout des « autres causes diverses ». Avec les *Institutes*, les obligations peuvent naître : soit d'un contrat, soit d'un délit, soit d'un quasi-contrat, soit d'un quasi-délit. Cette classification est cependant une aberration. Dans les *Res cottidianae*, l'auteur prenait bien soin de souligner que les obligations qu'il classait dans les « autres causes diverses » s'apparentaient aux contrats ou aux délits par leurs seuls effets. Ici, dans les *Institutes*, les quasi-contrats sont considérés naissant comme un contrat, et les quasi-délits naissant comme un délit. Il n'en est rien. Prenons l'exemple de la tutelle. C'est un magistrat, le préteur, qui nomme le tuteur. Ce dernier ne peut pas refuser cette charge. Il n'y a donc pas de rencontre de volonté à l'origine de la tutelle.

Malgré cette critique, cette classification quadripartite dominera pendant des siècles. Prenons l'exemple d'un coutumier, la *Somme rurale*. Son auteur est Jean Boutillier (1340-1385). Ce dernier commence son étude des obligations en donnant une définition de ce terme : « Obligation est un lien de droit qui contraint l'homme à satisfaire de ce que obligé est. » Puis, il indique qu'il existe « deux principales manières d'obligation ». La première source correspond au contrat, la seconde aux obligations « par malefice ». Mais il précise qu'il existe « quatre manières d'obligations ». Aux deux premières, qui sont principales, il ajoute les obligations « qui comme par contract » et les obligations « aussi comme par malefice ».

Au XVIIIe siècle, Robert-Joseph Pothier (1699-1772) utilise, à son tour, cette classification justinienne. Cependant, dans son *Traité des obligations*, il ajoute une cinquième source d'obligations : la loi. Pour Pothier, « la loi naturelle est la cause au moins médiate de toutes les obligations : car si les contrats, délits et quasi-délits produisent des obligations, c'est primitivement parce que la loi naturelle ordonne que chacun tienne ce qu'il a promis, et qu'il répare le tort qu'il a commis par sa faute. C'est aussi cette même loi qui rend obligatoire les faits d'où il résulte quelque obligation, et qui sont pour cet effet appelés quasi-contrats [...]. Il y a des obligations qui ont pour seule et unique cause immédiate la loi. Par exemple, ce n'est en vertu d'aucun contrat ni quasi-contrat que les enfants, lorsqu'ils en ont le moyen, sont obligés de fournir des aliments à leurs père et mère qui sont dans l'indigence : c'est la loi naturelle seule qui produit en eux cette obligation » (*Traité des obligations*, n° 123).

C'est cette classification proposée par Pothier que les rédacteurs du code civil ont repris. L'article 1370 du code civil de 1804 précise que certains engagements se forment « sans qu'il intervienne aucune convention, ni de la part de celui qui s'oblige, ni de la part de celui envers lequel il est obligé. Les uns résultent de l'autorité seule de la loi. Les autres naissent d'un fait personnel à celui qui se trouve obligé ». Dans cette dernière catégorie, on trouve : les quasi-contrats, les délits et les quasi-délits.

Même si cette classification a été critiquée, notamment par les grands civilistes du XIXe siècle (comme, par exemple, Demogue), elle est restée telle quelle dans le code civil jusqu'à l'ordonnance du

11 février 2016, ordonnance portant réforme du droit des contrats, du régime général et de la preuve des obligations. L'article 1100 dispose qu'il existe trois sources d'obligations : les actes juridiques, les faits juridiques, et la loi. L'article 1100-2 traite des faits juridiques. Cet article indique que les obligations qui naissent d'un fait juridique sont traitées soit par le sous-titre relatif à la responsabilité extracontractuelle soit par le sous-titre relatif aux autres sources d'obligations. Ce sous-titre comprend les articles 1300 à 1303-4. Si on regarde ces articles, ceux-ci ne visent que les quasi-contrats. L'article 1300 nous en donne une définition : « Les quasi-contrats sont des faits purement volontaires dont il résulte un engagement de celui qui en profite sans y avoir droit, et parfois un engagement de leur auteur envers autrui ». L'aliéna 2 de cet article énumère quels sont ces quasi-contrats : la gestion d'affaire, le paiement de l'indu et l'enrichissement injustifié.

Pour aller plus loin :
Code civil, livre III, titre III, « Des sources d'obligations »

Art. 1100 : Les obligations naissent d'actes juridiques, de faits juridiques ou de l'autorité seule de la loi.
Elles peuvent naître de l'exécution volontaire ou de la promesse d'exécution d'un devoir de conscience envers autrui.
Art. 1100-1 : Les actes juridiques sont des manifestations de volonté destinées à produire des effets de droit. Ils peuvent être conventionnels ou unilatéraux.
Ils obéissent, en tant que de raison, pour leur validité et leurs effets, aux règles qui gouvernent les contrats.
Art. 1100-2 : Les faits juridiques sont des agissements ou des événements auxquels la loi attache des effets de droit.
Les obligations qui naissent d'un fait juridique sont régies, selon le cas, par le sous-titre relatif à la responsabilité extracontractuelle ou le sous-titre relatif aux autres sources d'obligations.

Le thème des délits civils nous permet d'aborder une question de méthodologie. En général, les étudiants, pour réviser, font des « fiches ». Ces fiches se veulent être des résumés des cours.

Problème. L'étudiant en droit, en général, ne sait pas faire de telles fiches. Ayant tendance à trop résumer son cours, il en perd toute la substance.

Comment faire un bon travail de révision ?

À la suite de la présentation du « vol » en droit romain, nous proposerons une fiche de révision.

Le vol prend le nom de *furtum* en droit romain. Le juriste Labéon (50 av. J.-C.-20) fait dériver le mot *furtum* de *furvum*, qui signifie : couleur noire, sombre. Une étymologie fantaisiste qui sert surtout à déjà caractériser le vol. Comme Gaius, intéressons-nous seulement aux peines qui vont être prononcées dans le cadre d'un vol.

Dans l'ancien droit, le vol est laissé, dans un premier temps, à la vengeance privée. La loi des XII Tables va, ensuite, organiser la répression du vol. La loi des XII Tables réprime le vol en fonction des circonstances qui entourent le vol. Elle distingue ainsi deux types de vol : le vol flagrant (*furtum manifestum*) et le vol non flagrant (*furtum nec manifestum*). Pour Gaius, le vol est flagrant quand : « le voleur est pris sur le fait [...] ». Les Romains ont eu une interprétation très extensive de la notion de flagrance. Ils ont notamment assimilé à la flagrance la perquisition avec un plateau et un pagne (un pagne « c'est probablement une espèce de tissu destiné à cacher les parties sexuelles », Gaius, *Institutes*, III. 192).

Gaius, de façon théâtrale, présente cette perquisition selon les prescriptions de la loi des XII Tables ; celle-ci prévoit que « celui qui veut rechercher le vol fasse sa quête tout nu, ceint d'un simple pagne, un plateau à la main ; s'il trouve quelque chose, la loi (ndlr "des XII Tables") déclare que c'est un vol fragrant » (Gaius, *Institutes*, III. 192). Ainsi, celui qui se prétend victime d'un vol, dépouillé de sa toge, avec un simple caleçon et un plateau à la main, pénètre chez celui qu'il soupçonne de vol. La nudité est censée l'empêcher de dissimuler un objet sous sa toge. Le plateau lui occupe les mains. Gaius précise que cette sorte de perquisition lui semble « parfaitement ridicule » (Gaius, *Institutes*, III. 193).

Quoi qu'il en soit, si l'objet prétendument volé est trouvé lors de cette perquisition, il y a vol fragrant. Et ce vol fragrant donne lieu à des peines plus sévères qu'en matière de vol non-fragrant.

Commençons par traiter des peines en cas de vol flagrant.

Tout d'abord, ce vol fragrant peut être simple ou aggravé. Il est aggravé quand il a lieu de nuit ou les armes à la main. Dans ce cas, la victime a droit de tuer, sur-le-champ, l'auteur des faits. Une condition est tout de même requise : la victime doit pousser des cris afin d'ameuter le voisinage. Il s'agit de s'assurer que l'exécution sommaire fait bien suite à un vol, et qu'il ne s'agit pas en réalité d'un meurtre déguisé. Cette exécution sommaire est un acte de justice privée.

En cas de vol simple, la loi des XII Tables distingue suivant que le vol a été commis : par un homme libre, un esclave ou un impubère.

En cas de vol flagrant commis par un homme libre : la victime conduit le voleur devant le magistrat romain. Ce dernier prononce, d'une part, la peine des verges – l'auteur du vol est flagellé –, d'autre part, l'*addictio* du coupable à la victime : l'auteur du vol est emmené dans la prison privée de la victime. Une rançon, *noxa*, peut être offerte par la famille du coupable à la victime afin d'obtenir la libération de ce dernier. À défaut, la victime peut décider de vendre le voleur comme esclave, mais de l'autre côté du Tibre, *trans tiberim*.

Si ce vol flagrant est commis par un esclave : la loi des XII prévoit, là encore, que la victime conduise l'auteur des faits devant le magistrat. Magistrat qui le fait passer par les verges, et qui, cette fois-ci, le condamne à être précipité du haut de la roche Tarpéienne.

Enfin, *quid* pour l'impubère ? À nouveau, passage par les verges, et réparation du dommage causé.

Dans le cas du vol non flagrant : ici, la victime doit se contenter d'une somme d'argent. Cette somme est soit une composition légale, soit une composition volontaire. En effet, à défaut d'accord entre la victime et l'auteur des faits (composition volontaire), la loi des XII Tables prévoit une composition légale fixée au double de la valeur de la chose volée.

Rome a, peu à peu, adouci les peines du vol flagrant. Cette évolution est due au préteur. Ce dernier remplaça les anciennes sanctions par une peine au quadruple de la valeur de la chose volée. Les peines en cas de vol non manifeste étant conservées.

Exemple de « fiche de révision »

Proposons maintenant une « fiche de révision » sur la notion de vol. Chaque étudiant a sa propre méthode de travail. À lui de la trouver. L'une d'elle peut prendre la forme de schémas. Tant que l'étudiant ne parvient pas à représenter le cours schématiquement, c'est qu'il n'a pas compris quelque chose. Il doit travailler jusqu'à obtenir une telle représentation.

Pour aller plus loin :

E. Chevreau, Y. Mausen, C. Bouglé, *Histoire du droit des obligations*, LexisNexis, 2015

J. Macqueron, *Histoire des obligations. Le droit romain*, Publications du Centre d'histoire institutionnelle et économique de l'Antiquité romaine, 1971

Voir le site internet, très riche : http://droitromain.upmf-grenoble.fr

Mais aussi : http://blogs.upmf-grenoble.fr/yveslassard/

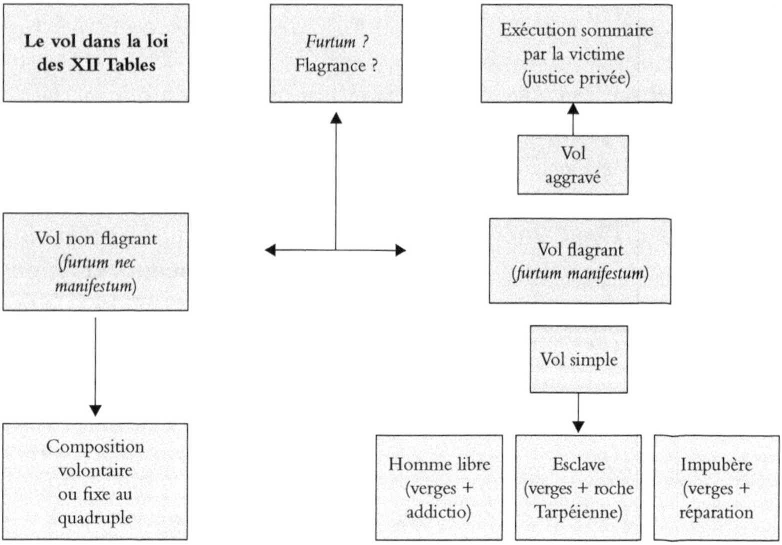
Le vol dans la loi des XII Tables
Furtum ? Flagrance ?
Exécution sommaire par la victime (justice privée)
Vol aggravé
Vol non flagrant (furtum nec manifestum)
Vol flagrant (furtum manifestum)
Vol simple
Composition volontaire ou fixe au quadruple
Homme libre (verges + addictio)
Esclave (verges + roche Tarpéienne)
Impubère (verges + réparation

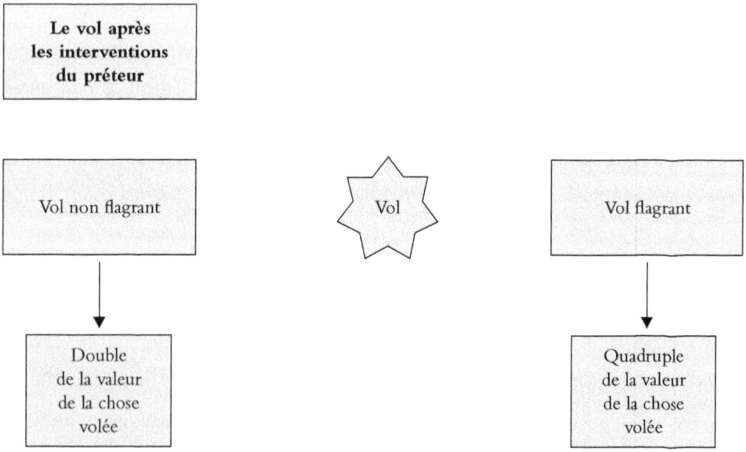
Le vol après les interventions du préteur
Vol non flagrant
Vol
Vol flagrant
Double de la valeur de la chose volée
Quadruple de la valeur de la chose volée

Pour aller plus loin

Nous n'avons fait, ici, qu'un survol de quelques cours. Bien d'autres cours sont à découvrir : histoire du droit administratif, histoire du droit de la famille, histoire du droit des affaires, etc.

Tous ces cours compléteront votre culture juridique. Mais pour finir sur cette partie, juste une petite conclusion : le droit c'est de la passion, faites-vous plaisir pendant vos études.

Maîtriser le droit civil

Par Gilles Raoul-Cormeil
Maître de conférences en droit privé
à la faculté de droit de Caen
Habilité à diriger les recherches
Enseignant associé à l'École nationale de la magistrature

PRÉSENTATION GÉNÉRALE

Le droit civil est une discipline concrète, accessible à tous parce qu'elle régit notre vie quotidienne à partir des événements les plus importants de notre existence. À la naissance est attachée l'acquisition de la personnalité juridique et la constitution d'un patrimoine dans lequel viendront se fondre des richesses et des dettes. Le nouveau-né est un être humain, de sexe féminin ou masculin, individualisé par un prénom, un nom de famille, une date et un lieu de naissance. À cet ancrage dans le temps et dans l'espace, s'ajoutent des signes d'appartenance. À une famille, par la filiation puis à une autre, par le mariage. À une nation, par la nationalité. À la majorité est attachée la pleine capacité juridique sans laquelle on ne peut seul et librement s'engager par contrat : acheter ou louer une voiture ou un appartement. La vie en couple crée aussi des droits et des devoirs qui intéressent autrui, à commencer par l'enfant qui naîtra de l'union. La mort emporte aussi son lot de conséquences juridiques : la transmission de richesses et de dettes, l'héritage que l'on accepte ou auquel on renonce.

Le droit civil ressemble à une forêt composée de grands arbres, des arbres majestueux, de hautes futaies élancés vers le ciel, ainsi que des taillis et des arbrisseaux qui abritent un monde quasiment invisible. Par cette métaphore, il s'agit de souligner que le droit civil distingue l'essentiel sans négliger le banal, les petits moments de la vie : le quotidien, banal et répétitif. Chaque jour est l'occasion de nouvelles dépenses : un objet domestique que l'on conserve (vêtement, livre, ordinateur), un produit ou un service que l'on consomme (un repas, une place de cinéma, la visite d'un musée, un ticket de métro), un produit ou un service auquel on s'abonne (l'eau courante, l'électricité, l'accès à une ligne téléphonique ou à Internet), autant de situations que le droit civil appréhende et réglemente en les qualifiant ici de contrat de vente, et là de contrat d'entreprise. Sensible aux événements majeurs de la vie des personnes, le droit civil ne néglige donc pas le quotidien, la vie domestique et non professionnelle. Le droit civil est aussi et surtout une discipline technique et fondamentale.

Le droit civil, une discipline technique

La première difficulté de l'apprentissage du droit civil réside dans l'assimilation du vocabulaire juridique. Les mots du droit ne composent pas une langue étrangère, mais cette terminologie précise est nécessaire, comme en médecine ou en informatique, pour désigner des réalités, des situations, des mécanismes, des outils et des remèdes propres à la discipline. Alors que notre vie s'écoule dans un espace en trois dimensions (la ligne droite, la surface et le volume), le droit en ajoute une quatrième qui désigne les faits par des catégories juridiques pour les soumettre à des règles spécifiques. Cette quatrième dimension est une réinvention du réel comme le constatait déjà Jean Giraudoux (1882-1944) lorsqu'il écrivait, dans *La Guerre de Troie n'aura pas lieu,* que « Le droit est la plus puissante des écoles de l'imagination. Jamais poète n'a interprété la nature aussi librement qu'un juriste la réalité. »

Le droit semble rendre les choses complexes puisqu'il faut être initié au droit pour comprendre de quoi il s'agit. Seul un juriste peut expliquer pourquoi les lapins de garenne constituent un immeuble par destination et non pas un meuble, comme l'est encore un chat domestique, tout être vivant et sensible qu'il est dans la nature.

Quel sens donner à un nantissement, une novation ou à une stipulation pour autrui si l'on n'est pas juriste ! La technique du droit civil apparaît ainsi dans la compréhension des mécanismes juridiques élémentaires. Si la technique juridique de l'hypothèque est inconnue des profanes, nul n'ignore la réalité des cautionnements, hypothèques et autres garanties de paiement exigées par les banques lorsqu'elles accordent un prêt. De même, si la technique de la stipulation pour autrui n'est pas connue, nul n'ignore la réalité économique de l'assurance sur la vie : ce placement préféré des Français représentait, en 2013, un encours de 1 416 milliards d'euros.

Le droit est néanmoins plus simple que la diversité des situations sociales. En témoignent les « catégories juridiques ». Elles peuvent être assimilées à des étiquettes que les juristes cousent sur les faits et sur les situations pour identifier le droit qui leur est applicable. Or, ces catégories juridiques sont beaucoup moins nombreuses et plus simples que les événements qui se produisent chaque jour. Ainsi, la catégorie « préjudice corporel » embrasse uniformément une éraflure sur le visage, une côte cassée, un tympan percé, une jambe arrachée ou le décollement de la plèvre du poumon, alors que pour tous, y compris pour le médecin et le prothésiste, il existe d'importantes différences entre ces dommages. De même, la catégorie « fruit civil » recouvre autant le loyer que verse le locataire à son bailleur que les dividendes déterminés par le conseil d'administration, et que versera aux associés la société qui a fait des bénéfices, parce que le fruit civil est une richesse qui s'ajoute au capital par l'effet d'un contrat, et non pas par l'effet du travail ou de la nature, ce que l'on nomme, par contraste, fruit industriel ou fruit naturel.

Le droit civil, une discipline fondamentale

Le droit civil est aussi une discipline fondamentale aussi bien pour les juristes de droit privé que pour toute personne qui s'engage dans des études de droit. Les jeunes bacheliers qui entreprennent des études supérieures doivent en être aussi conscients que les professionnels de tous horizons qui entendent acquérir une nouvelle compétence, mettre à jour les connaissances acquises naguère avant les réformes ou accéder à l'autonomie dans l'exercice de leur profession (assurance, banque, commerce, expertise comptable, gendarmerie et police nationales, métiers de l'administration et des collectivités territoriales, etc.). L'importance du droit civil se justifie par de nombreux motifs, d'ordre culturel et intellectuel : les connaissances et le raisonnement.

Côté symbole, le droit civil profite de l'aura du Code civil. Des cinq codes napoléoniens, le Code civil, promulgué le 21 mars 1804, est le seul qui soit encore en vigueur. Ce code répond à un objectif fixé pendant la Révolution française notamment par un décret du 16 août 1790 : « il sera fait un code général de lois, simples, claires » permettant d'unifier le droit civil sur tout le territoire de la République, de Lille à Marseille, de Brest à Strasbourg. Le Code civil promouvait et protégeait la seule famille fondée sur le mariage, la propriété individuelle, l'égalité des contractants et la force obligatoire des conventions librement négociées. Malgré la succession des réformes qui se sont accélérées depuis la Seconde Guerre mondiale, le Code civil a été réécrit avec un temps de retard nécessaire sur l'évolution des mœurs, résistant aux embûches que connaît chaque époque (la Restauration, la IIIe République, la Révolution industrielle, la Grande Guerre, les Années folles, l'Occupation, les Trente Glorieuses, les crises pétrolières ou financières) avec autant de bienfaits (les congés payés, la Sécurité sociale, l'émancipation de la femme mariée, l'allongement de la durée de la vie consécutif aux progrès de la médecine, la paix durable et scellée par les traités de l'Union européenne, le respect des droits de l'homme assuré par des juridictions suprêmes). Unique et pérenne en son écrin majestueux, le Code civil s'impose comme la véritable Constitution du peuple français, comme l'avait écrit Demolombe (1804-1887). Le Code civil est un symbole de la République, au même titre que le drapeau tricolore, l'hymne national ou la devise Liberté, égalité, fraternité. C'est l'enseignement du bicentenaire du Code civil, fêté solennellement en Sorbonne, notamment en présence du président de la République.

Vénérable discipline, patinée par des siècles d'application, le droit civil est l'un des héritages lointains du droit romain avec ses routes (voies gallo-romaines) et ses ponts (pont du Gard ou pont d'Aiguines). Le droit est une science d'architectes pour des esprits cartésiens. De cette lente et constante évolution depuis l'Antiquité, le droit civil a gardé la nature de droit commun. Les notions et les mécanismes naissent en droit civil avant de s'en échapper parfois, suivant le cours d'une spécialisation, vers le droit commercial ou le droit social, le droit processuel ou le droit médical, le droit de l'environnement ou le droit du numérique. Ainsi le contrat de travail était autrefois le contrat de louage d'industrie, une variété de louage régi par le Code civil (article 1780), à côté du louage de chose et du louage d'ouvrage. Depuis 1973, le contrat de travail est réglementé par un Code du travail, massif et plein de détails, refondu en 2004, qui ne se limite pas au modèle du CDI (contrat à durée indéterminée) auquel aspirent bon nombre de jeunes travailleurs. Le droit du travail est devenu une spécialité à part entière ; son apprentissage débute en troisième année de licence en droit.

Le droit privé régit les relations entre les particuliers, personnes physiques ou morales de droit privé (association, sociétés commerciales : SA ou SARL, sociétés civiles immobilières ou professionnelles : SCI ou SCP). Le droit privé se distingue ainsi du droit public qui rassemble les règles relatives à la chose publique (*Res publica* ou République) ou régissant le statut des personnes morales de droit public et des fonctionnaires. Relèvent ainsi du droit public le droit constitutionnel, le droit administratif, le droit fiscal et douanier, le droit budgétaire, le droit institutionnel et matériel de l'Union européenne. La distinction du droit privé et du droit public est un héritage du droit romain. Fondamentale, la distinction fonde aujourd'hui encore la formation universitaire des juristes.

Revenant au droit privé, il faut le représenter comme un arbre, avec un tronc commun, des branches et des racines. Le droit civil est ainsi le tronc du droit privé, constitué d'un vocabulaire ancestral et de théories générales, repensées et approfondies sans négliger les origines qui restent des sources d'inspiration et de transposition. Le droit romain et le droit canonique sont les racines dans lesquelles le droit civil puise des concepts, des fondements et une rationalité. Au sommet du droit civil, le tronc se prolonge en de nombreuses branches du droit privé : le droit commercial (les actes de commerce, les commerçants, les sociétés commerciales, les instruments financiers et de paiement, les procédures collectives pour les entreprises en difficulté), le droit rural, le droit de la propriété intellectuelle (propriété littéraire et artistique, propriété industrielle : les brevets, les marques), le droit social (droit du travail, droit de la Sécurité sociale), le droit de la consommation, le droit de la procédure civile et le droit international privé. Le droit civil comprend tous les mécanismes communs à toutes les disciplines spécialisées. Tel un laboratoire, le droit civil donne vie à des notions et à des mécanismes juridiques qui sont ensuite dotés d'une autre signification ou d'un rôle distinct dans les autres branches du droit privé. Pour preuve, le *Vocabulaire juridique* (G. Cornu, dir., PUF, coll. « Quadrige », 2015), qui est la référence universitaire des dictionnaires de droit, délivre à chaque entrée un ou plusieurs sens, en distinguant le sens général et les significations spécialisées, propres à telle ou à telle matière. Le mot « constitution » est significatif à cet égard. En droit public, il désigne un texte dont la valeur est supérieure à la loi. En droit privé, il formalise l'acte de formation d'une société ou d'une hypothèque. En droit pénal, la constitution de partie civile caractérise la demande en réparation que fait la victime d'une infraction. De surcroît, l'évolution de notre société favorise l'émergence de nouvelles disciplines juridiques : le droit de l'environnement et le droit du numérique qui sont, comme le droit pénal et le droit médical, des branches de droit mixte.

La formation d'un juriste prend donc du temps. Et bien plus que l'on croit. Tout apprentissage intellectuel exige des efforts constants et renouvelés, le temps de la durée et de la maturité pour s'approprier et assimiler les connaissances, les appliquer dans un raisonnement construit et digne d'emporter la conviction. Raisonner en juriste, c'est présenter une pensée claire, construite et argumentée. S'opposer en juriste, c'est analyser la pensée d'autrui, la déconstruire pour en découvrir les failles. Pour maîtriser à l'écrit comme à l'oral l'art de cette méthode, il faut lire et relire, écrire et réécrire, s'armer de patience et de persévérance. *On fait son droit comme on fait ses dents de sagesse, dans la douleur* disait Colette (1873-1954). Mais pour toute la vie professionnelle, ajoutera-t-on. La formation de juriste est un investissement intellectuel, le gage d'une réussite durable et d'un épanouissement certain dans l'autonomie professionnelle et l'exercice de responsabilités diverses.

PRÉSENTATION ACADÉMIQUE DES MATIÈRES DE DROIT CIVIL

Le droit civil s'enseigne dès la première année de licence en droit puis continûment jusqu'en master 2, à moins de choisir un parcours de droit public ou de droit pénal. Le droit civil se subdivise en une dizaine de matières : l'introduction générale au droit, le droit des personnes et des incapacités, le droit de la famille, le droit des biens, le droit des obligations : le contrat et la responsabilité extracontractuelle, le régime général des obligations, les contrats spéciaux, les sûretés, les successions, les libéralités et les régimes matrimoniaux. Cette progression n'est pas justifiée par le degré de complexité de chacune des matières composant le droit civil, mais par le besoin de commencer par les notions les plus élémentaires pour aller vers des concepts et des mécanismes de moins en moins généraux.

L'introduction générale au droit

L'enseignement du droit civil débute par l'introduction générale au droit avant de se porter sur les trois piliers du droit civil : la personne, le bien et l'obligation. Dans une introduction au droit sont enseignées les sources du droit, c'est-à-dire la forme et le mode de production de la règle de droit avant son contenu. Légale ou coutumière, généralement écrite, souvent publiée, parfois orale, la règle de droit est dictée par une autorité, discutée et votée par des représentants du peuple, négociée par les usagers ou formulée par des savants. Les sources du droit sont la loi au sens large, la coutume et les usages, les principes généraux du droit, la jurisprudence, la doctrine.

Puis il convient d'expliquer comment s'agencent toutes les règles de droit dans le système juridique. Le droit est ici un objet d'étude ; il est saisi comme droit objectif. Lorsque deux règles ont la même valeur, l'une et l'autre étant ordonnées par le Code civil, il faut distinguer la règle de principe et la règle d'exception. La première a vocation à s'appliquer de manière générale, alors que la seconde a un domaine très limité. On dit que l'exception confirme la règle, parce que l'exception est délimitée par un strict domaine d'application, contrairement au principe qui s'applique en cas de doute. En revanche, lorsque deux règles n'ont pas la même valeur, l'une est donc nécessairement supérieure à l'autre. Pour l'essentiel, le droit français est constitué de sources formelles obéissant à une hiérarchie où siègent, par ordre décroissant, la constitution, les traités ou conventions internationales, les lois, les décrets, les arrêtés ministériels, préfectoraux puis municipaux. Pour illustrer cette théorie du positivisme normativiste, l'image de la pyramide des normes apportée par Hans Kelsen (1881-1973) a l'avantage d'éclairer cette hiérarchie. L'image est cependant incomplète car elle délaisse les coutumes et la jurisprudence. Il est vrai que les coutumes se raréfient. Mais la jurisprudence est importante ; elle résulte d'une habitude de juger dans le même sens, d'une répétition d'un raisonnement qui permet de combler les lacunes du droit écrit et publié. Or, la règle formelle ne s'impose à tous que dans le sens que lui découvre la jurisprudence. Elle produit une interprétation qui épouse la règle et lui permet de se hisser à sa valeur dans la pyramide. Cet ensemble normatif n'est pas imperméable aux normes non juridiques : les mœurs, les usages, la morale, l'éthique et la déontologie professionnelle. Le doyen Carbonnier (1908-2003) appelait « non-droit » ce phénomène de retenue des pouvoirs publics où le droit se retire en présence de règles non juridiques qui régissent les rapports sociaux ou une collectivité de personnes s'adonnant à la même activité.

L'introduction générale au droit permet aussi d'étudier des mécanismes transversaux, communs à toutes les matières juridiques de droit privé, de droit public ou de droit pénal. Ainsi d'abord, le droit transitoire résout les conflits de lois dans le temps. Lorsqu'une loi nouvelle entre en vigueur, elle ne s'applique pas à des faits antérieurs à moins qu'elle ne soit rétroactive, ce qui est assez peu fréquent et interdit en matière pénale pour les lois répressives plus sévères. Cette entrée en vigueur peut aussi être retardée, reportée à une date fixée par une disposition transitoire de la loi nouvelle. Tout aussi important que le droit transitoire est le droit de la preuve ; c'est une matière décisive pour gagner un procès. Lorsqu'une personne veut défendre son droit, la question est de savoir qui a la charge de la preuve et comment elle doit prouver son allégation. La charge de la preuve permet de désigner le plaideur qui doit assumer le risque du rejet de sa prétention s'il ne convainc pas le juge. Quant aux modes de preuve, ils sont divers et variables : l'écrit et le témoignage, par exemple, n'ont pas la même force probatoire et répondent à des situations différentes. Du moins est-il logique, par exemple, que le contenu d'un contrat d'assurance ne se prouve pas de la même manière que l'existence et la gravité d'un préjudice. Pour faciliter la preuve des plaideurs, la loi pose des présomptions. La date de conception d'un enfant (fait inconnu) est présumée à partir de sa date de naissance (fait connu). L'article 311 du Code civil a perdu une bonne part de son intérêt depuis que la science maîtrise des expertises biologiques. La loi autorise aussi le juge à déduire d'un fait connu et tangible, l'existence d'un fait inconnu et invisible. C'est le cas des éléments de nature psychologique : la mauvaise foi, l'intention de donner, etc.

L'introduction générale au droit paraît abstraite aux étudiants en droit malgré les exemples qui sont donnés pour illustrer les grandes institutions du droit privé ; l'étude du droit objectif peut leur rappeler l'enseignement de la philosophie en classe de terminale. Mais dès qu'il s'agit de droits subjectifs, c'est-à-dire des droits attachés à des personnes, alors l'enseignement du droit civil est nécessairement plus concret, ce qui ne signifie pas qu'il faille relâcher la rigueur.

Biblio **Choix bibliographique**

• Bernard Beignier et Corinne Bléry, *Introduction au droit*, 4e éd., Montchrestien, coll. « Cours LMD », 2014 • Pascale Deumier, *Introduction générale au droit*, 3e éd., LGDJ, coll. « Manuel », 2015 • Philippe Malaurie et Laurent Aynès, *Droit civil, Introduction générale*, 5e éd. par Philippe Malaurie et Patrick Morvan, Defrénois, 2014 • Astrid Marais, *Introduction au droit*, 5e éd., Vuibert, 2014 ; François Terré, *Introduction générale au droit*, 10e éd., Dalloz, coll. « Précis », 2015.

Le droit des personnes et des incapacités

La personne, d'abord, est le sujet de droits, l'alpha et l'oméga du système juridique : celui pour lequel le droit est conçu et doit être respecté. L'être humain jouit de la personnalité juridique de sa naissance à sa mort. L'état civil assure la publicité de l'existence d'une personne physique individualisée par son nom, ses prénoms, son sexe, sa date et lieu de naissance, sa filiation, sa nationalité, ainsi que son domicile distingué de ses résidences. Les droits de la personnalité prennent en compte d'autres signes distinctifs : l'image, la voix, des éléments de la vie privée, en permettant à chacun de défendre son intérêt et le respect de son intimité. La personne physique a servi de modèle à la personne morale. La personnalité morale est attribuée à des groupements de biens ou de personnes, dès lors que les constituants s'astreignent à accomplir des formalités analogues à la rédaction d'un acte de naissance. L'existence de la personnalité morale est pourtant subordonnée à une condition de fond : la constitution d'un intérêt distinct de celui ou de ceux qui ont voulu son avènement. Cet intérêt n'est pas la somme des intérêts des associés. Une personne physique peut d'ailleurs, depuis 1985, isoler de son patrimoine des richesses qu'elle affecte à la réalisation d'une entreprise individuelle, avec (EURL) ou sans personnalité morale (EIRL).

Alors que les personnes morales ne peuvent contracter que dans le respect de leur intérêt social ou associatif, seules les personnes physiques jouissent d'une pleine capacité de contracter. Toutefois, certaines d'entre elles, dites vulnérables, doivent être protégées contre elles-mêmes. L'incapacité juridique est une technique qui permet de limiter cette faculté de contracter en soumettant l'exercice de leurs droits subjectifs à une autorisation, à l'assistance ou la représentation d'une autorité. À côté des personnes mineures, réputées incapables, la loi protège certaines personnes majeures dont l'altération des facultés mentales a été médicalement constatée, en les plaçant sous sauvegarde de justice, en curatelle ou en tutelle. Le droit des personnes s'étend au droit des incapacités et se prolonge par le droit de la famille.

Biblio **Choix bibliographique**

• **Yvaine Buffelan-Lanore, Virginie Larribau-Terneyre, *Introduction, biens, personnes, famille*, 19e, Sirey, coll. « Université LMD », 2015 • Florence Bellivier, *Les Personnes*, 1re éd., Montchrestien, coll. « Précis Domat droit privé », 2015 • Jean Carbonnier, *Droit civil*, t. 1, *Introduction au droit. Les personnes. La famille*, PUF, coll. « Quadrige », 2004 • Philippe Malaurie et Laurent Aynès, *Droit civil, Les personnes. La protection des mineurs et des majeurs*, 7e éd. par Philippe Malaurie, Defrénois, 2014 •François Terré et Dominique Fenouillet, *Droit civil, Les personnes. Personnalité, incapacité, protection*, 8e éd., Dalloz, coll. « Précis », 2012.**

Le droit de la famille

La famille est dépourvue de la personnalité morale. La famille généalogique est celle d'où l'on vient ; la famille nucléaire est celle que l'on a créée, que l'on créera ou dans laquelle on a vécu enfant : c'est le foyer familial. La famille est un groupement de personnes unies deux à deux par un lien de droit. La personnalité se construit suivant la place occupée dans la famille. Cette place n'est pas interchangeable, comme l'ordonne la prohibition de l'inceste.

Le mariage et le Pacs (pacte civil de solidarité) sont les deux liens de droit de la vie en couple. L'un et l'autre sont ouverts aux couples de personnes de même sexe, ce qui ne signifie pas que le mariage ne regarde plus l'enfant et ait cessé d'être un acte fondateur de la famille. Le concubinage ou l'union libre est le mode de vie des personnes qui vivent en couple, unis en fait par un intérêt commun. Ces trois modes de conjugalité sont complémentaires ; leur coexistence graduée démontre la tolérance de la loi à l'égard de la vie privée et familiale. En effet, chacun de ces modes de conjugalité a une nature propre et un régime singulier, caractérisé par des engagements plus ou moins étendus et dont la force coercitive se mesure à la liberté de se désunir. Seul le mariage crée l'alliance et fait entrer une personne dans la famille de son conjoint. Seul le mariage produit des effets durables par-delà la mort. C'est le statut de conjoint successible.

La filiation est un lien de droit entre un enfant, d'une part, son père et sa mère, d'autre part. La filiation est fondée sur une donnée biologique, la procréation, et un aveu de maternité ou de paternité par l'indication du nom de la mère ou du père marié dans l'acte de naissance de l'enfant. Le père non marié doit reconnaître son enfant pour établir sa filiation.

La filiation peut aussi résulter d'un seul engagement juridique, l'adoption ou l'assistance médicale à la procréation avec don de gamètes issus d'une tierce personne inconnue des père et mère. L'adoption est dite plénière lorsqu'elle a pour but de remplacer la filiation d'origine par la filiation des adoptants. L'adoption plénière est limitée aux mineurs de moins de 15 ans. La loi du 17 mai 2013 a favorisé les conditions de l'enfant du conjoint.

Par contraste, l'adoption est dite simple lorsqu'elle permet d'ajouter de nouveaux liens de filiation. La loi ne pose pas de limite d'âge. Un homme de 60 ans peut se lier à un homme de 35 ans, par une requête en adoption simple présentée au tribunal de grande instance, dès lorsqu'il s'agit de créer un lien de filiation ; ce lien supplémentaire ne retire rien aux liens de ce dernier avec ses père et mère biologiques.

La filiation produit des effets pendant toute la vie. Les conséquences juridiques attachées à la filiation sont aussi variées que nombreuses : la transmission du nom, l'autorité parentale sur les enfants mineurs, la vocation successorale, l'obligation alimentaire et aux frais funéraires. Les enfants jouissent des mêmes droits et des mêmes devoirs qu'ils soient ou non issus du mariage de leur père ou mère. La loi a mis fin au statut d'enfant adultérin.

La charge d'un membre de la famille n'est imposée qu'aux personnes majeures, les ascendants ou descendants ainsi qu'au conjoint.

La loi favorise l'attribution de la charge curatélaire ou tutélaire à un membre de la famille, plutôt qu'à un professionnel appelé mandataire judiciaire à la protection des majeurs. La protection des personnes vulnérables par la famille est facilitée par une nouvelle institution : l'habilitation familiale, une tutelle adoucie en la forme et au fond.

Biblio **Choix bibliographique**

• **Annick Batteur, *Droit des personnes, des familles et des majeurs protégés*, 8e éd., LGDJ, coll. « Manuel », 2015 • Bernard Beignier et Jean-René Binet, *Droit des personnes et de la famille*, 1re éd., Montchrestien, coll. « Cours LMD », 2014 • Alain Bénabent, *Droit civil, droit de la famille*, 3e éd., Montchrestien, coll. « Précis Domat droit privé », 2014 • Philippe Malaurie et Laurent Aynès, *Droit civil, La famille*, 5e éd. par Philippe Malaurie et Hugues Fulchiron, Defrénois, 2016 • Dominique Fenouillet et François Terré, *Droit civil, La famille*, 8e éd., Dalloz, coll. « Précis », 2012.**

Le droit des biens

Droit réel, un bien est un droit sur une chose. Le droit de propriété est la représentation complète et absolue de la relation juridique entre une personne et une chose (article 544 du Code civil).

Le droit de propriété comprend le droit de jouir de la chose (*usus*), d'en tirer des richesses (*fructus*) et d'en disposer (*abusus*). La répartition de ces prérogatives entre deux personnes s'appelle démembrement du droit de propriété. L'usufruit et la nue-propriété constituent le démembrement le plus répandu.

Par contraste, la propriété collective se définit comme la répartition de droits de même nature sur une même chose : l'indivision, la mitoyenneté d'un mur, la copropriété d'un immeuble bâti pour les parties communes. Le droit des biens est la base du droit patrimonial.

Le droit commun des biens doit être complété de règles spéciales qui sont enseignées à titre d'option en première année de master : le droit d'auteur, le brevet, la marque, sont des œuvres de l'esprit, régies par le Code de la propriété intellectuelle. Passé le temps de la protection individuelle du titulaire ou de son héritier, sanctionnée par l'action en contrefaçon, l'œuvre de l'esprit tombe dans le domaine public, ordonné par le Code du patrimoine.

Biblio **Choix bibliographique**

• Yvaine Buffelan-Lanore, Virginie Larribau-Terneyre, *Introduction, biens, personnes, famille*, 19e, Sirey, coll. « Université LMD », 2015 • Aline Cheynet de Beaupré, *Droit des biens*, Vuibert, 2011 • Cyril Grimaldi, *Droit des biens*, 1re éd., LGDJ, coll. « Manuel », 2016 • Philippe Malaurie et Laurent Aynès, *Droit civil, Les biens*, 6e éd., Defrénois, 2015 • François Terré et Philippe Simler, *Droit civil, Les biens*, 9e éd., Dalloz, coll. « Précis », 2014 • Frédéric Zenati-Castaing et Thierry Revet, *Les Biens*, 3e éd., PUF droit, coll. « Droit fondamental », 2008.

Le droit des obligations

Droit personnel, l'obligation est un lien de droit entre deux personnes. L'obligation s'appelle aussi dette ou créance selon qu'elle vise le débiteur ou le créancier.

L'obligation naît de la loi (fait juridique) ou de la volonté (acte juridique), ce sont ses deux sources.

Le contrat est un accord de volontés par lequel les parties deviennent débitrice(s) ou créancière(s) d'obligations nouvelles. L'acheteur a contracté l'obligation de payer le prix au vendeur, tandis que ce dernier s'est engagé à délivrer la chose. Le droit commun des contrats, enseigné classiquement en deuxième année de Licence en droit, comprend les conditions de fond auxquelles est subordonnée la validité du contrat (le consentement lucide, libre et éclairé, la capacité de contracter, l'objet et la cause de l'obligation). Il se poursuit par les remèdes à l'inexécution du contrat : l'exécution forcée, la responsabilité contractuelle, la résolution ou résiliation judiciaire, l'exception d'inexécution. Le contenu du contrat renvoie à l'étude de clauses ou de stipulations que les parties peuvent librement convenir ou imposer à leur contractant (une faculté de se rétracter appelée clause de dédit ; une clause pénale qui permet de contraindre à la bonne exécution du contrat car elle indique le montant des dommages-intérêts que peut exiger le créancier déçu en cas de défaillance de son débiteur).

Après la volonté, la loi. L'obligation légale (ou fait juridique) a pour but de réparer le fait préjudiciable causé à autrui : la responsabilité délictuelle ou extracontractuelle est fondée sur la faute (article 1382 du Code civil), mais aussi la garde de la chose ou le fait d'autrui. Les père et mère sont responsables du fait dommageable causé par leur enfant mineur sur lequel ils exercent l'autorité parentale même si l'enfant était, au moment où il a causé le dommage, en vacances chez ses grands-parents ou confié à un tiers. La variété des faits générateurs de responsabilité contraste avec les notions de préjudice ou de lien de causalité qui sont les constantes de la matière et qui doivent, pour cette raison, toujours être étudiées en premier.

La loi oblige aussi une personne à indemniser une autre qui s'est enrichie à ses dépens, en l'absence d'accord de volontés. Ce fait juridique profitable à autrui s'appelle quasi-contrat, non pas contrat. Ainsi, la gestion d'affaires est un quasi-contrat de mandat qui oblige une personne appelée le maître d'affaires à indemniser une autre, appelée le gérant, parce que par sa bonne gestion elle a sauvegardé son patrimoine (cas du gérant qui a contracté avec un couvreur pour refaire la toiture de son voisin qui s'est envolée après une forte tempête ; le voisin ou maître d'affaires doit rembourser au gérant ses frais si sa gestion lui a été utile). Sont aussi des quasi-contrats : la répétition de l'indu, l'enrichissement sans cause, les loteries publicitaires mensongères.

Après l'étude des sources, le régime général des obligations (RGO) fait l'objet d'un enseignement en troisième année. Toute obligation peut être affectée d'un terme ou d'une condition. Le terme est un événement futur et certain, même si la date est inconnue (exemple d'une donation qui prendra ses effets à la mort du donateur). L'obligation à terme naît avec l'accord des volontés mais son exigibilité est reportée à la survenance du terme. La condition est un événement futur et incertain dont la réalisation influence l'existence de l'obligation (exemple d'une vente conclue sous la condition suspensive de l'obtention d'un prêt bancaire : le refus du prêt rend la vente caduque). Les obligations légales comme conventionnelles peuvent être transmises comme des biens (cession de créance, subrogation personnelle) ou transformées (délégation de créance, novation). Sont enfin enseignées les causes d'extinction des obligations suivant que le créancier est satisfait ou ne l'est pas. Le paiement et la prescription extinctive sont des notions fondamentales que tout juriste doit maîtriser. C'est pourquoi cette matière technique n'est pas réservée aux juristes qui souhaitent rédiger des contrats dans le monde des affaires.

Biblio Choix bibliographique

• Alain Bénabent, *Droit des obligations*, 11e éd., Montchrestien, coll. « Précis Domat droit privé », 2015 • Muriel Fabre-Magnan, *Les Obligations* (deux tomes), 3e éd., PUF droit, coll. « Thémis », 2013 • Philippe Malaurie, Laurent Aynès et Philippe Stoffel-Munck, *Droit civil, Les obligations,* 7e éd. Defrénois, 2015 • Philippe Malinvaud et Dominique Fenouillet, *Droit des obligations*, 13e éd., Litec, 2014 • François Terré, Philippe Simler et Yves Lequette, *Droit civil, Les obligations,* 11e éd., Dalloz, coll. « Précis », 2013.

Le droit des obligations se poursuit par l'étude des principaux contrats spéciaux : les contrats translatifs de propriété (vente, échange), les contrats de service (contrat d'entreprise, contrat de mandat) et les contrats de mise à disposition d'un bien (bail, dépôt). Enfin, il se termine par l'étude des contrats qui fournissent au créancier le moyen d'échapper à la loi du concours en cas d'insolvabilité de son débiteur. Le cautionnement est la figure la plus connue des sûretés personnelles : si le débiteur ne peut pas payer ce qu'il doit, le créancier peut demander à un tiers, appelé caution, de payer le montant de sa dette. Les sûretés peuvent également porter sur un bien. La sûreté, dite réelle, a un nom variable selon la nature du bien. Elle s'appelle hypothèque lorsqu'elle porte sur un immeuble, gage lorsqu'elle porte sur un meuble corporel et nantissement lorsqu'elle porte sur un meuble incorporel (une créance, le capital d'une assurance sur la vie, un fonds de commerce). Seul le gage emporte dépossession du bien.

Ni l'hypothèque ni le nantissement ne privent le propriétaire de l'usage de son bien. Point commun à toute sûreté réelle, le propriétaire d'un bien a consenti à un droit spécial sur un bien particulier de son patrimoine. Ce droit spécial permet au créancier (hypothécaire, gagiste ou nanti) de faire saisir le bien et de le vendre aux enchères publiques afin d'être payé par préférence aux créanciers qui n'ont pas de sûretés (créanciers appelés chirographaires).

Biblio Choix bibliographique

• Laurent Aynès, Pierre-Yves Gautier et Philippe Malaurie, *Droit civil, Les contrats spéciaux*, 7e éd., Defrénois, 2014 • Alain Bénabent, *Les contrats spéciaux civils et commerciaux*, 11e éd., Montchrestien, coll. « Précis Domat droit privé », 2015 • François Collart-Dutilleul et Philippe Delebecque, *Droit civil, Les contrats spéciaux*, 10e éd., Dalloz, coll. « Précis », 2015 • Michel Cabrillac, Christian Mouly, Séverine Cabrillac et Philippe Pétel, *Droit des sûretés*, 9e éd., LexisNexis, 2010 • Philippe Malaurie et Laurent Aynès, *Droit civil, Les sûretés et la publicité foncières*, 8e éd. par Laurent Aynès et Pierre Crocq, Defrénois, 2014 • Philippe Simler et Philippe Delebecque, *Droit civil, Les sûretés et la publicité foncières*, 6e éd., Dalloz, coll. « Précis », 2012.

Le droit patrimonial de la famille

Le droit patrimonial de la famille prend parfois le nom de droit notarial. Il se compose du droit des successions, du droit des libéralités et du droit des régimes matrimoniaux. Le droit des successions se compose des règles par lesquelles sont départagés les membres de la famille du défunt, lorsque celui-ci n'a pas rédigé de testament pour organiser la transmission de ses biens à sa mort. Les héritiers présomptifs sont les successibles appelés en premier par la loi : le conjoint survivant est placé en situation de concours avec les descendants, qu'il s'agisse d'enfants communs ou non. Si le défunt (appelé de *cujus* pour dire pudiquement « celui dont il s'agit ») a consenti des donations et institué des légataires par un testament, alors il convient de vérifier qu'il ne s'est pas montré trop généreux.

La réserve est un mécanisme qui permet de déterminer, au jour de l'ouverture de la succession, la part des biens dont le défunt ne pouvait pas librement disposer. Les héritiers réservataires pourront saisir le tribunal d'une action en réduction pour contester les libéralités excessives et ainsi reconstituer la réserve. Distinct de la réduction, le rapport est le mécanisme juridique qui permet d'assurer l'égalité entre les héritiers réservataires. Le conjoint survivant peut aussi bénéficier de libéralités (donations, legs, en pleine propriété ou en usufruit). Pour protéger le conjoint, rien de mieux qu'un bon contrat de mariage. Mais les couples mariés qui consultent un notaire à cet effet sont très minoritaires. Le mariage engage les époux, en leur personne et en leurs biens. Le régime matrimonial est l'ensemble des règles applicables aux biens et aux dettes des époux. Un socle de règles communes s'applique à tous : ce régime dit primaire insuffle aux époux un savant dosage entre l'esprit d'indépendance (dans l'exercice de la profession, la perception et la gestion des revenus du travail) et l'esprit de collaboration (en cas de changement de régime matrimonial ou en cas de modification du logement de la famille). Les couples mariés qui n'ont pas conclu de contrat de mariage sont mariés sous le régime de la communauté réduite aux acquêts. Ce régime légal comprend des règles de répartition des richesses, des dettes et des pouvoirs de gestion entre époux.

Toutes ces règles doivent être connues, ne serait-ce que pour déconseiller le régime légal à des futurs époux dont l'un d'eux exerce une profession indépendante (avocat, médecin, géomètre libéral) et leur proposer un régime matrimonial plus approprié. La séparation de biens protège les biens du conjoint lorsqu'un époux exerce une profession où il pourrait engager sa responsabilité civile professionnelle ou faire faillite. Par contraste, la communauté universelle avec attribution de la masse des biens au conjoint survivant est le moyen de protéger ce dernier en le préférant aux enfants communs qui attendront le décès de leur second parent pour hériter.

Biblio — Choix bibliographique

• Bernard Beignier, *Régimes matrimoniaux, Pacs, concubinage*, Montchrestien, 2e éd., coll. « Cours LMD », 2014 • Bernard Beignier, Sarah Torricelli-Chrifi, *Libéralités et successions*, Montchrestien, 3e éd., coll. « Cours LMD », 2015 • Michel Grimaldi, dir., *Droit patrimonial de la famille*, 6e éd., Dalloz action, 2015/2016 • Philippe Malaurie et Laurent Aynès, *Droit civil, Les successions, les libéralités*, 6e éd., Defrénois, 2014 • Philippe Malaurie et Laurent Aynès, *Droit civil, Les régimes matrimoniaux*, 4e éd., Defrénois, 2013 • François Terré, Yves Lequette, Sophie Gaudemet, *Droit civil, Les successions, Les libéralités*, 4e éd., Dalloz, Coll. « Précis », 2014 • François Terré et Philippe Simler, *Droit civil, Les régimes matrimoniaux*, 7e éd., Dalloz, coll. « Précis », 2015.

Par contraste, la communauté universelle avec attribution de la masse des biens au conjoint survivant est le moyen de protéger ce dernier en le préférant aux enfants communs qui attendront le décès de leur second parent pour hériter.

Conclusion

D'une faculté de droit à l'autre, les enseignements de droit civil sont répartis différemment. En première année de licence en droit, il est d'usage de débuter par l'introduction générale au droit puis de porter l'étude sur les personnes, la famille ou les biens. Le choix entre ces trois matières et le choix de leur volume de cours dépendent aussi de la semestrialisation. Ainsi, par exemple, soit le semestre 1 est consacré à l'introduction générale au droit (36 heures) et le semestre 2 au droit des personnes et de la famille (36 heures). Soit ces trois matières font l'objet d'un égal cours de 24 heures. Au semestre 1, l'introduction générale au droit puis le droit des personnes (1re partie) ; au semestre 2, le droit des personnes (2e partie) suivi du droit de la famille. En présentant ces deux combinaisons parmi tant d'autres possibles, il ne s'agit ni d'être exhaustif, ni de louer ou condamner les choix pédagogiques des enseignants d'une faculté de droit, mais de faire prendre conscience aux futurs étudiants qu'un cursus universitaire qui est suivi successivement dans plusieurs universités peut donner lieu à des lacunes ou à des doublons. Il serait ainsi difficile de suivre les cours de droit des régimes matrimoniaux, de droit des successions et des libéralités sans connaître le mariage, la filiation et l'adoption qui sont enseignés en cours de droit de la famille. De même, il serait difficile de suivre le cours de droit des sûretés sans avoir préalablement reçu un enseignement de droit des biens. Ceci étant dit, il est tout à fait possible de combler soi-même de telles lacunes en travaillant le cours qui a manqué dans un bon manuel.

Exercices
Droit civil

Une année universitaire se compose d'au moins 12 matières dont chacune fait l'objet d'un cours magistral dispensé par un professeur de droit ou un maître de conférences. Le chargé de cours est parfois un magistrat, un avocat ou un autre praticien du droit.

Chaque semestre comprend au moins six matières ; deux d'entre elles (parfois trois) font l'objet d'un enseignement complémentaire en travaux dirigés. C'est le cas en principe de tous les enseignements de droit civil. Les travaux dirigés exigent d'abord des étudiants qu'ils aient assimilé les notions et mécanismes expliqués en cours. Pour éprouver cette assimilation, rien n'est mieux qu'un exercice pratique d'application. Les séances de travaux dirigés ont également pour but d'encourager les étudiants à approfondir eux-mêmes leurs connaissances en suivant les conseils de lecture du professeur chargé du cours.

Les étudiants doivent maîtriser les quatre exercices suivants : le commentaire de texte et la dissertation, l'analyse d'arrêt et la consultation juridique. Les deux premiers exercices sont théoriques, les deux derniers sont pratiques.

La méthode de chaque exercice sera exposée et suivie d'un exercice, puisé dans l'une des quatre matières de droit civil de première année : l'introduction générale au droit, le droit des personnes et des incapacités, le droit de la famille ou le droit des biens.

Est-il besoin de dire que l'écriture manuscrite doit être soignée. La clarté et la propreté du devoir ne sont pas des qualités désuètes. Elles valorisent une copie moyenne. À l'inverse, un manuscrit sale et truffé de fautes d'orthographe et de grammaire altérera sérieusement l'appréciation d'une copie, cependant construite et argumentée.

LE COMMENTAIRE DE TEXTE

Méthode

Le texte à commenter peut être très divers, puisqu'on y retrouve les trois sources du droit que sont la loi, la jurisprudence et la doctrine. Le texte légal peut être extrait du Code civil, d'un autre code, d'une loi non codifiée ou d'un projet de loi. Le texte peut avoir été écrit par un grand professeur de droit : l'extrait à commenter est tiré de l'un de ses articles, traités ou monographies. Par contraste, la décision de justice (jugement, ordonnance ou arrêt) est un texte si spécifique que son analyse et son commentaire obéissent à une méthode distincte. Le commentaire de texte n'est rien d'autre qu'une explication complète et ordonnée. À l'image d'un linge trempé à essorer, il faut en extraire tout le jus jusqu'à l'assèchement.

D'abord, il faut lire et relire le texte plusieurs fois pour s'en imprégner totalement. À la troisième lecture, il est aisé de retrouver le thème général de ce texte pour le mettre en perspective avec un chapitre de votre cours, ce qui doit vous aider. Il faut souligner les notions juridiques visées par le texte étudié. Ces notions devront être définies dans votre commentaire, ainsi que le(s) mécanisme(s) juridique(s) cité(s) qui devra(ont) également être expliqué(s) et illustré(s). L'examen au fond doit partir de ce qui est écrit et est explicite, puis vous devez vous interroger sur ce qui n'est pas dit mais qui vous a été enseigné. Il faut toujours commencer par rappeler des évidences avant de vous éloigner du texte.

Ensuite, le fond ayant été examiné au brouillon, il convient de rechercher le plan de son commentaire. Le plan n'est que la mise en forme des idées. Mais le plan d'un commentaire de texte n'est pas libre. Il faut respecter la structure interne du texte, repérer les termes d'articulation. Le plan du commentaire de texte est donné par le texte lui-même ; son étude doit donc l'épouser. Ce n'est que si le texte est long qu'il peut être envisagé de déceler deux axes transversaux pour nourrir le plan.

Enfin, l'introduction du commentaire doit présenter le texte sans aborder le fond. Seul le thème général peut être annoncé. L'extrait doit être replacé dans le texte et dans son contexte. Il faut alors être attentif au temps et à l'espace. S'il s'agit d'un article du Code civil, il faut se demander d'abord s'il date de 1804 ou s'il a été introduit par une loi modificative. Quel était le thème de cette loi ? Que voulait le législateur ? Simplifier ou réformer ? Refondre le régime d'une institution ou répondre à un problème contemporain ? Le dispositif antérieur était-il vieilli, compliqué ou incomplet ? Il faut aussi se demander que représente l'extrait du texte. S'agit-il d'un article de tête qui annonce les principes directeurs d'une réforme ? S'agit-il d'un article de rattrapage, qui complète une réforme passée. Bref, il faut se demander si ce texte doit être mis en perspective avec d'autres règles et dire lesquelles. S'il s'agit, par contraste, d'un article unique qui pose une règle indépendante, il faut se demander s'il est à sa bonne place dans le Code civil, au regard de l'articulation détaillée de son plan. L'intitulé qui couvre l'article à commenter n'est sans doute pas indiqué dans le sujet, mais c'est à vous, en ouvrant votre Code civil, le jour de l'examen ou en préparant cet exercice, de le rechercher et de le confronter au texte. Après avoir replacé l'extrait dans le texte complet et dans son contexte législatif, il faut expliquer son utilité, son apport ou ses lacunes. Bref, se diriger vers son contenu. N'oubliez pas d'annoncer votre plan, en fin d'introduction, avant de débuter le commentaire.

La méthode du commentaire de texte de loi est transposable au texte extrait d'une étude doctrinale. Toutefois, cet exercice est un peu plus difficile car il suppose de connaître le professeur de droit qui est l'auteur du texte. En effet, il convient dans l'introduction de replacer l'extrait dans le texte et le texte dans l'œuvre de l'auteur. Il convient aussi de replacer l'extrait dans son contexte et dans la vie de l'auteur. Il faut encore ne jamais commenter le texte en se plaçant à la date où le texte a été écrit mais au jour où il est à commenter. Il faut alors s'interroger sur la permanence de la pensée doctrinale, sur son caractère visionnaire ou au contraire complètement dépassé.

À titre de complément et d'illustrations du commentaire de texte, on lira avec intérêt : 1) Gilles Raoul-Cormeil, « Commentaire d'un extrait de la première préface par Henri Capitant, *Les Grands Arrêts de la jurisprudence civile*, Dalloz, 1934 », *in* Bernard Beignier et Corinne Bléry, *Introduction au droit*, 4e éd., Montchrestien, coll. « Cours LMD », 2014, p. 673 à 687.

2) Jérôme Julien, « Commentaire du § 573, extrait de Charles Aubry et Charles Rau, *Cours de droit civil français, d'après la méthode de Zachariae*, 5e éd. par E. Bartin, Paris, 1917 », *in* Bernard Beignier et Corinne Bléry, *Introduction au droit*, préc., p. 727 à 736.

Le commentaire de loi : l'article 2 du Code civil

Sujet

Commentez le texte suivant : « La loi ne dispose que pour l'avenir ; elle n'a point d'effet rétroactif. » (Le sujet est extrait du programme d'introduction générale au droit.)

Éléments du corrigé

Le texte reproduit est l'article 2 du Code civil, un texte inchangé depuis la promulgation du Code par Napoléon 1er le 21 mars 1804. C'est le deuxième article du titre préliminaire du Code civil qui en contient désormais sept (depuis la loi du 17 mai 2013 ayant ajouté un article 6-1). Connu sous le nom de « La non-rétroactivité de la loi nouvelle », l'article 2 du Code civil est important car son contenu rayonne sur toute la législation. Ce texte ne peut être compris sans définir la loi. Si la loi est une notion antique, connue des cités grecques et romaines, le sens qu'elle recouvre a évolué et est devenu technique. Il faut aujourd'hui distinguer la loi au sens formel et la loi au sens matériel. Au sens formel, la loi est un texte émanant du Parlement et promulgué par le président de la République ; elle obéit à une procédure énoncée par la Constitution du 4 octobre 1958. Au sens matériel, la loi est une règle de droit, abstraite et conditionnelle. Toute loi au sens formel contient en principe une loi au sens matériel, même si les lois dites « mémorielles » illustrent le cas, au demeurant assez rare, où la loi formelle ne contient aucune règle de droit. Siège du droit transitoire, l'article 2 est important et doit être rapproché de l'article 1er du Code civil, réécrit par une ordonnance du 21 février 2004, sous la réserve de définir et de distinguer le mécanisme de l'entrée en vigueur régi par l'article 1er du Code civil et le domaine d'application de la loi dans le temps.

En attendant, la règle de non-rétroactivité n'est pas spécifique au droit civil. En droit pénal, les lois pénales plus sévères ne peuvent jamais être rétroactives. La non-rétroactivité de la loi pénale plus sévère est une règle qui a une valeur constitutionnelle et s'impose au législateur. La jurisprudence du Conseil constitutionnel (décision DC du 16 juillet 1971) fait écho notamment à l'article 7 de la Convention européenne des droits de l'homme et à l'article 112-1 du Code pénal, aux termes duquel « sont seuls punissables les faits constitutifs d'une infraction à la date à laquelle ils ont été commis. Peuvent seules être prononcées, les peines légalement applicables à cette date ». En revanche, un principe de faveur autorise la rétroactivité des lois pénales plus douces ; la jurisprudence privilégie cette rétroactivité *in mitius.*

La signification de la règle de la non-rétroactivité de la loi nouvelle est liée à son domaine d'application. L'article 2 du Code civil contient deux phrases et, partant, ce texte énonce deux règles de droit. La première est expresse : la loi nouvelle s'applique à l'avenir, à la situation postérieure à son entrée en vigueur (I). La seconde règle est implicite : la loi ancienne continue à s'appliquer au passé, c'est-à-dire à la situation antérieure à l'entrée en vigueur de la loi nouvelle (II).

I. Application de la loi nouvelle à la situation à venir

Cette règle a un sens (A) et une valeur (B).

A. Le sens de la règle

Pour comprendre ce texte, il faut définir la notion d'entrée en vigueur. Une loi entre dans le système juridique au jour où elle est promulguée par le chef de l'État. Réputée parfaite, la loi n'en demeure pas moins passive. Elle n'est pas encore activée. Elle le sera à son entrée en vigueur. La détermination de cette date est régie par l'article 1er du Code civil qui est, en principe, le lendemain de sa publication au *Journal officiel* et, par exception, à la date fixée par la loi nouvelle à moins que l'entrée en vigueur soit subordonnée à la publication d'un décret d'application. Mais lorsque la loi entre en vigueur, à quels faits s'applique-t-elle ? C'est la question de la détermination de son domaine d'application. L'article 2 du Code civil vise les faits et les événements postérieurs à son entrée en vigueur. La loi n'est pas rétroactive lorsqu'elle s'applique pour l'avenir.

La philosophie de l'article 2 du Code civil est le respect de la sécurité juridique. Comment pouvoir se plier à la loi si on découvre qu'une loi nouvelle s'applique au passé ? Seule une loi qui est déjà connue peut être respectée. La possibilité de différer à une date postérieure l'entrée en vigueur est extérieure à l'article 2 du Code civil, mais cette faculté offerte au législateur est conforme à la philosophie de l'article 2 du Code civil puisqu'elle permet aux destinataires de la loi nouvelle de disposer d'un délai pour découvrir son existence et ainsi, de mieux se préparer à s'y soumettre.

B. La valeur de la règle

La règle énoncée à l'article 2 du Code civil est de valeur législative. Elle ne s'impose pas au législateur mais seulement aux autorités habilitées à prendre des textes de valeur inférieure à la loi. Un décret pris par le gouvernement, avec ou sans avis du Conseil d'État, ne peut jamais être rétroactif. Il en est de même *a fortiori* des arrêtés ministériels, préfectoraux et municipaux. Ils sont soumis à l'article 2 du Code civil.

En droit civil, au sens large, le législateur peut déroger par une loi spéciale à ce texte. Une loi nouvelle ne peut s'appliquer au passé que si une disposition transitoire le prévoit en toutes lettres. On parle en ce cas d'une loi expressément rétroactive.

L'illustration légale la plus célèbre est la loi du 17 nivôse an II (6 janvier 1794) a rétabli l'égalité du partage, rétroactivement, dans toutes les successions ouvertes à compter du 14 juillet 1789. Récente et tout aussi symbolique est la loi sur la transition énergétique pour la croissante verte. Le Code du travail oblige désormais l'employeur à verser au salarié « une indemnité kilométrique vélo » (article L. 3261-3-1 du Code du travail). Publiée au *Journal officiel* du 18 août 2015, cette loi n° 2015-992 prévoit, en son article 50, qu'elle « entre en vigueur le 1er juillet 2015 ». La référence à l'« entrée en vigueur » est ici confuse car la même loi subordonne l'application de la loi nouvelle à un décret fixant les conditions de calcul de cette indemnité. En effet, tant que le décret d'application n'est pas publié, il est faux de dire que la loi est déjà en vigueur ! C'est là une bizarrerie que l'on peut expliquer avec le mécanisme de rétroactivité de la loi nouvelle. En effet, dès que le décret d'application sera publié, la loi nouvelle pourra entrer en vigueur et l'employeur sera tenu de l'appliquer de manière rétroactive, à compter de la date fixée par le législateur.

En somme, ces lois nouvelles rétroactives s'appliquent donc à des situations passées, antérieures à leur entrée en vigueur dite « effective », pour souligner la différence avec ce que dit la loi.

Mais l'application rétroactive ne peut débuter avant l'entrée en vigueur de la loi nouvelle, le lendemain de sa publication, comme elle ne peut, à plus forte raison, entrer en vigueur avant que ne paraisse le décret d'application qui précise ses conditions de mise en œuvre.

Il paraît essentiel pour la sécurité juridique qu'une loi ne soit rétroactive qu'à la condition de le prévoir expressément. S'il existe, ce principe n'est, toutefois, pas absolu. Ce principe souffre d'une exception.

Sont ainsi tacitement rétroactives les lois dites « interprétatives ». Ce type de loi n'a pas d'existence autonome ; la loi interprétative fait corps avec la loi interprétée ; elle la complète ou la corrige ; elle la perfectionne en substance. La loi interprétative s'applique donc rétroactivement à compter de l'entrée en vigueur de la loi interprétée. Ainsi toute nouvelle loi rétroactive remet en cause les effets de la loi ancienne. Mais la rétroactivité de la loi nouvelle demeure une exception. La loi nouvelle ne s'applique qu'après son entrée en vigueur sans remettre en cause le passé, gouverné par la loi ancienne.

II. Application de la loi ancienne à la situation passée

L'article 2 du Code civil énonce une autre règle : la loi ancienne continue à s'appliquer au passé.

Cette règle, implicite, a un fondement (A) et connaît un tempérament (B).

A. Le fondement de l'autre règle

Avant l'entrée en vigueur de la loi nouvelle, il faut continuer à appliquer la loi ancienne. Autrefois, on justifiait cette autre règle par la théorie des droits acquis, c'est-à-dire la protection par la loi contre l'arbitraire du pouvoir législatif. Aujourd'hui, on fait référence au principe de sécurité juridique. Même si la loi nouvelle est rétroactive, il faut continuer à appliquer la loi ancienne jusqu'à l'entrée en vigueur de la loi ancienne et ne pas anticiper.

De manière générale, la loi nouvelle qui n'est pas rétroactive respecte la loi ancienne et les effets qu'elle a produits sur le passé, même si elle s'applique immédiatement. On peut citer, à titre d'exemple, une loi nouvelle qui abrège un délai de prescription.

Le Code civil régit le conflit de lois dans le temps des règles de prescription extinctive. En vertu de l'article 2222, alinéa 1er de ce code : « En cas de réduction de la durée du délai de prescription ou du délai de forclusion, ce nouveau délai court à compter du jour de l'entrée en vigueur de la loi nouvelle, sans que la durée totale puisse excéder la durée prévue par la loi

antérieure. » Ainsi lorsqu'elle remplace un délai de dix ans par un délai de cinq ans, à l'issue duquel l'écoulement du temps a éteint le droit subjectif, si le délai de la loi ancienne a complètement couru dans le passé (les dix ans se sont écoulés), alors la loi nouvelle ne peut redonner vie à ce droit éteint. La loi nouvelle prend donc en considération le délai passé sous l'empire de la loi ancienne pour que le délai nouveau (cinq ans), qui s'applique dorénavant à un droit qui n'est pas éteint, ne soit pas allongé. En définitive, la loi nouvelle et la loi ancienne se combinent pour former une double limite.
C'est le même mécanisme qui s'applique lorsque la loi nouvelle allonge, à l'inverse, le délai de prescription. Selon l'article 2222 du Code civil, alinéa 1er du Code civil : « La loi qui allonge la durée d'une prescription ou d'un délai de forclusion est sans effet sur une prescription ou une forclusion acquise. Elle s'applique lorsque le délai de prescription ou le délai de forclusion n'était pas expiré à la date de son entrée en vigueur. Il est alors tenu compte du délai déjà écoulé. » Maintenant que le respect des effets de la loi ancienne a été fondé sur la sécurité juridique et illustré, on peut envisager le tempérament de cette règle.

B. Le tempérament de l'autre règle

Exceptionnellement, la loi ancienne continue à s'appliquer aux faits nouveaux qui vont naître après l'entrée en vigueur de la loi nouvelle. La théorie de la survie de la loi ancienne joue en matière contractuelle. Si le contrat est valable au regard de la loi ancienne, alors il continue de produire ses effets sous l'empire de la loi nouvelle. Il en est de même des actes de procédure qui sont ceux prescrits pas la loi ancienne lorsque l'instance a été engagée avant l'entrée en vigueur de loi nouvelle.
Ce tempérament a une limite. Si la loi nouvelle est d'ordre public, elle va s'appliquer immédiatement et ainsi corriger le contrat passé. Une loi nouvelle ne remet pas en cause le passé mais ordonne : « maintenant c'est terminé ! ». On qualifie alors la loi nouvelle de rétrospective parce qu'elle modifie une situation en cours, pour l'avenir seulement. En pratique, les lois nouvelles ne sont pas toujours expressément impératives. Il revient à la doctrine puis à la jurisprudence, le cas échéant, de combler cette lacune. Si une loi nouvelle devait à l'avenir réglementer les loyers en fixant un montant plafond, il est évident qu'elle se réclamerait de l'ordre public de direction ; elle serait impérative dans son esprit, à défaut de l'être dans sa lettre. Bien imprudent serait le bailleur qui continuerait à appliquer

le contrat et la loi en vigueur au jour de sa formation (*lex lata*), préférant attendre d'être condamné par le juge des loyers avant de se soumettre spontanément à cette loi nouvelle (*lex feranda*), dès son entrée en vigueur !

Pour aller plus loin : On consultera avec intérêt un ou deux ouvrages d'introduction au droit, cités dans la bibliographie. Lire aussi l'article de Hélène PÉROZ, « L'articulation des articles 1 et 2 du Code civil », in *Mélanges dédiés à la mémoire du Doyen Jacques Héron*, Montchrestien, 2008, p. 411 à 424.

Le commentaire de texte doctrinal : la condition animale selon Bentham

Sujet

Commentez le texte suivant : « LIMITES ENTRE L'ÉTHIQUE PRIVÉE ET L'ART DE LA LÉGISLATION. [...] L'éthique en général peut être définie comme l'art de diriger les actions des hommes vers la production de la plus grande quantité possible de bonheur, pour ceux dont on considère l'intérêt. [...] Les agents qui, tout en étant sous l'influence de la direction humaine, sont susceptibles de bonheur [...] sont [...] les êtres humains que l'on appelle des personnes [et] les autres animaux qui, parce que leurs intérêts ont été négligés par l'insensibilité des anciens juristes, sont dégradés au rang de *choses*. »

« Dans les religions des *Gentous* et des mahométans, les intérêts du reste de la création animale semblent avoir reçus une certaine attention. Pourquoi n'ont-ils pas universellement reçu la même attention que les intérêts des créatures humaines, en tenant compte des différences de sensibilité ? Parce que les lois qui existent ont été l'œuvre de la crainte mutuelle, un sentiment dont les animaux moins rationnels n'ont pas eu les moyens de tirer le même profit que l'homme. Pourquoi ne devrait-on pas les prendre en compte ? On ne peut invoquer aucune raison pour justifier cela. S'il ne s'agissait que du fait qu'on les mange, il y aurait de très bonnes raisons pour que l'on supporte que nous mangions ceux que nous aimons manger : nous ne nous en trouvons que mieux et ils ne s'en trouvent pas plus mal. Ils ne sont en effet capables d'aucune de ces anticipations prolongées du malheur futur qui nous caractérisent. La mort que nous leur infligeons est d'ordinairement plus rapide, et de ce fait moins douloureuse, que celle qui les attendrait dans le cours inévitable de la nature, et il est toujours possible de faire en sorte que ce soit le cas. S'il ne s'agissait que du fait qu'on les tue, il y aurait de très bonnes raisons pour que l'on supporte que nous tuions les animaux qui nous importunent, car, s'ils vivaient, nous nous en trouverions plus mal, tandis qu'ils ne se trouveraient pas plus mal d'être morts. Mais y a-t-il des raisons de supporter que nous les tourmentions ? Je n'en vois aucune. Y a-t-il des raisons de ne *pas* supporter que nous les tourmentions ? Oui, il y en a plusieurs. Il fut un temps, et j'ai le regret de constater qu'en de nombreux endroits c'est toujours le cas, où la plus grande partie de notre espèce, à laquelle on donnait le nom d'esclaves, était traitée par la loi exactement sur le même plan que sont encore les races d'animaux inférieurs, en Angleterre, par exemple. »

« Le jour arrivera *peut-être* où le reste de la création animale acquerra les droits que seule une main tyrannique a pu leur retirer. Les Français ont déjà découvert que la noirceur de la peau n'était pas une raison pour abandonner un homme au caprice de ses persécuteurs sans lui laisser aucun recours. Peut-être admettra-t-on un jour que le nombre de jambes, la pilosité de la peau ou la terminaison de l'*os sacrum* sont des raisons tout aussi insuffisantes d'abandonner une créature sensible à ce même sort. Quel autre critère doit permettre d'établir une distinction tranchée ? Serait-ce la faculté de raisonner, ou peut-être la faculté du langage ? Mais un cheval parvenu à maturité ou un chien adulte est un être incomparablement plus rationnel qu'un nouveau-né âgé d'un jour, d'une semaine ou même d'un mois ; il a aussi plus de conversation. Mais à supposer qu'il n'en soit pas ainsi, qu'en résulterait-il ? La question n'est pas : "Peuvent-ils raisonner ?" Ni : "Peuvent-ils parler ?" Mais bien : "Peuvent-ils souffrir" ? »

Jeremy BENTHAM (*London*, 1748-1832), *Introduction aux principes de morale et de législation*, 1789, rééd., Vrin, 2011, p. 324 à 325. (Le sujet est extrait du programme d'introduction générale au droit et du droit des biens.)

Éléments du corrigé

[Présentation du texte] Cité par des philosophes (*cf.* notamment Luc Ferry, *Le Nouvel Ordre écologique*, Grasset, 1992, p. 67), ce passage est l'extrait de l'*Introduction aux principes de morale et de législation* que

Jeremy Bentham a fait paraître en 1789. Dans cet extrait, l'auteur regrette le sort que la loi réserve aux animaux, êtres vivants et proches de l'homme à l'aune de la biologie. Sa promotion de la condition animale est moderne. Rédigé en 1789, ce texte aurait pu l'être tout autant par l'un des vingt-quatre intellectuels qui ont réclamé le 24 octobre 2013, dans un manifeste rendu public sur le site de la Fondation 30 Millions d'Amis, un changement du statut des animaux dans le Code civil et sa reconnaissance d'être sensible. Parmi les 24 signataires figurent les philosophes Michel Onfray et Luc Ferry, l'écrivain Erik Orsenna, de l'Académie française, l'astrophysicien Hubert Reeves, président de Humanité et biodiversité, et Matthieu Ricard, moine bouddhiste et docteur en génétique cellulaire... L'actualité du sujet se manifeste par le fait que le législateur français a suivi ce mouvement. Une proposition de loi du 7 octobre 2013 suggérait de définir les animaux comme des « êtres vivants doués de sensibilités en ce qu'ils sont dotés d'un système nerveux les rendant scientifiquement aptes à ressentir la douleur et à éprouver des émotions ». Un député, Jean Glavany, ancien ministre de l'Agriculture, a fait ajouter par amendement cette définition dans le projet de loi de simplification du droit, au cours de la deuxième lecture, provoquant un nouveau désaccord entre les deux chambres du Parlement. Alors que le Sénat a écarté ce texte en nouvelle lecture, le 22 janvier 2015, l'Assemblée nationale l'a réintroduit en nouvelle lecture, le 28 janvier 2015, pour rendre sans intérêt une nouvelle proposition de loi bien plus audacieuse (proposition de loi du 29 avril 2014 sur le statut juridique de l'animal). Quoi qu'il en soit, le Code civil dispose désormais (loi n° 2015-177 du 16 février 2015, art. 2), en son article 515-14, que « Les animaux sont des êtres vivants doués de sensibilité. Sous réserve des lois qui les protègent, les animaux sont soumis au régime des biens ». Le texte de Jeremy Bentham aurait pu lui tenir d'exposé des motifs, s'il n'était pas séparé de notre législateur par deux siècles et une mer : la Manche.

[Extrait replacé dans la vie, l'œuvre et le texte de l'auteur] Jeremy Bentham fut un philosophe du droit et un jurisconsulte anglais, né à Londres en 1748 et mort dans cette capitale en 1832. Disciple de Hobbes et d'Helvetius, il a été le fondateur de l'utilitarisme moral. Le principe d'utilité est défini à plusieurs reprises dans son *Introduction aux principes de morale et de législation*. Il l'est notamment dans les premières lignes de cet extrait. L'utilitarisme est le principe du plus grand bonheur du plus grand nombre de personnes. La recherche du bon plaisir est le ressort de l'action qui est au fondement de la psychologie humaine. Elle doit donc pouvoir fonder les lois civiles et pénales d'un État. Son œuvre a eu une grande influence sur la politique du XIXe siècle. La philosophie de Bentham fit école, outre James Mill (1773-1836) et John Stuart Mill (1806-1873), à propos de l'utilitarisme moral, il convient de citer Henry Salt et Peter Singer pour ce qui concerne le mouvement de libération animale. L'œuvre de Bentham dépasse la philosophie utilitariste : Bentham est connu des juristes pour ses travaux sur la codification et sur la déontologie. Il est le père de ce néologisme construit à partir de deux termes grecs : « la science (la connaissance : *logos*) de ce qui est convenable (*deon*) ». Le présent texte qu'il nous faut maintenant commenter est présent dans le 17e et dernier chapitre de son *Introduction aux principes de morale et de législation*, dans un paragraphe intitulé : « Limites entre l'éthique privée et l'art de la législation ». L'essentiel de l'extrait est une digression de sa pensée, placée dans une note de bas de page sous le titre : « Que les intérêts des animaux inférieurs ont été négligés à tort par la législation ». L'extrait développe deux idées-forces. Dans un premier temps, Bentham regrettait que l'animal soit une chose et non pas un sujet de droit (I). Dans un second temps, l'auteur prônait la protection de l'animal sans renier la philosophie utilitariste (II).

I. L'animal, une chose et non pas un sujet de droit

Bentham reproche au législateur d'avoir négligé l'intérêt des animaux et de les avoir dégradés au rang de choses. Il avance deux explications : l'animal ne pourrait pas obéir au législateur ; l'animal est utile à l'homme qui a besoin de l'instrumenter.

A. L'animal devant les lois de ceux qui nous gouvernent

La première raison de la dégradation de l'animal au rang de chose est qu'il n'a pas conscience de lui-même, ni du droit.

Les animaux sont des êtres vivants, sensibles, qui se meuvent par eux-mêmes. Leur intelligence est variable selon leur espèce. Ils ont la faculté d'assimiler des informations, comme le démontrent les animaux de cirque. Mais, ainsi que le soulignait Bentham, cette intelligence n'est pas suffisante pour le législateur. Les animaux n'ont pas assez d'esprit ou de faculté de conscience pour avoir peur du législateur. La « crainte » de l'autorité qui gouverne n'a pas de prise sur les animaux. Aussi ceux-ci ne peuvent pas être des sujets de droit, ni même des sujets du roi. Cet argument semble insuffisant pour Bentham : « On ne peut invoquer aucune raison pour justifier cela. »

Les animaux ont une espèce d'intelligence. Ils communiquent avec les hommes. Bentham évoque leur « conversation. » Les animaux jouent avec les hommes et leur rendent des services. Leur *sociabilité* est suffisante pour ne pas les considérer comme des choses comme les autres. Alors pourquoi l'animal n'aurait-il pas assez de valeur en lui-même pour être élevé au rang de sujet de droit ? Bentham entretient une confusion dans le monde du vivant. Bentham cite les hommes, les êtres vivants, comme étant « d'autres animaux », partageant une même sensibilité. On retrouve aussi cette idée dans le vocabulaire employé pour désigner l'animal : des jambes, une peau, un *os sacrum*. La pilosité et la présence d'une queue pour terminer la colonne vertébrale paraissent en effet bien accessoires. La philosophie de Bentham n'a que plus de force maintenant qu'elle repose sur les travaux des biologistes car la définition de l'organisme vivant est unique. Il n'y a pas d'organisme vivant, humain ou animal, 1/ sans cellule, 2/ sans métabolisme, 3/ sans croissance et 4/ sans reproduction. Ce quadruple critère est identique à l'homme et à l'animal. Mais est-ce que la sensibilité et la biologie sont les critères du sujet de droit ? Rien n'est moins sûr.

La seconde raison de la dégradation de l'animal au rang de chose est qu'il n'est pas la création du législateur. Un sujet de droit n'est pas seulement protégé par les règles de droit ; il est aussi, et surtout, le destinataire des règles de droit. Il a des devoirs, des obligations. L'animal n'est pas sujet de droit, parce que cela n'aurait aucun sens d'assigner un animal en justice et de lui reprocher d'avoir violé une règle de droit. En 1789, la Révolution française va mettre fin à ces parodies de procès de l'ancien droit où l'on jugeait les animaux et les condamnait à des sanctions telles que la peine de mort !

Cette idée semblait insupportable à Bentham qui regrettait la diversité culturelle. Le droit n'est pas universel, même si la déclaration des droits de l'homme et du citoyen avait cette vocation universelle ! La place que les religions réservent à l'animal est forcément intéressante en Inde, chez les *Gentous*, ou dans la religion musulmane, chez *les mahométans*, parce que la religion continue à regarder avec infiniment de respect le Créateur, qu'on l'appelle Dieu ou le Grand Architecte de l'univers. L'animal est créé par la même divinité que l'homme. Mais, en droit, l'être humain, et seulement l'être humain, est sujet de droit. Le droit objectif est conçu pour l'homme et par des hommes. L'homme est la finalité du droit, ce qui explique que l'animal soit à la disposition de l'homme.

B. L'animal et la nourriture des hommes

En premier lieu, l'animal est dégradé au rang de chose parce que l'animal est la nourriture des hommes. Bentham n'était pas végétarien : il ne condamne pas dans cet extrait les mangeurs d'animaux, ni ne regrette le sort des poissons, volailles, veaux, vaches et cochons dont les hommes font leur alimentation. Pour Bentham, il serait insupportable de ne pas élever l'animal à la condition de sujet de droit et de le laisser se faire manger. En Inde, les vaches sacrées ne sont pas tuées et dévorées. En Europe, au siècle de Bentham, le législateur interdisait déjà le cannibalisme. Dans quelle civilisation digne de ce nom peut-on admettre que les hommes se dévorent entre eux ? Il n'est peut-être pas vital pour l'homme de se nourrir d'animaux, mais « le plus grand bonheur du plus grand nombre » est encore de les manger. À l'aune de la philosophie benthamienne, on serait tenté de rechercher toutes les utilités que représente l'animal pour l'homme : à « l'animal de boucherie » (art. L. 213-6 du Code rural et de la pêche maritime), il faut ajouter *l'animal de ferme* utilisé pour sa force de travail, *l'animal de cirque*, *l'animal de compétition* et *l'animal de laboratoire* dont les biologistes ont besoin pour mettre au point des médicaments pour les hommes et les animaux. Il faudrait aussi citer, bien sûr, l'animal soldat, eu égard au martyr équin de la retraite de Russie (Berezina, 1812) et de la Grande Guerre (1914-1918). Dans cette classification des animaux distingués en fonction de leur utilité pour l'homme, deux catégories d'animaux sont à part : les domestiques et les nuisibles. L'animal domestique est loué pour son aptitude à créer un lien avec l'homme : une affection réciproque entre lui et son maître caractérise cet animal humanisé. À l'inverse, l'animal nuisible suscite l'horreur parfois, plus souvent le dégoût des hommes. Le bon plaisir de l'homme est alors de ne pas les voir et, partant, de les exterminer, pour s'en débarrasser (*les raticides*). Est-ce vraiment convenable ?

En second lieu, Bentham compare la législation à l'état de nature. Une civilisation en marche cherche à faire bénéficier les progrès de tout ordre au plus grand nombre. La mort de l'animal, même si elle est le fait de l'homme, est souvent un progrès : en effet, l'animal souffre moins sous l'action mortifère de l'homme que suivant le cours inévitable de la nature qui leur réserve une mort lente et douloureuse en cas de maladie, ou brutale et sauvage lorsqu'il est dévoré par un prédateur. Si l'animal souffre moins que dans la nature, il importerait peu que sa condition reste inférieure à celle de l'homme. Dans tous les cas, les animaux ne sont pas capables de « ces anticipations prolongées du malheur futur qui nous caractérisent ». Partant, Bentham semble ici faire appel à notre conscience, à notre sens de l'éthique, à la recherche de ce qui est convenable. Il ne faut pas traiter les animaux comme de simples choses, sur lesquels l'homme aurait droit de vie et de mort, et le pouvoir de les tuer sans se soucier de ce qu'ils ressentent et de ce qu'ils représentent pour l'humanité et la nature. Ses développements sur l'esclavage pourraient donner à penser que l'abolition de l'esclavage aurait dû entraîner, dans son élévation, le plus grand respect pour les races inférieures d'animaux. On doit surtout cesser d'opposer les personnes aux choses si l'on veut apercevoir l'idée de protection.

II. L'animal, un être digne de la protection du droit ?

Lorsque Bentham évoque la « création animale », il s'enferme dans un singulier assez réducteur qui laisse l'animal dans la catégorie des êtres asservis (A), alors que sa condition d'être sensible est suffisante pour le rendre digne de protection du droit (B).

A. L'animal, un être asservi

Bentham comparait les animaux, du moins les « races d'animaux inférieurs », aux esclaves, en souhaitant aux premiers le sort des seconds, c'est-à-dire qu'ils acquièrent « les droits que seule une main tyrannique a pu leur retirer ». Cette comparaison est intéressante parce que Bentham évoque l'ambition politique des Lumières (Montesquieu, *De l'esprit des lois*, 1748 ; Chevalier de Jaucourt, *L'Encyclopédie*, 1755, *v*is « Esclavage » et « Traite des nègres ») de convaincre le législateur d'abolir l'esclavage. Il est vrai que ce mouvement a commencé plus tôt en Angleterre : la traite négrière fut abandonnée en 1803 et, en 1833, l'esclavage a été interdit dans les colonies anglaises d'Amérique. En France, Louis XVI, par une ordonnance du 8 mai 1779, a renouvelé l'abolition du servage et du

droit de suite en France. Mais le 28 novembre 1789, l'Assemblée constituante a cédé à la demande du club Massiac de maintenir l'esclavage dans les colonies, en dépit des efforts de ses membres éminents, tels Mirabeau, La Fayette, Sieyès et la Société des amis des Noirs. Un décret du 15 mai 1791 permettait une avancée de compromis ; mais il fut abrogé le 24 septembre suivant. Il faudrait citer l'énergie de Robespierre et de Condorcet. Par décision unilatérale, le commissaire de la Convention de Saint-Domingue (Nord et Ouest), Léger-Félicité Sonthonax, avait décidé le 29 août 1793 d'abolir l'esclavage. La décision fut ratifiée et généralisée par un décret du 16 pluviôse an II (4 février 1794). Mais huit ans plus tard, Napoléon Bonaparte a rétabli l'esclavage par la loi du 20 mai 1802. Bentham est mort en 1832 avant que l'état civil ne fût ouvert aux esclaves français en 1839 et qu'ils ne retrouvent définitivement leur liberté par le décret du 27 avril 1848 qui porte le nom de son instigateur : Victor Schœlcher, sous-secrétaire d'État à la marine et aux colonies.
La comparaison de l'animal à l'esclave est cependant excessive, parce qu'il n'existe qu'une seule espèce humaine depuis l'extinction de l'homme de Neandertal. Tous les êtres humains ont des gènes compatibles. Il n'existe pas plusieurs races d'hommes. L'unité de l'humanité fonde l'égalité de traitement, l'égalité devant la loi. C'est en cela qu'il y a une différence assez forte avec les animaux, bien que ces êtres vivants soient également sensibles.

B. L'animal, un être sensible

Vivant et sensible, l'animal peut souffrir. Or, cette faculté de ressentir la souffrance est commune à l'homme et à l'animal et devrait obliger le premier à mieux traiter le second. Bentham est ici un avant-gardiste. Alors que le Code civil ne voit dans l'animal une utilité, une richesse ou un bien que l'homme peut exploiter comme n'importe quelle chose, la loi dite « Grammont » du 2 juillet 1850 condamne les mauvais traitements exercés envers les animaux domestiques. Cette protection est toutefois tournée vers les hommes, car il s'agit de sauvegarder la sensibilité et la moralité publiques. L'animal ne sera protégé pour lui-même qu'à partir du décret du 7 septembre 1959 qui a supprimé la condition de publicité. Il faut citer ensuite deux lois : 1/ la loi n° 63-1143 du 19 novembre 1963 relative à la protection des animaux a créé le délit d'acte de cruauté envers les animaux domestiques, apprivoisés ou tenus en captivité et 2/ la loi n° 76-629 du 10 juillet 1976 relative à la protection de la nature dont l'article 9 dispose que « tout animal étant un être sensible doit être placé par son propriétaire dans des conditions compatibles avec les impératifs biologiques de son espèce ». La règle figure aujourd'hui à l'article 214-1 du Code rural et de la pêche maritime. L'essentiel réside dans cette protection pénale des animaux que Bentham ne réclamait pas encore : pour preuve, la condition animale est traitée dans ce 17e chapitre des *Principes de morale et de législation* au titre « Des limites de la branche pénale de la jurisprudence ».

Avant-gardiste, louable ou simplement respectable, la pensée de Bentham est, nous semble-t-il, en partie critiquable. Tout le règne animal ne peut pas être traité uniformément par la loi des hommes. L'inégalité est dans la nature et dans le monde animal. La biologie confirme cette approche : l'aptitude à ressentir la douleur varie selon que l'être vivant est vertébré (*mammifère, poisson, oiseau*) ou invertébré (*le monde pluriel des insectes*). L'inégalité devant la souffrance peut justifier une gradation dans la protection animalière. Pourtant, cette approche raisonnable a été condamnée par des philosophes à partir des années 1970. Si la préférence pour certains animaux (*les animaux de compagnie*) par rapport à d'autres (*les animaux d'élevage*) justifie une protection graduée (*par exemple, on ne mange pas de chien ; on ne maltraite pas le cochon, mais on peut le manger*), alors cette discrimination animale serait assimilable au racisme ou au sexisme. À partir du mot anglais *speciesism*, ces philosophes ont nommé « spécisme » la discrimination fondée sur le critère de l'espèce animale. Les défenseurs de la pensée zoophile contemporaine se disent alors antispécistes ; ils soutiennent que l'espèce n'a en tant que telle aucune pertinence morale pour justifier des nuances dans le traitement animal. Le moyen de réconcilier les spécistes et les antispécistes est, peut-être, en définitive de replacer le vivant dans la protection juridique de l'environnement et de l'écosystème.

Pour aller plus loin : On consultera avec intérêt un ou deux ouvrages de droit des biens, cités dans la bibliographie. Parmi une littérature juridique d'une grande richesse sur ce thème, lire aussi les articles de Jean-Pierre MARGUÉNAUD, « La personnalité juridique des animaux », in *Recueil Dalloz*, 1998, chron., p. 205 ; « Une révolution théorique : l'extraction masquée des animaux de la catégorie des biens », in *La Semaine juridique, édition générale*, 2015, p. 305 ; Rémy LIBCHABER, « La souffrance et les droits. À propos d'un statut de l'animal », in *Recueil Dalloz*, 2014, chron., p. 380 ; Gilles RAOUL-CORMEIL et Aloïse QUESNE, « L'animal sacrifié à la science », *in* Catherine PUIGELIER et Pierre MAZEAUD, dir., *Louis Pasteur, Imagination et droit (Académie des sciences morales et politiques)*, éd. Mare et Martin, coll. « Science & Droit », 2015, p. 229.

LA DISSERTATION

Méthode

La dissertation est une réponse théorique à un sujet théorique. Le sujet fait appel à des connaissances enseignées en cours et approfondies en travaux dirigés. L'énoncé appelle d'abord une amorce, car il faut songer que le sujet peut avoir un sens différent dans la vie profane. Comment serait-il envisagé par un savant qui n'est pas juriste ? Songez à sa dimension philosophique, sociologique, politique, économique. L'introduction doit répondre à l'image de l'entonnoir.

Le sujet doit ensuite être défini, aussi précisément que possible en mettant en évidence des notions voisines, proches et cependant distinctes, car il n'existe pas de synonymes parfaits en droit. Puis il faut borner le domaine d'étude du sujet. Au brouillon, les exemples recensés sont peut-être trop nombreux pour tous être étudiés. L'introduction est alors l'occasion de procéder à des exclusions, à des choix pour que la dissertation ne se réduise pas à une présentation successive et interminable d'exemples, mais constitue une véritable démonstration théorique, avec un fil conducteur apparent. Le cours de la démonstration doit naître de la problématique et conduire l'analyse. Tout énoncé affirmatif dissimule une question qu'il faut formuler clairement et à laquelle il faut répondre de manière précise et argumentée.

Ainsi « Sexe et filiation » pose la question de savoir si le genre est une condition de la filiation. Si un père est un homme, si une mère est une femme, est-il nécessaire d'être un homme et une femme pour être père et mère ? La réalité biologique est depuis longtemps éprouvée par le droit qui ouvre l'adoption plénière à la personne célibataire de 28 ans.

La problématique appelle une réponse argumentée et construite selon un plan annoncé au terme de l'introduction. Le problème théorique doit être formulé clairement et distinctement. L'annonce de plan, en deux parties en principe, est une figure imposée supplémentaire, comme les transitions et les annonces des sous-parties.

Les sujets sont plus ou moins compliqués dans leur approche selon que le thème est concentré sur un chapitre du cours magistral ou qu'il est commun à plusieurs développements. Lorsque le sujet est transversal, c'est-à-dire qu'il peut être traité par plusieurs branches du droit, il est alors nécessaire de retrouver toutes les manifestations et de sélectionner les plus significatives, celles qui fondent des variations, des inflexions ou des exceptions.

L'autre difficulté, très relative selon le niveau des étudiants auxquels le sujet s'adresse, est le sens du sujet. L'énoncé peut être simple ; il n'y a alors aucun piège car le problème juridique est sous-entendu par le sujet. L'énoncé est parfois faussement simple car son traitement oblige à dépasser le sujet tel qu'il est libellé. Telle une médaille, ayant un côté face et un côté pile, il faut traiter le sujet dans ses deux facettes et ne pas s'en tenir à l'apparence.

L'adultère est un exemple de sujet qui présente la difficulté de contenir une face cachée. Défini comme une relation sexuelle entre une personne engagée dans les liens du mariage avec une tierce personne, l'adultère entre d'abord dans la catégorie « faute conjugale, cause du divorce pour faute (article 242 du Code civil), parce qu'il incarne une violation du devoir de fidélité (article 212 du Code civil). Il faut néanmoins aussi envisager ses conséquences, à savoir la naissance d'un enfant adultérin dont les droits sont dorénavant les mêmes qu'un enfant qui n'est pas adultérin (article 310 du même code). Le problème théorique d'un tel sujet est assez simple : quel est le régime juridique de l'adultère ?

En revanche, le domaine de l'étude est vaste et couvre tout le droit de la famille. Ainsi, d'une part, le couple adultérin interroge le droit du mariage, le droit du divorce mais aussi le droit du concubinage et du Pacs, ainsi que le droit des régimes matrimoniaux en ce qui concerne l'obligation et la contribution à l'obligation alimentaire. D'autre part, le statut de l'enfant adultérin doit être éclairé par le droit de la filiation, le droit de l'autorité parentale et le droit de l'adoption.

En introduction, un tel sujet suppose de différencier le droit de la morale. Il n'existe pas d'obligations juridiques de fidélité dans le concubinage et dans le pacte civil de solidarité, ce qui ne signifie pas que les couples non mariés sont plus infidèles que les couples mariés. Un tel sujet appelle un éclairage sociologique mais aussi historique : l'adultère a été dépénalisé, en France, par la loi du 11 juillet 1975. L'adultère demeure toutefois une infraction pénale lourdement sanctionnée dans certains pays du monde, tels que l'Arabie saoudite qui prévoit encore la lapidation. La citation de Jésus-Christ à propos de la femme adultère : « Que celui qui est sans péché lui jette la première pierre » (*Évangile de saint Jean,* chapitre 8, verset 7), ne sera appréciée que si elle est replacée dans un contexte historique, où le droit canonique a fortement influencé le droit civil. L'essentiel est de ne pas confondre le droit et la morale.

I. L'adultère et le couple

A. L'adultère au sein du couple marié

1. Cas de divorce. L'adultère est une faute conjugale car elle constitue la violation du devoir de fidélité imposé à l'article 212 du Code civil. Il faut en outre que cette faute soit imputable à l'époux et rende impossible le maintien de la vie conjugale. Le divorce pourrait être prononcé aux torts partagés si l'époux trompé a commis de son côté une faute conjugale, d'une nature identique ou différente.

2. Effets sur le divorce. La faute conjugale n'est plus un obstacle à la demande en prestation compensatoire. Cette faute peut être sanctionnée par la responsabilité civile (C. civ., art. 1382).

B. Le couple adultérin

1. Fondements. L'union est-elle fugace ou installée. Le concubinage ou le Pacs sont-ils envisageables ? La monogamie est une règle qui dépasse le cadre du mariage. L'article 515-2 du Code civil interdit la polypacsie, ainsi que le cumul du mariage et du Pacs.

2. Effets dans le couple. Le complice de l'adultère peut désormais être gratifié sans craindre que ses libéralités ne soient annulées pour cause illicite sur le fondement de l'article 1131 du Code civil. Effets à l'égard du conjoint trompé : selon la jurisprudence, le complice de l'adultère ne peut engager sa responsabilité civile pour répondre du préjudice causé à l'époux trompé.

II. L'adultère et l'enfant

A. L'établissement volontaire de la filiation de l'adultérin

1. Fondements. L'acte de notoriété, l'action en constatation de possession d'état, la reconnaissance prénatale ou après la naissance de l'enfant.

2. Effets. La transmission du nom, l'obligation alimentaire, l'exercice partagé de l'autorité parentale.

B. L'établissement forcé de la filiation de l'adultérin

1. Fondements. L'action en recherche de paternité ou de maternité, délai et qualité pour agir.

2. Effets. Pas d'autorité parentale, transmission du nom assez peu probable, mais obligation alimentaire.

De manière générale, le plan qui répond au traitement du sujet obéit généralement à deux parties, trois parfois, chacune étant subdivisée en deux sous-parties. Le plan en deux parties est classique, et donc recommandé. Il existe toutefois deux types de plan en deux parties : le plan d'opposition (I. Principe – II. Exceptions) et le plan de prolongement (I. Les conditions du mécanisme juridique – II. Les conséquences attachées à sa mise en œuvre). Les intitulés de ces plans archétypes doivent être adaptés au sujet.

Exemple de dissertation

Sujet

« Le domicile ». (Le sujet est extrait du programme de droit des personnes.)

Éléments du corrigé

« *Home, sweet home.* » Cet adage énoncé dans la langue de Shakespeare (1564-1616), met en évidence la douceur qu'un lieu familier évoque à une personne. Le domicile d'une personne est un lieu de repos, de tranquillité, mais aussi un lieu de rattachement officiel de la personne à l'espace, un lieu, une once du territoire national. Dérivant du latin *domus*, la maison, le domicile est le lieu où tout créancier peut rencontrer son débiteur pour qu'il réponde de ses engagements. Henri Capitant définissait le domicile comme « la demeure que la personne est censée avoir aux yeux de la loi pour l'exercice de certains droits et l'accomplissement de certains actes ».
Par son lien étymologique avec la maison, le domicile doit concrètement correspondre à l'habitation réelle. Néanmoins, dans les dispositions qu'il consacre au domicile dans son Livre Ier, titre III, le Code civil entretient une ambiguïté puisqu'il distingue l'établissement légal ou subi (pour le mineur, la femme mariée jadis, le majeur tutélaire, certains hauts fonctionnaires, les bateliers), de l'établissement volontaire ou choisi. Le domicile emporte avec lui la part d'abstraction qui enveloppe toute désignation officielle.
Des notions voisines à celles de domicile mettent en évidence, par contraste, la réalité du lieu d'habitation de la personne. La résidence, la demeure, le logement et même l'habitation sont quelques-unes des notions du Code civil pour régir les droits par lesquels est désigné le logis.
Le logement connaît un essor considérable depuis que le droit au logement est devenu un droit fondamental, reconnu par la loi, notamment par l'article 1er de la loi n° 89-462 du 6 juillet 1989 tendant à améliorer les rapports locatifs. La cotitularité automatique du droit au bail par l'effet du mariage fut posée par une loi du 4 août 1962. À l'époque où « la femme est [encore] obligée d'habiter avec le mari et de le suivre partout où il juge à propos de résider... », l'article 214 du Code civil faisant ici écho à l'article 108 : « La femme mariée n'a point d'autre domicile que celui de son mari. (...) », l'article 1751 ne visait que le bail « qui sert effectivement à l'habitation de deux époux ». Le flottement dans la lettre du Code civil (habitation, logement, résidence) se justifie par la fonction dévolue à la règle de droit.

La même *domus* décline plusieurs façades. La *domus* est domicile dans les relations avec les tiers qui ont besoin de connaître le lieu officiel où la personne de leur débiteur est censée être présente pour répondre de ses engagements. Elle est logement de la famille (C. civ., art. 215, rédac. Loi du 13 juillet 1965) ou droit au bail pour garantir à la femme mariée que le mari ne décidera pas seul de déménager la famille – La loi a étendu le régime de la codécision au concubinage puis au pacte civil de solidarité. Depuis une dizaine d'années, la loi vise volontiers la résidence personnelle parce qu'elle entend protéger la fonction d'habitation de l'immeuble sans exclure les personnes célibataires, ni favoriser tel mode de vie familial. Ainsi, la loi du 1er août 2003 permet à l'entrepreneur individuel de rendre insaisissable sa « résidence principale » (C. com., art. L. 526-1 modifié par la loi *Macron* du 6 août 2015) ; de même, l'ordonnance du 23 mars 2006 neutralise l'attribution conventionnelle ou judiciaire de la propriété de l'immeuble hypothéqué lorsqu'il est « la résidence principale » du débiteur (C. civ., art. 2458 et 2459). Le domicile résiste à la pluralité des logements. Cette réalité est prise en considération par la notion de résidence.

La demeure évoque aussi le domicile ; ainsi, l'article 210 du Code civil permet au débiteur d'aliments d'exécuter son obligation légale en nature : en recevant son créancier en sa demeure pour le nourrir et l'entretenir. De même, l'article 1394 du Code civil vise le domicile des parties au contrat de mariage par les mots « demeures des futurs époux ». Par contraste, la dernière demeure vise un lieu de sépulture où repose le corps sans vie du de cujus : la mort emporte la personnalité juridique et avec elle l'utilité le domicile.

Ainsi distincte de ces notions voisines (l'habitation, le logement, la résidence, la demeure mais aussi « la maison familiale », aux termes de l'article 371-3 du Code civil), le domicile a-t-il un sens univoque ? Rien n'est moins sûr, le domicile se présente avec des reflets contrastés. Sous les traits objectifs de l'obligation légale, le domicile est un lieu – nécessaire et unique – de rattachement de la personne (I) ; mais, pour prendre en compte la liberté de déplacement de la personne et la richesse de la personnalité, le domicile est aussi la personnification d'un lieu (II).

I. Le domicile : la localisation d'une personne

La localisation de la personne, en un lieu tenu pour constituer son domicile, est un besoin et, partant, une obligation exigée par la loi. La nécessité pour toute personne d'avoir un domicile a pour corollaire la règle de l'unité du domicile.

A. La nécessité du domicile

La nécessité du domicile est un besoin d'ordre juridique reconnu par d'impérieuses raisons pratiques, publiques et privées. L'établissement d'un domicile est requis pour désigner une autorité ou déterminer le régime d'une opération juridique.

1) La compétence de l'autorité désignée pour régir une situation (le législateur), connaître d'un litige (le juge) ou rédiger un acte solennel (officier de l'état civil ou notaire) peut être fondée sur le domicile. Ainsi, par exemple, l'article 311-15 du Code civil ordonne la prise en considération de la possession d'état conformément à la loi française si l'enfant, son père ou sa mère a « sa résidence habituelle en France ». Ensuite, le code de procédure civile (art. 42, 43 et 48) fixe la compétence territoriale du juge en fonction du domicile du défendeur. Le consentement à l'adoption doit être donné devant le greffier en chef du tribunal d'instance du domicile (ou de la résidence) de la personne qui consent (C. civ., art. 348-3). De même, le mariage est célébré en la commune où l'un des futurs époux a son domicile ou sa résidence « par un mois… d'habitation continue » avant la publication des bans (C. civ., art. 74). Les manifestations sont donc nombreuses ; la loi civile fait néanmoins preuve de souplesse en acceptant la possibilité de prendre en compte la résidence plutôt que le domicile.

2) De nombreuses opérations juridiques exigent aussi, pour être accomplies, la connaissance du domicile : le paiement se réalise, sauf clause contraire, au domicile du débiteur (dette quérable, *cf.* C. civ., art. 1247, al. 3) et parfois, exceptionnellement, au domicile du créancier (dette portable ; ex. obligation alimentaire, *cf.* C. civ., art. 1247, al. 2). La signification d'un acte juridique est une information faite à la personne par un huissier de justice ; elle se réalise alors au domicile de l'intéressé : tel est le cas de la rupture unilatérale du pacte civil de solidarité (C. civ., art. 515-7, al. 5, comb. CPC., art. 655). Les opérations d'ouverture et de liquidation d'une succession se réalisent au dernier domicile du défunt (C. civ., art. 720).

B. L'unicité du domicile

Le devoir d'établissement d'un domicile échappe à toute fantaisie ; « la stabilité du domicile est très favorable à la régularité des rapports juridiques » (A. Colin et H. Capitant).

1) L'unicité du domicile découle de la loi : l'article 102 du Code civil vise le domicile au singulier et le définit par référence au « principal établissement ». L'unicité du domicile est à l'image de la personne, une et indivisible. L'unicité est compatible avec la disponibilité. Le Code civil envisage le changement de domicile : la succession de domicile est une autre manifestation de l'unité du domicile. Tout ce qui n'est pas principal n'est que résidence ou habitation.
2) L'unicité du domicile signifie-t-elle l'effectivité de l'habitation ? On peut en douter lorsque la détermination du domicile répond à un critère légal : les bateliers qui résident sur une péniche sont domiciliés dans la commune de leur choix parmi celles énoncées par un arrêté du garde des Sceaux (C. civ., art. 102, al. 2), les forains doivent aussi choisir une commune de rattachement, les majeurs en tutelles sont domiciliés chez leur tuteur même s'ils ont conservé leur résidence ou habitent en maison de retraite (C. civ., art. 108-3, 426 et 459-2), les fonctionnaires appelés à exercer une fonction viagère sont domiciliés au lieu où ils exercent leurs fonctions dès qu'ils les acceptent (C. civ., art. 107). En outre, profitant du flottement qui existe entre résidence et domicile, des textes spéciaux envisagent le domicile dans un autre sens que le Code civil : il en est ainsi parfois en pratique du domicile électoral (C. élec. L. 11) et du domicile de secours, établi pour fuir un mari violent sans perdre le bénéficie des prestations familiales (C. act. soc. fam., art. L. 122-2). Plus récemment, la loi du 9 juillet 2010, maintenue par la loi du 4 août 2014, a permis à la femme battue qui subit des violences conjugales d'être autorisée par le juge aux affaires familiales à dissimuler à l'auteur des violences, son (ex-)mari ou (ex-)concubin, le lieu où elle réside effectivement et, dans ses rapports avec lui, de se faire domicilier chez son avocat (C. civ., art. 515-11 6°). Toutes ces règles mettent en évidence que le domicile est établi dans l'intérêt d'autrui pour permettre aux tiers de déterminer le lieu où contacter l'intéressé alors que le domicile est aussi, pour chacun d'entre nous, le lieu où l'on accède à une tranquillité et à l'intimité de sa vie privée.

II. Le domicile : la personnification d'un lieu

La personnification du lieu suppose la faculté d'élire son domicile et l'obligation pour l'État d'en garantir l'inviolabilité.

A. La disponibilité du domicile

La faculté d'élire son domicile met en évidence un droit disponible ; ce droit est protégé par des sources du droit ayant une valeur supérieure à la loi.

1) La loi énonce la liberté de changer de domicile : néanmoins, au regard des articles 103 à 105 du Code civil, le formalisme de la double déclaration d'intention de quitter un domicile pour élire ailleurs un nouveau domicile est tempéré par la considération des circonstances et de l'effectivité de la nouvelle habitation. Le domicile doit être sincère (Cass., civ. 21 févr. et 25 mai 1966).

2) La jurisprudence protège la faculté d'élire le domicile en interdisant à l'employeur d'imposer un domicile à son salarié. Dans un attendu de principe, la Cour de cassation a jugé au visa de l'article 8 de la convention EDH « que toute personne a droit au respect de son domicile ; que le libre choix du domicile personnel et familial est l'un des attributs de ce droit ; qu'une restriction à cette liberté par l'employeur n'est valable qu'à la condition d'être indispensable à la protection des intérêts légitimes de l'entreprise et proportionnée, compte tenu de l'emploi occupé et du travail demandé, au but recherché » (Cass., soc., 12 janv. 1999, n° 96-40.755). La Cour de cassation a rappelé cette solution à propos du domicile d'une gouvernante salariée par une maison de retraite (Cass., soc., 28 févr. 2012, n° 10-18.308). Disponible, le domicile est aussi inviolable.

B. L'inviolabilité du domicile

L'inviolabilité du domicile est sauvegardée par le droit civil comme par le droit pénal.

1) La violation du domicile s'étend à une chambre d'hôtel ou d'hôpital : elle est sanctionnée comme une atteinte au droit de la personnalité, distincte de la protection de la vie privée (C. civ., art. 9).

2) L'article 226-4 du Code pénal réprime aussi la violation de domicile comme le maintien forcé d'une personne à son domicile. La valeur protégée est la personne non la propriété privée, car le locataire est aussi bien protégé que l'usufruitier.

L'ANALYSE D'ARRÊT

L'analyse d'arrêt est un exercice qu'il faut maîtriser avant d'envisager le commentaire d'arrêt que l'on n'aborde souvent qu'en deuxième année. La méthode de l'analyse exige beaucoup de rigueur. C'est pourquoi deux illustrations d'analyse d'arrêt de la Cour de cassation seront données, l'une pour un arrêt de cassation, l'autre pour un arrêt de rejet.

La méthode

Les décisions de justice, et les arrêts rendus par la Cour de cassation, en particulier, sont d'un abord assez difficile. Écrits selon des canons ancestraux éprouvés, si différents de notre langage parlé, leur lecture est alors malaisée pour un lecteur profane. Par l'habitude contractée au cours des études de droit, leur lecture tend cependant à devenir agréable. La première difficulté qu'il faut surmonter est d'identifier « Qui dit quoi ? ». C'est l'exercice de l'analyse d'arrêt donné à l'étudiant qui commence ses études de droit. À cette fin, on dresse une fiche (de lecture) de la décision de justice qui reprend, dans un ordre différent de celui de la décision, les étapes du procès : les faits, le problème et la solution.

Sous l'indication de la juridiction ayant rendu la décision et de sa date, la fiche de lecture exige de respecter les sept étapes suivantes :
- les faits et la procédure ;
- la première thèse en présence ;
- la seconde thèse en présence ;
- le problème de droit qui résulte de la confrontation des thèses en présence et, le cas échéant, ses enjeux théoriques ou pratiques ;
- le sens de l'arrêt analysé ;
- la valeur de l'arrêt analysé ;
- la portée de l'arrêt analysé.

Ces sept étapes peuvent être reprises en deux parties, étant considéré que les césures et les intitulés peuvent varier d'un enseignant à l'autre. La première partie reprend les positions des parties, à partir des faits, de la procédure et des thèses juridiques en présence (I). La seconde partie a pour objet l'intérêt de la décision : introduite par la question de droit, elle a pour but de rechercher et de développer le sens, la valeur et la portée de l'arrêt (II).

I. Les positions des parties

A. Les faits et la procédure

L'historique des faits désigne des faits bruts (la petite histoire) et un fait litigieux, le fait précis qui a provoqué le litige. Soyez assez concis dans l'exposé des faits. Ayez aussi conscience que les faits sont toujours relatés par le juge qui se prononce, même si l'appréciation des faits reste l'apanage des juges du fond – tribunaux et cours d'appel. C'est pourquoi les arrêts rendus par la Cour de cassation sont particuliers. Elle n'est pas un troisième de degré de juridiction qui donne directement une solution au litige, en fait et en droit, comme les juges du fond (le tribunal puis la cour d'appel lorsque le premier juge n'a pas statué en premier et dernier ressort). La Cour de cassation n'est juge que du droit : elle est saisie pour dire si une décision de justice est ou non conforme à la loi. Les faits relatés dans un arrêt émanant de la Cour de cassation seront donc tels qu'ils ont été souverainement appréciés par les juges du fond.

Aux faits s'ajoute la procédure, qui est plus ou moins longue et complexe selon que la décision de justice rendue émane d'une juridiction saisie au premier degré, qu'elle a statué ou non en premier et dernier ressort (jugement de première instance), qu'elle a statué en appel (arrêt de cour d'appel) ou à la suite d'un pourvoi saisissant la Cour de cassation. La décision rendue par la cour régulatrice du droit rejaillit parfois sur l'ensemble de la procédure. Lorsque la Cour de cassation rend un arrêt de rejet (par lequel elle rejette le pourvoi), l'arrêt de la cour d'appel ou le jugement rendu en premier et dernier ressort est maintenu. Par contraste, lorsque la juridiction la plus haute de l'ordre judiciaire rend un arrêt de cassation (de la décision critiquée par le pourvoi) : le jugement rendu en premier et dernier ressort ou l'arrêt rendu par la cour d'appel est annulé. Dans ce dernier cas, que l'arrêt de cour d'appel soit infirmatif ou confirmatif, le jugement retrouve sa vigueur car la cassation est une annulation. Les parties peuvent se contenter du jugement, mais la plupart du temps, elles saisissent la cour d'appel de renvoi désignée par la Cour de cassation pour trancher, à nouveau, leur différend. Il arrive parfois que l'arrêt rendu par la cour d'appel de renvoi fasse l'objet d'un nouveau pourvoi en cassation, lorsque les (cinq) juges du fond ont résisté à l'analyse juridique préconisée par l'arrêt de cassation. Mais cette hypothèse de conflit persistant entre les juges du fond et la Cour de cassation est trop rare pour qu'on s'y attarde. Bref, vous devez avoir conscience que la restitution des faits puis de la procédure est une étape décisive dans la compréhension et l'analyse d'une décision de justice.

B. Les thèses juridiques en présence

Au-delà de la solution, toute décision est le résultat d'un arbitrage entre deux thèses juridiques opposées. L'objet de cette deuxième partie de l'analyse est de les retrouver. Tout litige provoquant chez les protagonistes au procès un échange de prétentions contradictoires, il est important de saisir ce qu'elles ne remettent pas en cause et ce qui prête à discussion en droit. Chaque partie au litige émet des prétentions qui sont soutenues par une argumentation juridique. En première instance, il faut distinguer le demandeur du défendeur. Ce dernier peut néanmoins avoir formé une demande reconventionnelle. Le défendeur qui n'a pas pris l'initiative du procès passe ainsi à l'offensive. L'analyse d'une ordonnance ou d'un jugement rendu en première instance suppose d'avoir retrouvé cette matière composée des arguments juridiques des parties au procès. Ensuite, en appel, l'appelant forme une nouvelle demande. L'intimé qui subit l'appel, peut émettre à son tour des prétentions nouvelles. Enfin, devant la Cour de cassation, le demandeur au pourvoi critique une décision de justice. Il forme des griefs et prétend que les juges ont violé la loi.

Alors confronté à une opposition d'argumentations juridiques, le juge doit trancher le litige sous peine de s'exposer à un déni de justice (*cf.* art. 4 du Code civil ; art. 434-7-1 du Code pénal). En principe, il fait prévaloir une position sur l'autre. Des deux argumentations juridiques soutenues devant lui, il adopte l'une d'elles : c'est la solution en droit au litige. Vous pourriez vous en contenter et n'inscrire sur la fiche de lecture que celle-ci. Essayez plutôt de retrouver les deux thèses en présence et de les synthétiser dans la fiche. Vous distinguerez ainsi l'argumentation juridique retenue et celle qui a été rejetée par les juges ayant rendu la décision analysée.

Lorsque l'argumentation rejetée émane d'une juridiction, présentez-la en distinguant le dispositif et la motivation. Ainsi, pour un arrêt infirmatif, mettez clairement en évidence la position des premiers juges (rejet de la demande en divorce de M. X... et ses motifs : absence de faute conjugale) car la cour d'appel a raisonné différemment (admission de la demande en divorce et des motifs opposés : établissement d'une faute conjugale imputable à Mme Y...). Par contraste, pour un arrêt confirmatif, ce sont les prétentions de l'appelant qui méritent cette attention. Les deux thèses en présence doivent être ainsi ordonnées : position des premiers juges (dispositif et motifs), demande de l'appelant, puis position de la cour d'appel (dispositif et motifs).

Pour les arrêts rendus par la Cour de cassation, n'essayez pas de retrouver ce qu'ont dit les premiers juges. Lorsque la Cour de cassation est saisie par un pourvoi qui critique l'arrêt rendu par une cour d'appel, la Cour de cassation doit seulement dire si l'arrêt d'appel est ou non conforme à la loi. En procédant à l'analyse de l'arrêt de rejet ou de cassation, vous ne devez pas retrouver tout l'historique du procès. Vous n'analysez pas l'affaire, mais l'arrêt. Alors restituez les seules thèses en présence que restitue la décision analysée.

Par principe, les arrêts de cassation gardent le silence sur l'argumentation juridique développée par l'auteur du pourvoi, car la Cour de cassation s'est laissée convaincre par lui. Aussi mettez seulement en opposition la position de la cour d'appel (dispositif et motifs) et celle de la Cour de cassation (dispositif : cassation pour violation de la loi ou ... manque de base légale au regard du(es) texte(s) visé(s) – visa – ; motifs). Quant aux arrêts de rejet, ils gardent en principe le silence sur la motivation développée par la cour d'appel ou le tribunal ayant rendu une décision en premier et dernier ressort. Aussi mettez seulement en confrontation les prétentions du demandeur au pourvoi (un ou plusieurs moyen(s) subdivisé(s) ou non en deux ou plusieurs branches) avec la décision de la Cour de cassation (dispositif – rejet donc maintien de la décision critiquée par le pourvoi – et motifs du rejet). Par exception, la Cour de cassation procède parfois par substitution de motifs : le cas échéant, elle maintient l'arrêt seulement dans la solution du fait qu'elle apporte mais elle lui donne une motivation plus conforme au droit. Aussi n'est-il pas inutile dans ce cas de restituer, lorsqu'elle est connue, la motivation de la cour d'appel. Les éléments de l'analyse étant ordonnés, il reste à soulever le problème de droit auquel les thèses en présence apportent des réponses contrastées.

II. L'intérêt de la décision

A. La question de droit

La formulation de la question de droit est le point le plus difficile. Le problème de droit ne peut pas être bien compris si les thèses opposées n'ont pas été correctement restituées. La réussite d'une étape conditionne la suivante. La formulation du problème juridique découle de la bonne restitution des thèses contradictoires. Il est de bonne méthode de poser la question de manière qu'on y réponde par OUI au regard d'une thèse (ex. arrêt de cassation), et par la réponse inverse, NON, au soutien des arguments de la thèse opposée (arrêt de cour d'appel censuré par la Cour de cassation). L'essentiel est de poser la question de droit en termes précis et circonstanciés. L'analyse d'un arrêt est un cas pratique résolu. La Cour de cassation ne répond pas à des questions générales sous une forme générale en vertu de la prohibition des arrêts de règlements (*cf.* C. civ., art. 5). Il est inutile d'ajouter une seconde question moins précise qui fasse référence à un passage du cours (ainsi, la Cour de cassation était saisie du problème relatif aux conditions de mise en œuvre de l'action en recherche de paternité hors mariage). La question de droit est l'étape cruciale de la fiche de lecture d'une décision de justice ; elle détermine le fil conducteur du commentaire d'arrêt qu'elle prépare. L'introduction d'un commentaire d'arrêt que l'on apprend à rédiger en deuxième année reprend les grandes étapes de l'analyse. On peut ajouter à la formulation de la question de droit un développement consacré à l'enjeu pratique ou théorique d'une telle problématique.

B. Le sens, la valeur et la portée de l'arrêt

Le sens de l'arrêt doit d'abord être fidèlement restitué. Un arrêt n'est bien compris que si sa signification est expliquée. Il faut comme dans un commentaire de texte définir les notions juridiques, donner du sens au mécanisme appliqué par les juges, et déceler l'intérêt que présente cette décision.

La valeur d'un arrêt doit ensuite être déterminée. La Cour de cassation rend des décisions de principe car leur arrêt comprend parfois des attendus de principe, parfaitement bien ciselés, complètement détachés des circonstances de fait. Un arrêt de principe est un arrêt qui apporte une solution inédite qui fait date, un arrêt qui opère un revirement de jurisprudence. Toutes les décisions n'ont pas cette valeur. Certains arrêts se contentent d'illustrer des jurisprudences constantes. Enfin, certaines décisions sont inclassables ; elles sont rendues en toute opportunité. Elles peuvent être méconnues ou délibérément ignorées.

La portée d'un arrêt doit enfin être évaluée. Si la Cour de cassation a durci l'application d'une règle ou, au contraire, libéralisé une condition légale en aménageant un pouvoir d'appréciation aux juges du fond, alors la question est de savoir si cette solution vaut au-delà des faits de l'espèce. Pour important qu'il soit, un arrêt peut avoir une portée assez limitée. La valeur et la portée d'un arrêt sont ainsi complètement indépendantes.

Exercices

Analyse d'un arrêt de cassation

Analysez l'arrêt rendu par la deuxième chambre civile de la Cour de cassation, le 2 avril 2009, pourvoi n° 08-15619. (Le sujet est extrait du programme de droit des biens.)

Attendu, selon l'arrêt attaqué, que M. et Mme X... se plaignant de troubles occasionnés par M. Y..., propriétaire d'un immeuble contigu, l'ont assigné devant un tribunal d'instance pour obtenir réparation de leur préjudice sur le fondement de l'article 1382 du Code civil ; qu'ayant été déboutés de leurs demandes, ils ont interjeté appel et fondé leur demande sur l'existence de troubles anormaux de voisinage ; que Ricciotti X... étant décédé en cours d'instance de cassation, Mme X... a déposé son mémoire ampliatif à titre personnel et comme héritière de son mari avec lequel elle se trouvait placée sous le régime de la communauté universelle ;
Sur le moyen unique, pris en sa première branche :
Vu le principe que nul ne doit causer à autrui un trouble anormal de voisinage ;

Attendu que pour débouter Riciotti et Mme X... de leurs demandes en paiement de dommages-intérêts, l'arrêt retient que les diverses allégations relatives à des faits revêtant une coloration pénale dont aucune n'a abouti sur le plan judiciaire ne peuvent être retenues au titre des inconvénients anormaux de voisinage ;

Qu'en statuant ainsi, alors que la responsabilité pour troubles anormaux de voisinage, lorsqu'elle se fonde sur des faits susceptibles de caractériser une infraction, n'est pas subordonnée au succès d'une poursuite pénale, la cour d'appel a violé le principe susvisé ;

Et sur le moyen unique, pris en sa seconde branche :

Vu le même principe ;

Attendu que pour débouter Ricciotti et Mme X... de leurs demandes en paiement de dommages-intérêts, l'arrêt retient qu'en ce qui concerne les photographies montrant M. Y... s'excitant sur un arbre de sa propriété, rien de permet de retenir que cette activité procède d'une intention de nuire à leur encontre, la preuve d'une suppression de vue et d'une diminution de luminosité n'étant pas rapportée ;

Qu'en statuant ainsi, par des motifs qui ne suffisent pas à caractériser l'absence d'un trouble anormal de voisinage, la cour d'appel n'a pas donné de base légale à sa décision ;

Par ces motifs :

Casse et annule, dans toutes ses dispositions, l'arrêt rendu le 29 janvier 2008, entre les parties, par la cour d'appel d'Aix-en-Provence ; remet, en conséquence, la cause et les parties dans l'état où elles se trouvaient avant ledit arrêt et, pour être fait droit, les renvoie devant la cour d'appel d'Aix-en-Provence, autrement composée.

Éléments du corrigé

I. Les positions des parties

A. Les faits et la procédure

FAITS. Un homme s'excite sur un arbre de sa propriété ; un couple de voisins l'assigne en justice pour faire cesser ce trouble et obtenir des dommages-intérêts. Les faits ont une coloration pénale ; mais l'action pénale échoue.

PROCÉDURE CIVILE. Le couple de propriétaires assigne alors le voisin, devant le juge civil, sur le fondement de l'article 1382 du Code civil, la responsabilité civile délictuelle. Le tribunal d'instance les déboute par un jugement (on ignore le lieu, la date, et les motifs du jugement). Le couple de propriétaires interjette appel ; il fonde leur demande sur la responsabilité pour troubles anormaux du voisinage. (Le mari est mort ; mais son épouse est son héritière ; elle continue seule, à ce titre, le procès).

B. Les thèses juridiques en présence

PREMIÈRE THÈSE. La cour d'appel d'Aix-en-Provence a rendu un arrêt de débouté, le 29 janvier 2008, au motif d'abord que le trouble anormal du voisinage ne constitue ni une faute pénale, ni une faute civile, à défaut d'intention de nuire. Ensuite, le préjudice prétendu ne concerne ni la suppression d'une servitude de vue. Aucune diminution de la luminosité n'est alléguée, ni prouvée, ce qui montre que les juges y auraient été, par contraste, sensibles.

SECONDE THÈSE. La Cour de cassation a été saisie d'un pourvoi formé par l'épouse survivante et constitué d'un moyen unique subdivisé en deux branches ; le contenu du pourvoi n'est pas rapporté car la Cour de cassation lui a donné gain de cause. Le 2 avril 2009, la deuxième chambre civile de la Cour de cassation a rendu un arrêt de cassation. L'arrêt aixois est cassé pour violation de la loi et manque de base légale au regard du même principe, selon lequel Nul ne doit causer à autrui un trouble anormal du voisinage. La motivation de la cassation est double. Tout d'abord, la responsabilité pour trouble anormal du voisinage n'est pas subordonnée à la démonstration d'une faute, et surtout pas à la preuve d'une infraction pénale. Ensuite, la cour d'appel n'a pas dit en quoi le préjudice invoqué ne constituait pas un trouble anormal du voisinage.

II. L'intérêt de la décision

A. La question de droit

PROBLÈME DE DROIT. Le comportement d'un homme qui s'excite sur son arbre est-il constitutif d'un trouble anormal du voisinage dont peut demander réparation son voisin ?

ENJEUX. L'enjeu pratique d'un tel problème est d'éprouver la constance et l'uniformité du critère du trouble anormal du voisinage quel que soit le lieu de la résidence. L'attention portée au cas d'ouverture à cassation met en évidence le rôle et les limites du pouvoir du juge de cassation. L'enjeu théorique d'un tel problème est relatif à la liberté individuelle de faire ce que l'on veut sur son fonds et la corrélation entre le trouble anormal du voisinage avec la propriété individuelle. L'attention sera également portée sur les principes du droit que formule la Cour de cassation notamment dans des visas.

B. Le sens, la valeur et la portée de l'arrêt.

LE SENS. Il convient d'abord de définir le trouble anormal du voisinage en rappelant qu'il s'agit d'une atteinte au droit de propriété, découverte par la jurisprudence, en dépit de la formulation absolue de l'article 544 du Code civil. Un trouble anormal du voisinage est un préjudice particulier qui est sanctionné sur un fondement autonome. Il n'est pas nécessaire de rapporter l'existence d'un abus de droit (Cass., civ., 3 août 1915, Coquerel), pas même d'une faute délictuelle (Cass. civ. 3e, 4 février 1971, trois arrêts, Bull. civ. III, n° 78, n° 79 et n° 80). La Cour de cassation s'est même émancipée des textes du Code civil, autant de l'article 1382 du Code civil que de l'article 544 du Code civil. Elle a formulé un principe général du droit (Cass., civ. 2e, 19 novembre 1986, Bull. civ. II, n° 172). L'existence de ce préjudice doit être envisagée et appréciée isolément, sans se laisser influencer par l'absence de faute pénale, ni de faute civile. La Cour de cassation contrôle l'appréciation du trouble anormal du voisinage.

LA VALEUR. Cet arrêt de cassation n'est pas un arrêt de principe. Il n'est pas publié au Bulletin des arrêts, ce qui est indice. Cet arrêt rappelle l'existence d'une jurisprudence constante et montre que la Cour de cassation est fidèle au principe qu'elle a formulé en 1986.

LA PORTÉE. Cette manifestation du trouble anormal de voisinage est originale, par rapport au trouble classique provenant de l'exhaussement d'un immeuble ou dû à l'activité nuisible d'une usine (bruit gênant, odeur ou fumée irrespirables). Les faits permettent d'orienter la portée de cette cassation. Le trouble a été sanctionné parce qu'il avait été réalisé dans un voisinage singulier, un quartier de villas de luxe sur la commune de Nice, troublant ainsi la tranquillité d'un couple de propriétaires qui avait dépensé une fortune pour vivre à l'abri des regards indiscrets et ne pas subir les tourments d'un voisin qui grimpait dans ses arbres. Il est évident que dans des résidences urbaines à loyer modéré ou même en zone périurbaine où les maisons sont implantées les unes à côté des autres, sur de plus petites parcelles, les habitants doivent se montrer beaucoup plus tolérants. Le seuil du trouble anormal du voisinage n'est donc pas déterminé une fois pour toutes *in abstracto*. Il varie *in concreto* selon un faisceau d'indices : le mode d'habitation, le classement du terrain dans le schéma d'urbanisme et selon les époques car les matériaux de construction ont nettement progressé.

Analyse d'un arrêt de rejet

(Le sujet est extrait du programme de droit des incapacités.)

Analysez l'arrêt rendu par la deuxième chambre civile de la Cour de cassation, le 12 janvier 2011, pourvoi n° 09-16.519 ; Bull. civ. I, n° 11.

Attendu que, par ordonnance du 12 septembre 2008, le juge des tutelles du tribunal d'instance de Toulouse a placé Mme X... sous sauvegarde de justice pour la durée de l'instance et confié la réalisation d'une enquête sociale à l'union départementale des associations familiales de la Haute-Garonne (l'UDAF 31) ; que, par une ordonnance du 22 décembre 2008, le juge des tutelles a désigné l'UDAF 31 en qualité de mandataire spécial de Mme X... ; que cette dernière a introduit un recours à l'encontre de cette décision en sollicitant la désignation de son fils, M. Y..., en qualité de mandataire ; que, par acte notarié du 19 février 2009, Mme X... a conclu un mandat de protection future désignant M. Y... comme mandataire ;

Sur le premier moyen :

Attendu que Mme X... et M. Y... font grief au jugement attaqué (Toulouse, 29 juin 2009) d'avoir confirmé l'ordonnance en ce qu'elle a désigné l'UDAF 31 en qualité de mandataire spécial de Mme X... et d'avoir écarté le mandat de protection future établi par Mme X... au profit de son fils M. Y... et prononcé la mise sous curatelle renforcée de Mme X... en désignant l'UDAF 31 en qualité de curateur, alors, selon le moyen, que la révocation du mandat de protection future exige de démontrer que son exécution est de nature à porter atteinte aux intérêts du mandant ; qu'en se contentant de relever que le manque de transparence de M. Richard Y... joint à la mise à l'écart de sa sœur et de ses enfants faisaient obstacle à sa désignation en qualité de curateur sans expliquer en quoi le mandat de protection future par lequel Mme Denise Y... a institué son fils Richard Y... en qualité de mandataire était de nature à porter atteinte aux intérêts du mandant, le tribunal a statué par des motifs impropres à fournir une base légale à sa décision au regard de l'article 483-4° du Code civil ;

Mais attendu qu'en application de l'article 483, 2°, du Code civil, le mandat de protection future mis à exécution prend fin par le placement en curatelle de la personne protégée sauf décision contraire du juge qui ouvre la mesure ; que, par la décision attaquée, le tribunal a placé Mme X... sous le régime de la curatelle renforcée sans qu'une décision contraire maintienne le mandat de protection future ; que le moyen est inopérant ;

Sur le second moyen :

Attendu que Mme X... et M. Y... font le même grief au jugement, alors, selon le moyen, que la désignation par une personne d'une ou plusieurs personnes chargées d'exercer les fonctions de curateur pour le cas où elle serait placée en curatelle s'impose au juge, sauf si l'intérêt de la personne protégée commande de l'écarter ; qu'en décidant d'écarter M. Richard Y..., pourtant désigné en qualité de curateur par Mme X..., épouse Y..., sans vérifier en quoi la mise à l'écart de sa sœur Martine Y... et le manque de transparence qui lui étaient imputés auraient été contraires à l'intérêt de sa mère et sans rechercher en quoi l'intérêt de Mme X..., épouse Y..., commandait une telle décision, [le tribunal] a privé sa décision de base légale au regard de l'article 448 du code civil ;

Mais attendu qu'après avoir relevé que M. Y... n'avait fait parvenir, après diverses relances, que quelques renseignements épars, insuffisants pour permettre de déterminer si son intervention dans la gestion était conforme aux intérêts de la personne protégée, qu'il avait favorisé la vente du logement de sa mère puis la conclusion d'un contrat de bail alors qu'un mandataire était désigné dans l'intérêt de cette dernière, qu'elle était sous l'influence grandissante de M. Y... qui l'isolait du reste de la famille et qu'elle était éprouvée par ce conflit entre ses enfants, le tribunal en a déduit souverainement que son intérêt commandait d'écarter M. Y... des fonctions de curateur et de confier l'exercice de celles-ci à l'UDAF 31 ; que le moyen ne peut être accueilli ;

Par ces motifs :

Rejette le pourvoi...

Éléments du corrigé

I. Les positions des parties

A. Les faits et la procédure

Le juge des tutelles du tribunal d'instance de Toulouse rend une ordonnance le 12 septembre 2008 par laquelle il place une femme âgée

(Mme X...) sous sauvegarde de justice et nomme une association tutélaire (Union des associations familiales de Haute-Garonne – UDAF 31) aux fins de réaliser une enquête sociale. Par ordonnance du 22 déc. 2008, le même juge des tutelles a nommé cette association tutélaire, au vu de l'enquête sociale, mandataire spécial (aux fins de préparer la vente de l'immeuble). La femme âgée, personne placée sous sauvegarde de justice, interjette appel de cette ordonnance en sollicitant la désignation de son fils. En outre, par acte notarié du 19 février 2009, cette femme âgée, placée sous sauvegarde de justice, contracte avec son fils un mandat de protection future, par lequel celui-ci est mandataire de celle-là. Dans le même dossier, le juge des tutelles de Toulouse va ensuite se prononcer sur la mesure de protection juridique qui succède à la mesure préparatoire de sauvegarde de justice ; il place la femme âgée sous curatelle ; il confie à la même association tutélaire les fonctions de curateur ; il écarte le mandat de protection future. Cette décision d'ouverture de la mesure n'est pas une ordonnance mais un jugement.
Le tribunal de grande instance de Toulouse (Juridiction d'appel des décisions du juge des tutelles jusqu'au 1er janvier 2010), rend, le 29 juin 2009, un jugement confirmatif de l'ordonnance et du jugement subséquent du juge des tutelles. Ce jugement écarte le mandat de protection future et maintient l'association tutélaire dans les fonctions de curateur.

B. Les thèses juridiques en présence

PREMIÈRE THÈSE. Le pourvoi en cassation émane de la mère et de son fils, c'est-à-dire du mandant et du mandataire. Ce pourvoi est constitué de deux moyens. Le premier moyen repose sur la violation de l'article 483 4° du Code civil ; les demandeurs au pourvoi reprochent aux juges du fond de n'avoir pas expliqué en quoi la manifestation de volonté de contracter un mandat de protection future est contraire à l'intérêt du mandant.
Le second moyen repose sur la violation de l'article 448 du Code civil ; les demandeurs au pourvoi reprochent aux juges du fond de n'avoir pas tenu compte de la manifestation de volonté de la personne placée sous sauvegarde de justice de désigner son fils comme curateur, pour le cas où une mesure de protection judiciaire serait choisie par le juge des tutelles.
SECONDE THÈSE. La Première chambre civile de la Cour de cassation a, le 12 janvier 2011, rendu un arrêt de rejet. C'est le dispositif de l'arrêt (ce

dispositif est soutenu par une motivation ; il y a deux motifs qui répondent, tour à tour, aux deux moyens du pourvoi en cassation).

D'une part, la Cour de cassation maintient le jugement confirmatif en visant l'article 483 2° du Code civil : l'ouverture de la curatelle met fin au mandat de protection future, sauf si le juge avait décidé de compléter cette mesure contractuelle. Il est vrai que l'article 485, alinéa 2, envisage, par exception à l'alinéa 1er, la possibilité pour le juge des tutelles de compléter le mandat de protection future par une mesure de protection juridique d'ordre judiciaire.

D'autre part, la Cour de cassation s'en remet au pouvoir souverain des juges du fond pour apprécier l'intérêt du majeur protégé et désigner la personne qui respectera son intérêt dans la protection de sa personne et de ses biens. Or, en l'espèce, ni les manœuvres du fils tendant à vendre la maison de sa mère puis à conclure un bail en son nom, ni le conflit qui le sépare de sa sœur est de nature à justifier que le fils est à même d'agir dans l'intérêt de sa mère. La motivation est ici très circonstanciée sur le plan patrimonial et personnel.

II. L'intérêt de la décision

A. La question de droit et ses enjeux

PROBLÈME DE DROIT. De la confrontation des thèses en présence, émanant du pourvoi en cassation et de la Cour de cassation, se pose la question de savoir si une personne placée sous sauvegarde de justice par une décision préparatoire du juge des tutelles peut conclure un mandat de protection future avec son fils. (OUI, *cf.* Thèse du pourvoi ; NON, *cf.* Thèse de la Cour de cassation).

ENJEUX. L'enjeu pratique d'une telle problématique est d'informer les notaires et les avocats qui peuvent être consultés ou démarchés pour rédiger les mandats de protection future sur l'exigence de santé mentale requise pour conclure un tel contrat. L'enjeu théorique d'un tel problème est lié au rôle du juge des tutelles dans la vie d'un mandat de protection future, étant considéré que la loi l'autorise à y mettre fin (C. civ., art. 483 4°) mais autorise également une personne en curatelle à conclure un mandat de protection future, pourvu qu'elle soit assistée de son curateur (C. civ., art. 477, al. 2). En revanche, comme la personne en tutelle, la personne placée sous habilitation familiale générale ne peut conclure de mandat de protection future, ni pour elle-même (C. civ., art. 494-8, al. 2) ni pour autrui (ord. n° 2015-1288 du 15 octobre 2015, art. 13, entré en vigueur le 1er janvier 2016). Mais était-il nécessaire d'interdire le mandat aux personnes hors d'état d'exprimer leur volonté ? Fallait-il les protéger par une incapacité spéciale de contracter pour subordonner la validité du mandat de protection future à un minimum de lucidité ? Les additions opérées par l'ordonnance du 15 octobre 2015 relative à la simplification et à la modernisation du droit de la famille ont-elles pour objet de consacrer la jurisprudence initiée par l'arrêt de rejet du 12 janvier 2011 et sanctionnant le mandat défensif ?

B. Le sens, la valeur et la portée de la décision

LE SENS. Il faut être attentif au texte sur lequel s'est fondée la Cour de cassation. Pour justifier que l'ouverture de la curatelle met fin au contrat de mandat de protection future, elle ne répond pas au pourvoi construit sur le fondement de l'article 483 4° du Code civil. Elle ne cherche pas à développer la distorsion entre la volonté du majeur et son intérêt, alors même qu'il existe des arguments en ce sens. La décision de la Cour de cassation est autoritaire ; elle se prononce aussi sur l'opportunité du mandat de protection future. Elle tend à interdire la conclusion d'un mandat de protection future par lequel les parties cherchent à court-circuiter le juge des tutelles, à le prendre de vitesse pour éviter l'ouverture de la curatelle ou de la tutelle. La Cour de cassation passe d'ailleurs sous silence l'activation du mandat de protection future ; on n'ignore si le mandataire était en possession d'un certificat médical circonstancié signé par un médecin choisi sur la liste du procureur de la République. En visant l'article 483 2° du Code civil, la Cour de cassation laisse néanmoins la possibilité au juge des tutelles de maintenir le mandat.

LA VALEUR. Cet arrêt de rejet est le premier arrêt de la Cour de cassation qui se prononce en visant la loi du 5 mars 2007. Entrée le 1er janvier 2009, il aura fallu deux ans pour que le contentieux remonte à la Cour de cassation. Il est symbolique que le premier arrêt concerne le mandat de protection future qui constitue la mesure phare de la réforme du droit des majeurs protégés. Le 29 mai 2013, la Cour de cassation a rendu un second arrêt dans des faits assez proches : elle a maintenu la jurisprudence initiée le 12 janvier 2011 dans l'arrêt de rejet qui condamne la pratique du mandat défensif, celui que l'on conclut trop tardivement alors que le juge des tutelles cherche à rassembler les éléments pour déterminer la meilleure mesure de protection judiciaire. L'arrêt de 2011 demeure l'arrêt de référence. Sa valeur croît avec les années, bien qu'il donne du mandat de protection future une image négative.

LA PORTÉE de l'arrêt de rejet est limitée. Il ne concerne pas les mandats de protection future conclus avant la saisine du juge.

Un mandat de protection future est – c'est là son intérêt principal – conclu par une personne saine d'esprit qui entend organiser la protection de sa personne et de ses biens (C. civ., art. 415) pour le jour où elle souffrirait d'une altération de ses facultés mentales. Elle a toute liberté pour choisir son mandataire et son protecteur ; elle peut même décider de le rémunérer. Rien n'est dit en l'espèce du point de savoir si le mandat de protection future peut être modifié par les parties jusqu'à ce que l'altération des facultés mentales soit constatée par un médecin choisi sur la liste du procureur de la République.

Lorsque le mandat de protection future est activé, dans les conditions de l'article 481 du Code civil (Présentation au greffe du tribunal d'instance du mandat et du certificat médical circonstancié), il peut être mis en œuvre ; après, le juge a néanmoins toute liberté pour apprécier son efficacité : le maintenir purement et simplement, le maintenir et le compléter ou y mettre fin.

Contrairement à la curatelle ou à la tutelle, le mandat de protection future ne crée aucune incapacité d'exercice générale (comme la sauvegarde de justice ; néanmoins la désignation d'un mandataire spécial crée une incapacité d'exercice spéciale).

La pleine capacité est de principe ; l'incapacité de jouissance et l'incapacité d'exercice sont des exceptions nécessairement légales. Ces mesures sont ici prises par la loi ou par le juge pour protéger les personnes vulnérables, contre elles-mêmes ou contre les comportements d'autrui.

L'arrêt ne concerne pas non plus les mandats de protection future conclus après la saisine du juge. Comme la personne placée sous sauvegarde de justice, le curatélaire peut conclure un mandat de protection future, si néanmoins il est assisté de son curateur (C. civ., art. 477, al. 2).

LA CONSULTATION

La méthode

Le cas pratique est apprécié des étudiants qui jugent l'exercice plus accessible parce que les questions sont concrètes. La résolution d'une consultation exige néanmoins tout autant de rigueur. Il convient d'abord de recenser les problèmes, de les identifier et de les formuler. Il faut donc, en amont, procéder à un problème de qualification, c'est-à-dire reformuler les problèmes de fait en problèmes de droit. Il est recommandé de ne pas recopier les faits au début de son devoir ; une brève et concise présentation des problèmes suffit à l'ordre de leur résolution.

Pour répondre à chaque problème posé par la consultation, il faut identifier les mécanismes applicables en l'espèce, les présenter un à un, en respectant les sources du droit : la loi avant la jurisprudence, la jurisprudence avant la doctrine. La réponse doit donc être argumentée, en droit. Aucun professeur de droit n'attend de ses étudiants qu'ils connaissent par cœur tout le Code civil. En revanche, l'apprentissage du cours et la réalisation des exercices corrigés en travaux dirigés sont autant d'occasion de travailler très régulièrement avec le Code civil. La présentation des textes utiles à la résolution des problèmes est nécessaire.

Le Code civil ne doit pas non plus être recopié. La jurisprudence doit être citée plus succinctement qu'elle ne l'est dans le corrigé qui suit. Il n'est naturellement pas attendu des étudiants d'indiquer les références permettant de retrouver les décisions sur le site Internet officiel de la législation et de la jurisprudence pour y retrouver les arrêts de la Cour de cassation (www.legifrance.gouv.fr/jurisprudence/judiciaire/numéro d'affaire). Il n'est pas davantage nécessaire de citer dans votre copie les revues juridiques (D. comme le *Recueil Dalloz,* JCP G. pour la *Semaine juridique,* édition générale) ou les recueils de grands arrêts (H. Capitant, F. Terré et Y. Lequette,

Les Grands Arrêts de la jurisprudence civile, 13e éd., t. 1, Dalloz, 2015 ; A. Batteur, dir., *Les Grandes Décisions du droit des personnes et de la famille*, 2e éd., LGDJ – Lextenso, 2016). Toutes les références ici données sont des invitations à lire.

La présentation des sources du droit doit être suivie, en revanche, d'une vérification rigoureuse des conditions théoriques et de leur application pratique. Un aller-retour du droit au fait doit être opéré régulièrement. La consultation n'est pas une récitation de cours, mais une application intelligente des connaissances acquises. La confrontation du droit au fait suscite parfois la discussion, pas toujours. Au terme du raisonnement en droit, il convient de proposer une réponse en fait, et passer au problème suivant. En définitive, le raisonnement doit être construit et argumenté. La rigueur, le sens de la synthèse et la précision de la langue sont les qualités attendues, par-delà l'assimilation du cours.

Exercice

Sujet

Le sujet illustre le programme de droit des incapacités et de la famille.

Arthur Beghinsay est un trompettiste talentueux mais il est atteint de tendances dépressives chroniques, pour lesquelles il suit un traitement psychiatrique. Lors d'un séjour en Amérique du Sud, il fait connaissance de Mlle Ariana Arequipa qui succombe à ses charmes. Celle-ci lui demande de l'épouser car, déclarant être de nationalité péruvienne, elle prétend ne pas pouvoir librement s'installer en France pour y faire du commerce. Le mariage a lieu le 12 décembre 2009 et les époux viennent s'établir à Paris. Mais l'union se désagrège progressivement, pour des raisons tenant notamment aux problèmes psychiques d'Arthur Beghinsay. Deux faits vont précipiter les choses et occasionner la séparation de fait. D'une part, Mme Ariana Beghinsay apprend que son époux n'appartient pas à la célèbre famille de sucrier. D'autre part, Arthur Beghinsay réalise que sa femme a toujours eu la nationalité française depuis sa naissance. De surcroît, il apprend après son mariage, grâce aux recherches menées par son cousin généalogiste, qu'Ariana est leur cousine commune au 23e degré. Le 12 avril 2010, au soir, après une dispute, Ariana Arequipa a décidé

d'abandonner l'usage de son nom conjugal ; puis elle l'a quitté définitivement le jour même pour s'établir en concubinage avec son patron : Florent Dupety. Trois semaines après la rupture, Arthur Beghinsay a sombré dans une telle dépression qu'il a été hospitalisé. Il a été placé sous tutelle par un jugement daté du 15 décembre 2010 émanant du juge des tutelles du tribunal d'instance d'Évreux, une mesure renouvelée pour la même durée par jugement issu du même tribunal et en date du 14 décembre 2015. Puis il s'est installé dans la maison de Conches-en-Ouche qu'il avait héritée de sa tante. Arthur Beghinsay ne songe pas à divorcer mais le fait que sa situation soit contraire à son état matrimonial inquiète son tuteur, mandataire judiciaire à la protection des majeurs. Ce dernier vous interroge : si le concubin, Florent Dupety, fait faillite, Mme Ariana Arequipa pourrait encore demander à son mari de contribuer aux charges du mariage. Quel divorce pourrait alors être envisagé ? À quelles conditions, cette action pourrait-elle l'être ? Est-ce que le divorce serait un meilleur remède que la nullité de mariage pour le cas où cette autre voie de désunion serait envisageable ?
(Ce sujet illustre le programme de droit des incapacités et de la famille)

Éléments du corrigé

La rupture d'Arthur Beghinsay et d'Ariana Arequipa pose une série de problèmes. Plusieurs voies de démariage sont ici envisageables (I) qu'il faudra donc exposer (I) puis comparer, au regard des avantages escomptés pour notre client : le tuteur d'Arthur Beghinsay, et des chances sérieuses d'aboutir (II).

I. Les fondements du démariage

La désunion du couple marié peut être fondée sur l'annulation du mariage (A) ou sur le divorce (B).

A. Le démariage par voie de nullité de mariage

La nullité de mariage sanctionne un mariage conclu et célébré de manière irrégulière. Pour être valable, l'acte juridique de mariage est subordonné à de nombreuses conditions de fond et de forme. En l'espèce, rien ne permet de douter de la validité formelle du mariage. En revanche, des conditions de fond paraissent douteuses. Le consentement nuptial qui n'est pas lucide, ni sincère est sanctionné par l'article 146 du Code civil ; le consentement vicié est sanctionné par l'article 180 du Code civil.

1. L'article 146 du Code civil

Le consentement non lucide correspond à l'hypothèse où une personne ne jouit pas de toutes ses facultés mentales. Or il faut être sain d'esprit pour conclure un acte juridique, exige l'article 414-1 du Code civil, et le mariage n'échappe pas à cette règle, comme l'a rappelé la Cour de cassation (Cass. civ. 1e, 4 mai 2011, n° 09-68983, D. 2011, Jurispr., p. 2387, note G. Raoul-Cormeil). En outre, l'article 146 du Code civil dispose qu'il n'y a pas de mariage valable s'il n'y a point de consentement. Ainsi, selon la jurisprudence, l'absence de consentement recouvre notamment l'hypothèse où le consentement émane d'une personne souffrant d'une altération de ses facultés mentales. En l'espèce, Arthur Beghinsay n'était pas encore le bénéficiaire d'une mesure de protection juridique lorsqu'il s'est marié le 12 décembre 2009 ; or, rien ne permet de dire qu'à cette date, il souffrait déjà de l'altération de ses facultés mentales médicalement constatée pour justifier l'ouverture d'une mesure de tutelle par le jugement du 15 janvier 2011. La preuve de l'existence et de la gravité du trouble mental est d'autant plus difficile à rapporter qu'il faut l'établir au jour de la formation du mariage. Sans doute le juge peut-il déduire cet élément psychologique inconnu à partir d'un faisceau d'indices. La dépression chronique est une maladie continue. Des attestations médicales pourraient offrir la preuve complémentaire qui forgerait la conviction du juge qu'Arthur Beghinsay n'a pas compris le sens et la portée de son engagement matrimonial. Requis à peine d'irrecevabilité de la requête en ouverture de la mesure de protection juridique, le certificat médical circonstancié établi par le médecin inscrit sur la liste du procureur de la République, en vertu de l'article 431 du Code civil et de l'article 1289 du Code de procédure civile, devrait étayer la gravité de l'altération des facultés mentales d'Arthur Beghinsay et indiquer ses conséquences sur la faculté de consentir à un acte juridique aussi important que le mariage. L'incertitude demeure néanmoins.

L'article 146 du Code civil sanctionne aussi un mariage célébré par une personne qui ne manifeste pas un consentement sincère. Plus fréquente que l'absence de lucidité est l'hypothèse des mariages de complaisance appelés aussi « mariages blancs ou gris », selon que l'autre époux est complice ou victime du consentement simulé. En l'espèce, Ariana Arequipa a semblé convaincre Arthur Beghinsay de se marier pour faciliter son établissement en France et obtenir le permis de séjour qui lui était nécessaire pour exercer le commerce si elle est vraiment, comme elle l'a prétendu, de nationalité étrangère. Pour être valable, le consentement au mariage doit être tendu vers ses effets essentiels, c'est-à-dire ses effets impératifs et spécifiques. La nationalité française n'est pas un effet spécifique au mariage car on peut l'obtenir d'une autre manière qu'en se mariant avec un ressortissant français. Nous serions donc dans le cas où, comme l'a jugé la Cour de cassation, notamment par l'arrêt Appietto, « le mariage est nul lorsque les époux ne se sont prêtés à la cérémonie qu'en vue d'atteindre un but étranger à l'union matrimoniale » (Cass., civ. 1e, 20 novembre 1963, n° 62-12722 ; Bull. civ. I, n° 291 ; D. 1964, Jurispr., p. 465, note G. Raymond ; Cass., civ. 1e, 28 octobre 2003, n° 01-21529 ; Bull. civ. I, n° 215 ; D. 2004, Jurispr., p. 21, note J.-P. Gridel ; G. Raoul-Cormeil, *RRJ*, 2005, p. 743). Toutefois, en l'espèce, l'obtention de la nationalité française n'a pas été , nous semble-t-il, le seul motif d'Ariana Arequipa. Rien ne permet de douter qu'ils ont établi une vie commune et voulu fonder une famille. L'intention des époux était donc aussi tendue vers les effets essentiels du mariage. L'annulation du mariage sur le fondement de l'article 146 du Code civil est d'autant plus compromise qu'Ariana Arequipa est née de nationalité française. L'article 180 du Code civil offre peut-être plus de prise à une action en nullité de mariage.

2. L'article 180 du Code civil

L'article 180 du Code civil sanctionne le mariage conclu par un époux qui peut établir un vice du consentement. En l'espèce, la violence au sens de contrainte morale n'est pas en cause. En revanche, plusieurs faits peuvent entrer dans la catégorie d'erreur sur les qualités essentielles de la personne du conjoint. Ariana Arequipa a appris que son époux n'appartenait pas à la célèbre famille de sucrier ; en outre, elle n'avait pas connaissance de sa maladie mentale. De son côté, Arthur Beghinsay peut imputer à sa femme un mensonge sur sa nationalité. De surcroît, il a appris par un cousin généalogiste que sa femme et lui avaient un ancêtre commun et, partant, étaient cousins germains au 23e degré. L'erreur sur les qualités essentielles de la personne du conjoint doit obéir à cinq conditions. D'ordre psychologique, l'erreur est d'abord un décalage entre la croyance et la réalité. L'erreur est spontanée ou provoquée par un mensonge du conjoint ou d'un tiers. Certes, l'article 180, alinéa 2 du Code civil ne vise pas le dol. Mais il ne l'exclut pas non plus, bien que Loisel (1536-1617) enseignait autrefois : « En mariage trompe qui peut. » L'erreur provoquée par un mensonge obéit aux mêmes conditions que l'erreur spontanée. Ceci étant dit, il est beaucoup plus facile d'alléguer en justice une erreur lorsqu'on peut établir qu'elle a été causée par un mensonge. De surcroît, contrairement au droit commun des contrats et à la règle posée à l'article 1116 du Code civil, il importe peu que l'erreur ait été provoquée par le fait d'un tiers. Le mariage n'est pas un contrat comme les autres. L'erreur doit ensuite être déterminante du consentement. C'est dire que sans cette erreur le consentement au mariage n'aurait pas été donné. Ariana Arequipa devra convaincre le juge que si elle avait su que son époux n'appartenait pas à la célèbre famille de sucrier, elle ne l'aurait pas épousé. Ou bien Ariana Arequipa doit établir que si elle avait mieux connu son futur époux et avait su qu'il souffrait de tendances dépressives chroniques, elle ne se serait pas mariée avec lui. De son côté, Arthur Beghinsay doit prouver que s'il avait su que sa future femme était sa cousine lointaine ou de nationalité française, il ne l'aurait pas épousée non plus. En pratique, il est vraisemblable qu'une personne juge la fortune, la santé mentale, le lointain cousinage ou la nationalité française comme un caractère important, voire déterminant du consentement. Mais la validité du mariage ne peut dépendre de la seule volonté individuelle de chacun pour être des qualités essentielles de la personne du conjoint. Le mariage n'est pas un contrat comme les autres. Cette institution naît comme un contrat par un échange de consentements mais cet acte fondateur de la famille répond à des conditions d'ordre public. Le juge dispose d'un pouvoir d'appréciation pour dire si une caractéristique personnelle, jugée déterminante du consentement par un époux, répond au critère de qualité essentielle de la personne du conjoint. L'appréciation de la qualité essentielle n'est pas seulement subjective mais aussi objective : c'est-à-dire qu'il faut que la qualité soit jugée essentielle pour le plus grand nombre à l'époque où le juge statue. La jurisprudence a exclu, à ce titre, la fortune comme la nationalité, en dehors du cas très particulier où la nationalité du futur époux était celle du pays belligérant (Trib. civ. Seine, 4 février 1918 ; D. 1920, 2e partie, p. 78, à propos d'une femme qui croyait épouser un Alsacien, pendant

la Première Guerre mondiale, alors que son futur époux était allemand). Le cousinage lointain n'est pas un obstacle à la célébration du mariage. La nullité de mariage pour consanguinité désigne tous les parents en ligne directe, sans limite de degré ; mais pour les parents collatéraux, seuls les frère(s) et sœur(s), parents au second degré, et les tante et neveu (ou nièce), oncle et nièce (ou neveu), c'est-à-dire les parents au troisième degré, ne peuvent pas se marier ensemble, à moins de réunir les conditions de fond et de forme exigées par l'article 164 du Code civil. L'esprit de tolérance qui caractérise le droit civil à l'égard de la consanguinité marque une distance certaine avec le droit canonique. Certes, il n'existe pas de jurisprudence indiquant le degré de parenté à partir duquel l'impression d'inceste subsiste ou, à l'inverse, doit être tenue pour indifférente. Mais une parenté au 23e degré suppose qu'il y ait entre deux personnes du même âge 11 et 12 générations successives avant de remonter à l'ancêtre commun, c'est-à-dire trois à quatre siècles.
Plus sérieux est l'argument tenant à la santé mentale si on la confronte à la définition de la qualité essentielle qu'en donne la cour d'appel de Rouen, dans un arrêt du 6 mars 2008. La pleine santé mentale est, en effet, l'une de ces qualités que tout futur époux « espère trouver chez un conjoint, conformément aux usages et à l'opinion commune, et dont le défaut est de nature à perturber gravement une vie de couple » (RTD civ. 2008, spéc. p. 660, obs. J. Hauser). Les juges du fond exigent que l'insanité ou le déséquilibre psychologique soit assez grave et continue pour compromettre le déroulement normal de la vie conjugale. Ainsi, les juges du fond admettent parfois que la santé mentale soit une qualité essentielle de la personne du conjoint (TGI Rennes, 9 novembre 1976 ; D. 1977, jurispr., p. 539, note H. Cosnard ; contra CA Paris, 7 novembre 1996, Juris-Data n°1996-024397, à propos d'une immaturité psycho-affective et d'une déficience intellectuelle, sources de difficultés de comportement et d'affabulations répétées), contrairement à la Cour de cassation qui n'a pas eu l'occasion de se prononcer depuis la modification de l'article 180 du Code civil par la loi du 11 juillet 1975 (Cass., civ. 1e, 29 janvier 1975, n° 73-13326 ; Bull. civ. I, n° 42 ; D. 1975, jurispr., p. 82, note J. Hauser, à propos de la schizophrénie de l'épouse qui a été dissimulée à son futur mari). Antérieure à l'ouverture de la nullité de mariage pour erreur sur les qualités essentielles de la personne du conjoint, cette jurisprudence semble dépassée ; elle ne pourrait être

défendue par l'article 212 du Code civil qui oblige les époux à un devoir d'assistance. En effet, les caractères virtuel et réciproque de cette obligation morale que consacre la loi civile s'évanouissent si l'époux lucide découvre, après son mariage, que son conjoint est atteint d'une maladie dont la gravité et le caractère incurable sont de nature à l'obliger unilatéralement et à compromettre la vie commune. La qualification de qualité essentielle de la personne du conjoint est susceptible d'évoluer avec les mœurs et les époques comme l'a montré le cas où le mariage a été jugé valable en dépit d'un mensonge sur la virginité (CA Douai, 17 novembre 2008, JCP éd. G., 2009, II, 10005, note Ph. Malaurie. Cet arrêt infirme le jugement émanant de TGI Lille, 1er avril 2008, D. 2008, Jur., p. 1399, note approbative P. Labbée ; JCP., éd. G. 2008, II, 10122, note G. Raoul-Cormeil). Poursuivant l'analogie avec d'autres causes de nullité de mariage, telles que l'impuissance ou la stérilité, ce n'est pas la maladie mentale en tant que telle qui modifie l'appréciation portée sur la personne du conjoint mais son refus de se soigner (Rouen, 6 mars 2008, préc. ; *AJ famille*, 2008, p. 399, obs. F. Chénedé).

Sous cet angle, la suppression de l'exigence formelle du certificat médical prénuptial prend tout son sens. Depuis la loi du 20 décembre 2007, le législateur ne soumet plus les futurs époux à une visite médicale avant de se marier, comme si la santé de la personne ne pouvait jamais constituer un obstacle au mariage et ne pouvait plus avoir de répercussion que sur la seule vie commune. En définitive, si les quatre erreurs qui peuvent être invoquées ici par Ariana Arequipa ou Arthur Beghinsay peuvent être déterminantes de leur consentement, aucune d'entre elles ne peut fonder utilement une action en nullité de mariage pour erreur sur les qualités essentielles de la personne du conjoint.

En l'absence de doute sur le fait que ni la nationalité étrangère, ni l'absence de cousinage lointain ne constitue des qualités essentielles que l'on peut légitimement espérer trouver chez la personne du conjoint, on ne saurait conseiller au tuteur d'Arthur Beghinsay d'engager une action en nullité de mariage fondée sur l'article 180 du Code civil.

Seule une action en nullité de mariage fondée sur un consentement non lucide présente une chance d'aboutir, si la preuve médicale est de nature à convaincre les juges de l'altération des facultés mentales. Le divorce est une voie de démariage bien plus fréquente. Il reste à vérifier si ses conditions sont si faciles à mettre en œuvre en l'espèce.

B. Le démariage par voie de divorce

L'article 229 du Code civil, réécrit par la loi du 26 mai 2004 entrée en vigueur le 1er janvier 2005, envisage quatre cas de divorce. Mais parce que le mari est en tutelle, deux des cas de divorce lui sont interdits. Le majeur en tutelle ne peut consentir à un divorce pour acceptation de principe de la rupture de mariage, pas plus qu'à la convention de divorce par consentement mutuel. L'article 249-4 du Code civil élève une incapacité de jouissance par laquelle il retire ces deux droits subjectifs à l'époux en tutelle pour éviter que le conjoint fasse pression pour obtenir son consentement. La loi pose en quelque sorte une présomption irréfragable de contrainte morale. S'il est néanmoins dans l'intérêt d'Arthur Beghinsay de divorcer, il lui reste deux fondements possibles : le divorce pour faute (A) et le divorce pour altération définitive du lien conjugal (B).

1. Le divorce pour faute

L'article 242 du Code civil pose trois conditions pour rendre bien fondée une demande en divorce pour faute. Premièrement, la faute conjugale suppose de démontrer la violation d'une obligation ou d'un devoir né du mariage. En l'espèce, Arthur Beghinsay peut reprocher à son épouse Ariana Arequipa d'avoir quitté le domicile conjugal et d'avoir rompu la communauté de vie qui doit exister entre eux selon l'article 215 du Code civil. En outre, Arthur Beghinsay peut reprocher à sa femme d'avoir manqué au devoir de fidélité que lui impose l'article 212 du Code civil. Tout indique en outre qu'elle n'a pas observé le devoir d'assistance en faisant le nécessaire auprès de son mari lorsqu'il a été hospitalisé, à la suite d'une aggravation de son état dépressif. Elle a donc également manqué au devoir d'assistance prévu par le même article 212. Ces trois fautes sont imputables à Ariana Arequipa. Rien ne lui permet de prouver que cette deuxième condition n'est pas satisfaite. Enfin, la faute conjugale doit rendre impossible le maintien de la vie conjugale. Les juges du fond jouissent d'un pouvoir souverain d'appréciation sur ce point. Et la Cour de cassation n'exige plus des juges du fond qu'ils indiquent formellement que les trois conditions posées à l'article 242 du Code civil sont réunies (V. notamment Cass., civ. 1e, 11 janvier 2005, n° 02-15443 ; Bull. civ. I, n° 8).

Si une action en divorce pour faute est engagée, à titre principal, au nom d'Arthur Beghinsay, son épouse Ariana Arequipa pourrait-elle répondre par une action reconventionnelle en divorce pour faute qui, si elle était également jugée bien fondée, aboutirait à un divorce aux torts partagés ? Rien n'est moins sûr. Aucun fait ne peut être reproché à Arthur Beghinsay. Surtout l'altération de ses facultés mentales rend excusable son attitude. La Cour de cassation se fonde sur l'absence d'imputation (Cass., civ. 1e, 12 novembre 2009, pourvoi n° 08-20.710, arrêt de cassation pour manque de base légale rendu en matière de curatelle). Si une action en divorce pour faute a des chances d'aboutir, qu'en est-il du divorce pour altération définitive du lien conjugal ?

2. Le divorce pour altération définitive du lien conjugal

Ouvert à l'article 237 du Code civil, le divorce pour altération définitive du lien conjugal a été introduit par la loi du 26 mai 2004 pour remplacer le divorce pour rupture de la vie commune notamment conçu pour l'époux qui était disposé à accepter toutes les conséquences du divorce puisqu'il n'y avait plus de vie commune avec l'époux qui souffrait d'une altération de ses facultés mentales depuis six ans. L'article 238 du Code civil aujourd'hui en vigueur subordonne désormais cette demande en divorce à la seule preuve que les époux vivent séparés de fait depuis deux ans au jour du dépôt de la requête. La preuve de la séparation de fait ne doit pas résulter d'un accord entre époux. Les époux doivent avoir complètement rompu et ne pas entretenir épisodiquement des liens de solidarité familiale. En l'espèce, la rupture de la vie commune peut être datée au 12 avril 2010. Si la preuve de cette rupture peut être faite, notamment par attestation médicale de la détérioration de son état de santé consécutive à cet abandon, alors la condition temporelle de deux ans est réunie. Précisons que cette demande en divorce pour cause objective peut être demandée aussi bien par Arthur Beghinsay que par son épouse Ariana Arequipa. Toutefois, l'article 246 du Code civil précise que le juge qui est saisi concurremment de deux demandes en divorce, l'une sur le fondement de l'article 242 du Code civil et l'autre sur le fondement de l'article 237, doit prioritairement examiné la demande en divorce pour faute, ce qui est un avantage pour Arthur Beghinsay.

Arthur Beghinsay dispose du choix du fondement pour divorcer, mais cette voie de démariage est-elle préférable à la nullité de mariage ? C'est ce qui reste à étudier maintenant.

II. Comparaison et choix de la voie de démariage

Le choix entre la nullité de mariage et le divorce dépend de leurs conséquences autant que de leurs conditions. En théorie, les effets sont en voie d'harmonisation (A) alors que les conditions demeurent distinctes (B).

A. L'harmonisation des effets

L'harmonisation des effets concerne la date de la rupture et la qualité des effets.

1. La date de la rupture

La nullité de mariage sanctionne un mariage irrégulier, alors que le divorce sanctionne un échec de la vie conjugale. L'annulation de mariage est, en principe, rétroactive ; elle aboutit à remettre en cause le mariage depuis son début ; les époux sont censés avoir vécu en concubinage. Toutefois, l'époux de bonne foi jouit de la théorie du mariage putatif s'il était de bonne foi au jour de la formation du mariage, bref s'il ignorait avoir conclu un mariage irrégulier (Cass., civ. 1e, 20 novembre 2013 ; RTD civ. 2014, p. 91, obs. J. Hauser). Non seulement la bonne foi est présumée (Cass., civ., 5 novembre 1913, H. Capitant, F. Terré et Y. Lequette, *Les Grands Arrêts de la jurisprudence civile*, t. 1, Dalloz, 2015, n° 36), mais rien ne permet de renverser cette présomption légale et d'établir qu'Arthur Beghinsay serait de mauvaise foi, c'est-à-dire qu'il savait avoir contracté un mariage irrégulier. L'application de l'article 202 du Code civil qui consacre la théorie du mariage putatif aboutit à rapprocher le mariage annulé du divorce. L'annulation du mariage ne produira pas ses effets rétroactivement, mais seulement pour l'avenir, comme un divorce. La date de la rupture sera ainsi fixée par le juge aux affaires familiales, conformément à l'article 262-1 du Code civil, à la date de l'ordonnance de non-conciliation, ou à la demande d'une partie, à la date où les époux ont cessé de cohabiter et de collaborer, c'est-à-dire le 12 avril 2010.

2. La nature des effets

Celui des deux époux qui peut prétendre à une prestation compensatoire au jour où le divorce est prononcé peut prétendre à cet effet du divorce lorsque le mariage est annulé. La Cour de cassation a étendu les effets du divorce aux nullités de mariage (Cass., civ. 1e, 23 octobre 1990, n° 89-10250 ; Bull. civ. I, n° 221 ; D. 1991, Jur., p. 214, note C. Mascala ;

JCP, éd. G., 1991, II, 21774, note F. Monéger), sans exiger la bonne foi de l'époux qui pourrait prétendre à la prestation compensatoire définie à l'article 270 du Code civil. Enfin, rien n'empêche celui dont le mariage est annulé ou dissout par divorce d'engager la responsabilité civile de son ex-conjoint, sur le fondement de l'article 1382 du Code civil, pour qu'il soit condamné à réparer le préjudice moral ou matériel qu'il a causé par sa faute. L'étude des effets n'est pas déterminante du choix du fondement entre le divorce et la nullité de mariage. Cette harmonisation des effets ne rayonne pas sur les conditions de mise en œuvre de l'action en nullité et de l'action en divorce qui se distinguent encore aisément.

B. La distinction des conditions

Les conditions de fond propres à chacune des institutions ont été étudiées. Mais il reste à les comparer sur l'intérêt à agir, d'une part, la qualité et le délai pour agir, d'autre part.

1. L'intérêt à agir

Tandis que la cause de la nullité de mariage s'est manifestée avant l'ouverture de la tutelle, la cause du divorce s'est manifestée avant (la faute conjugale) ou après (l'écoulement du délai de deux ans de séparation de fait). Quoi qu'il en soit, l'action en nullité de mariage comme l'action en divorce concerne Arthur Beghinsay, aujourd'hui placé en tutelle par un jugement du 14 décembre 2015 qui a renouvelé la mesure. Pour le divorce, l'article 249 du Code civil prévoit que la demande en divorce doit être présentée par le tuteur s'il a été autorisé par le juge des tutelles. Le tuteur devra donc solliciter le juge des tutelles. Il devra lui présenter un avis médical de son médecin –traitant– pour dire si le divorce aurait pour effet d'aggraver l'état de santé du tutélaire. En outre, le tuteur doit démontrer que cette demande en divorce est manifestée dans l'intérêt du tutélaire. Le tuteur doit être sensible à la bonne gestion des biens d'Arthur Beghinsay. En effet, tant que le mariage produit ses effets, M. Beghinsay doit contribuer aux charges du mariage et pourrait être assigné par son épouse, sur le fondement de l'article 214 du Code civil, pour lui verser une pension alimentaire si elle démontre être dans le besoin. Ceci étant dit, la Cour de cassation admet que les juges du fond rejettent cette demande si elle émane d'une personne qui a fui sans motif légitime le domicile conjugal (Cass., civ. 1e, 16 octobre 1984, n° 83-13739 ; Bull. civ. I, n° 264). Quoi qu'il en soit, le tuteur doit aussi être sensible à la personne du tutélaire, raison pour laquelle le juge des tutelles doit auditionner l'intéressé avant d'autoriser le tuteur à engager en son nom une action en son divorce (Cass., civ. 1e, 4 juillet 2012, n° 10-28.370). Ce raisonnement peut être transposé à l'action en nullité de mariage, en l'absence de texte aussi précis. Seul l'article 475, alinéa 2 du Code civil oblige le tuteur à requérir une autorisation du juge des tutelles pour engager une action extrapatrimoniale, ce qui est le cas d'une action en nullité de mariage. Le juge des tutelles devra donc aussi s'interroger sur l'intérêt d'Arthur Beghinsay à engager une telle action, en examinant son intérêt personnel et patrimonial. La question de l'intérêt à agir ayant été examinée, l'étude se porte maintenant sur la qualité et le délai pour agir.

2. La qualité et le délai pour agir

Le divorce est une action attitrée qui n'est pas limitée dans le temps mais par la durée de vie des époux. Rien ne presse donc. Il n'en est pas de même des cas de nullité de mariage. La demande en nullité de mariage fondée sur une erreur sur les qualités essentielles de la personne du conjoint est un cas de nullité relative qui doit être engagée, comme l'indique désormais l'article 181 du Code civil depuis la loi du 4 avril 2006, dans les cinq ans de la célébration du mariage soit avant le 12 décembre 2014, même si Arthur Beghinsay profite de l'article 2235 du Code civil qui suspend la prescription extinctive depuis l'ouverture de la tutelle. Toute action fondée sur l'article 180 du Code civil est donc prescrite. En revanche, l'action en nullité de mariage fondée sur un consentement non lucide est un cas de nullité absolue, comme le précise l'article 184 du Code civil qui renvoie à l'article 146. L'action n'est donc pas réservée au tuteur qui représente le tutélaire mais ouverte au ministère public tant que les époux sont vivants, exige l'article 190 du Code civil. Le délai pour agir est de trente ans à compter de la célébration du mariage. Aucune condition ici posée ne présente en l'espèce de difficulté.

En définitive, la solution doit être justifiée au regard du seul intérêt d'Arthur Beghinsay. Son tuteur devrait fonder d'abord sa demande en divorce pour faute, car la preuve de la faute conjugale est assez facile à rapporter. Ensuite, il peut envisager l'annulation du mariage pour consentement non lucide s'il peut rapporter la preuve du caractère chronique de son état dépressif. Enfin, il lui restera le divorce pour altération définitive du lien conjugal qui est ouvert puisque le couple est séparé depuis deux ans. Dans les trois cas, le tuteur devra néanmoins être autorisé par le juge des tutelles ; c'est donc lui qu'il faudra convaincre de donner son autorisation après avoir entendu l'intéressé.

Maîtriser le droit constitutionnel

Par Patrick Fraisseix
Premier conseiller au tribunal administratif de Versailles
Maître de conférences à l'Institut d'études politiques de Paris
Ancien enseignant associé à l'École nationale de la magistrature

PRÉSENTATION GÉNÉRALE

La France va décider en 1789 de rompre avec son passé absolutiste, de se doter d'un ordre juridique nouveau reposant sur une Constitution écrite et le principe fondamental de la séparation des pouvoirs (consacré à l'article 16 de la Déclaration des droits de l'homme et du citoyen de 1789). Depuis cette époque, la France a multiplié les Constitutions (quatorze de 1791 à nos jours), lui permettant d'éprouver tous les types de régimes politiques : régime monarchique (1791, 1814, 1830), « Terreur » (1793), régime impérial (Premier et Second Empires), régime républicain autoritaire (IIe République), régime d'assemblée (lois constitutionnelles de 1875 et Constitution de 1946), ou régime parlementaire équilibré (Constitution de 1958). Dans la majorité des cas, le principe de la séparation des pouvoirs a été consacré, le plus souvent de manière souple, ce qui a conduit à l'instauration d'un régime de collaboration des pouvoirs, à savoir un régime parlementaire. Il existe néanmoins trois Constitutions qui ont édicté un régime de séparation stricte des pouvoirs, c'est-à-dire un régime présidentiel (Constitutions de 1791, de 1795 et de 1848). Ces trois expériences se sont au demeurant révélées malheureuses. La Constitution de 1791 ne dura qu'un an, fut marquée par un blocage rapide des institutions en raison de l'utilisation abusive du droit de veto par le Roi, s'acheva par l'abolition de la monarchie et la décollation du roi en 1793. La Constitution de 1795 ne connut que des coups d'État jusqu'à celui de Bonaparte qui l'acheva. Quant à celle de 1848, elle subit un sort comparable avec Louis-Napoléon Bonaparte. Les différentes constitutions de la France ont au surplus connu des destins temporels variés. L'une n'a jamais été appliquée (Constitution de 1793), une autre a connu une existence éphémère (la « Benjamine » ou Acte additionnel de 1815 appliquée durant vingt et un jours), d'autres ont bénéficié d'une application beaucoup plus longue (lois constitutionnelles de 1875 en vigueur pendant soixante-cinq ans, Constitution du 4 octobre 1958 toujours en vigueur).

Maurice Hauriou a tenté de dégager des cycles constitutionnels expliquant le caractère chaotique de l'histoire constitutionnelle française postrévolutionnaire. L'instabilité constitutionnelle de la France s'expliquerait, selon cet auteur, par les remous d'une révolution violente qui, ayant renouvelé toutes les institutions politiques et sociales, n'a pas immédiatement trouvé l'équilibre des forces nouvelles qu'elle avait déchaînées. Deux courants d'idées ont été en lutte ouverte depuis la Révolution française et chacun d'eux l'a emporté pour un temps, avant de s'effacer devant l'autre. Un premier courant révolutionnaire prenant la forme d'un gouvernement des assemblées représentatives ou gouvernement conventionnel. Un second, de type directorial, consulaire, impérial, présidentiel qui, par réaction contre les gouvernements des assemblées, a eu la préoccupation de renforcer le pouvoir exécutif légué par l'ancienne monarchie. Les interactions des deux courants ont provoqué la formation successive de deux cycles dont chacun a présenté la même évolution. Maurice Hauriou a ainsi identifié deux cycles jusqu'en 1940. Un premier cycle s'étalant de 1789 à 1848 et un second de 1848 à 1940. En leur sein, se sont succédées des périodes marquées par l'établissement d'un régime conférant une primauté aux Assemblées, puis des périodes consacrant à l'inverse une réaction exécutive conduisant à la mise en place d'un régime de type césariste, enfin une période de collaboration entre les pouvoirs.

Deux enseignements peuvent ainsi être tirés de l'histoire constitutionnelle française depuis 1791. D'une part, la France a souvent été confrontée à des longévités constitutionnelles variables et plutôt réduites au regard des autres pays occidentaux. Partant, la piste d'une VIe République mérite d'être abordée avec la plus extrême des précautions en ce sens qu'une Constitution bénéficiant d'une grande longévité constitue plutôt une denrée rare. D'autre part, la tradition française se révèle fondamentalement parlementaire ce qui semble condamner la piste de l'exportation d'un régime présidentiel à la mode américaine.

LES INNOVATIONS DE LA CONSTITUTION DE 1958

La Constitution de 1958 a été empreinte d'une idée-force. Tout en assurant une continuité républicaine et démocratique, il s'agissait de rompre avec les aléas juridiquo-politiquo-constitutionnels des IIIe et IVe Républiques pour dégager les prémices d'un régime marqué par une thaumaturge personnalité et un pouvoir exécutif fort. À ce titre, en découplant le pouvoir exécutif entre un président et un Premier ministre, le Constituant de 1958 s'est employé à immuniser l'institution présidentielle contre les vicissitudes d'un parlementarisme triomphant et dominateur. Le dispositif constitutionnel passe alors par un encadrement drastique de la responsabilité politique du gouvernement, une revalorisation de la fonction présidentielle, une reconnaissance des partis politiques, l'émergence d'un authentique juge constitutionnel et finalement une marginalisation parlementaire.

Ainsi, l'engagement de la responsabilité politique du gouvernement devant le Parlement (plus précisément l'Assemblée nationale) est fortement encadré afin d'instaurer une stabilité gouvernementale (107 gouvernements durant les soixante-cinq ans de la IIIe République et 24 durant les douze ans de la IVe République) et rompre avec la « tyrannie des séances » dénoncée par André Tardieu sous la IIIe République. Cette instabilité gouvernementale ne présentait pourtant pas un caractère continu dans la mesure où la IIIe République a connu quelques longs ministères comme celui de Waldeck-Rousseau (trente-cinq mois entre 1899 et 1902), de Combes (trente et un mois entre 1902 et 1905), ou encore de Clemenceau (trente et un mois entre 1906 et 1909 et vingt-quatre mois entre 1917 et 1920), tout comme la IVe République (gouvernement de Guy Mollet de février 1956 à juin 1957). L'objectif fondamental ainsi affiché consiste à dégager les conditions propices à une continuité de la politique gouvernementale.

Par ailleurs, les fonctions du président de la République sont sensiblement renforcées afin de dégager un homme fort, un guide, « clé de voûte des institutions » selon la formule sacramentelle de Michel Debré. Il ne saurait être dorénavant un homme politique réduit au simple rôle protocolaire d'antan. Sous les régimes passés en effet, le président de la République n'assurait qu'une fonction de représentation et se contentait de quelques prérogatives constitutionnelles, au demeurant peu exploitées. Il disposait de l'initiative des lois (uniquement sous la IIIe République), il pouvait demander une deuxième délibération des projets de loi, il présidait le Conseil supérieur de la magistrature, il nommait les hauts fonctionnaires, enfin il proposait un nom à la Chambre pour le poste de Président du conseil. Il ne disposait en conséquence d'aucun pouvoir politique réel, pas plus d'ailleurs que le Président du conseil qui n'était qu'un « commis délégué (des chambres) dans l'exécution des lois ».

La Ve République consacre de surcroît l'existence des partis politiques à l'article 4 selon lequel ils « concourent à l'expression du suffrage » en dépit de l'aversion du général de Gaulle à l'endroit du « régime des partis » ayant constitué « les poisons et les délices » de la IVe République. Elle leur fixe aussi des limites en leur imposant de « respecter les principes de la souveraineté nationale et de la démocratie ». C'est d'ailleurs un paradoxe de cette République de consacrer les partis politiques alors que leur poids et leur ascendant se sont largement érodés depuis 1958, tout particulièrement vis-à-vis de l'exécutif. De plus, la Loi constitutionnelle du 8 juillet 1999 consacrant « l'égal accès des femmes et des hommes aux mandats électoraux et fonctions électives » (article 1er alinéa 2 de la Constitution) exige que les partis « contribuent à la mise en œuvre du principe énoncé au dernier alinéa dans les conditions déterminées par la loi » (article 4 alinéa 2 de la Constitution). S'ils ne respectent pas ces principes, ils peuvent faire l'objet d'une dissolution par le président de la République en décret en Conseil des ministres.

Pour certains, la France de la IIIe et de la IVe République ne saurait être qualifiée d'État de droit mais plutôt d'« État de loi » en raison de l'absence d'un contrôle de constitutionnalité des lois effectif et indépendant et ce, malgré l'existence d'un Comité constitutionnel (article 91 de la Constitution de 1946) plus proche d'un organe politique que juridictionnel. En cas de contradiction entre une loi et la Constitution, cette dernière devait d'ailleurs s'incliner justifiant ce faisant l'appellation d'« État de loi ». Au surplus, ce comité ne fut saisi qu'une seule fois (en 1948) et n'eut même pas à statuer, étant parvenu à trouver un accord entre les Chambres. Face à cette carence marginalisant la France au regard des autres grandes démocraties (à l'exception du Royaume-Uni), les Constituants de 1958 choisirent d'innover en dépassant les risques présentés par le régime représentatif qui conduit à une dénaturation de la souveraineté populaire en souveraineté parlementaire, les Chambres s'identifiant à la démocratie. Un contrôle de constitutionnalité fut institué et confié à un juge spécialisé dont l'influence jurisprudentielle ne cesse de croître depuis le début des années 1970.

Enfin, le général de Gaulle considérait que, si des événements comparables à ceux de 1940 devaient se reproduire, il faudrait pouvoir concentrer tous les pouvoirs entre les mains d'un seul homme apte à sauvegarder le pays, quitte le cas échéant à s'affranchir pour un temps du respect des libertés publiques et individuelles (c'est la justification du futur article 16 de la Constitution). Il s'est donc agi en 1958 d'établir les conditions nécessaires à un renforcement du pouvoir exécutif et à un minutieux encadrement du pouvoir législatif par l'intermédiaire d'un « parlementarisme rationalisé », c'est-à-dire un ensemble de procédures prévues dans la Constitution de nature à permettre au président de la République et surtout au gouvernement de contrôler l'activité des chambres. Mais à bien y réfléchir, le contrôle de l'activité parlementaire par le gouvernement n'explique pas à lui seul la marginalisation parlementaire sous la Ve République. En réalité, cette configuration provient essentiellement de la disparition de la responsabilité politique du gouvernement devant le Parlement définitivement supplantée par l'exclusive responsabilité politique de ce même gouvernement devant le président de la

République. L'affaire du « sang contaminé » illustre parfaitement cette disparition en ce sens que des actes fondamentalement politiques ont fait l'objet non d'une sanction politique par le Parlement mais d'un procès pénal dans le cadre du phénomène de « criminalisation » de la vie publique. Dans ce contexte nouveau de puissance de l'exécutif, quelques procédures sont tout à fait représentatives des ambitions constitutionnelles affichées qu'il s'agisse de la fixation de l'ordre du jour des Chambres désormais attribuée au gouvernement (article 48 de la Constitution), de la technique du « vote bloqué » (article 44 alinéa 3), du partage du pouvoir d'initiative des lois et des amendements (respectivement articles 39 alinéa 1er et 44 alinéa 1er), du domaine de la loi (article 34) ou encore de la procédure des ordonnances (article 38).

LA PRATIQUE DE LA CONSTITUTION DE 1958

La Constitution de la Ve République recèle toute une série d'interrogations, d'ambiguïtés que la pratique du régime ne fait que renforcer. Plusieurs grandes règles structurent le régime depuis 1958. En premier lieu, une « majoritarisation » qui consiste dans l'existence d'une majorité parlementaire (à l'Assemblée nationale), épine dorsale du régime, solide mais surtout docile, voire inféodée, réduite au rôle instrumental d'assurer l'implantation territoriale du pouvoir, soutenant le président de la République d'une manière indéfectible en période de concordance des majorités et le Premier ministre en période de cohabitation. Ensuite, une « présidentialisation » conduisant au « présidentialisme majoritaire » qui prend la forme d'une omnipotence présidentielle depuis l'élection au suffrage universel direct de 1962 et permettant à cette autorité non seulement de présider mais aussi de gouverner contrairement aux dispositions contenues à l'article 20 alinéa 1er de la Constitution de 1958. Troisièmement, une « constitutionnalisation » qui traduit l'émergence du Conseil constitutionnel, voire des deux juges suprêmes ordinaires et de la Cour européenne des droits de l'homme comme de la Cour de justice de l'Union européenne, s'insérant dans le processus décisionnel, dégageant et imposant des droits fondamentaux que ne sauraient négliger ni *a fortiori* affecter les pouvoirs publics dans le cadre d'un État de droit renforcé. En réalité, après une cinquantaine d'années d'application, trois lectures différentes de la Constitution du 4 octobre 1958 sont envisageables sans qu'aucune d'elles n'apparaisse toutefois complète et incontestable. Certains auteurs affirment tout d'abord que la Constitution de la Ve République a mis en place un régime « semi-présidentiel », d'autres parlent de régime « ultra-présidentiel » tout comme celui de la IVe République fut « ultra-représentatif », des derniers parlent de régime « androgyne » ou de « monarchie aléatoire ». À la réflexion, cette conception repose sur deux surévaluations syncopées. La première consiste dans la surévaluation de l'élection du président de la République dans la mesure où celle-ci n'a pas empêché chacun des titulaires de la magistrature suprême d'être affaiblis durant certaines périodes de leurs septennats respectifs. Ensuite, cette élection, équivalant à une onction populaire, demeure sans effet si le président de la République ne dispose pas d'une majorité parlementaire (soumise depuis 1962). Le général de Gaulle avait parfaitement saisi le risque encouru par le président de la République en assurant que « Cette Constitution a un point faible. Si le Premier ministre rompt avec le président de la République sur un sujet qui inquiète l'opinion et que la majorité se solidarise avec lui, le Président est paralysé. C'est le défaut de la cuirasse. » La seconde surévaluation s'attache à la cohérence circonstancielle et muable des majorités parlementaire et présidentielle en ce sens que lorsque l'Assemblée nationale accorde sa confiance au gouvernement et au Premier ministre d'une appartenance politique distincte de celle du président de la République, ce dernier se trouve isolé et ne peut plus gouverner en s'appuyant sur une majorité fidèle. Au total, il semble raisonnable d'affirmer que la Constitution de 1958 juxtapose une Constitution parlementaire et une Constitution présidentielle, sans jamais établir de fusion entre ces deux catégories de constitution. Pour d'autres auteurs, à l'inverse, la Constitution de la Ve République représente une charte d'attente entre une Constitution parlementaire (en l'occurrence celle de la IVe République) et une Constitution présidentielle (en l'occurrence celle d'une future VIe République). En fait, à l'instar des trois Lois constitutionnelles de la IIIe République, on constate que ce texte d'attente, grâce à sa plasticité, perdure avec la Vᵉ République qui est parvenue à surmonter la « guerre » d'Algérie, le départ de son fondateur, des crises économiques et boursières, les phénomènes d'alternance et de cohabitation. Devant ces interprétations variées mais insatisfaisantes, il convient de constater humblement que la Constitution du 4 octobre 1958 a échappé à ses fondateurs pour aboutir en définitive à un régime atypique. Ce régime cumule en effet plusieurs propriétés qui coexistent et délimitent les variations constatées dans le fonctionnement du régime Républicain dans son essence, il évolue autour d'un triple tropisme à la fois monarchique, dyarchique et polyarchique.

L'EXÉCUTIF

L'instauration du quinquennat présidentiel par la révision du 2 octobre 2000 conduit à s'interroger sur l'avenir de l'exécutif bicéphale en France. De 2002 à 2015, en effet, le chef de gouvernement a perdu la fonction de chef de la majorité parlementaire au profit du chef de l'État. Les deux Premiers ministres du second mandat de Jacques Chirac présentaient de surcroît le désavantage de n'avoir jamais été élus au suffrage universel direct à l'échelon national ce qui de toute évidence a contrarié leur contrôle de ladite majorité. Reste que le chef de gouvernement qui traditionnellement depuis 1958 assurait aussi la fonction de président (ou de secrétaire général) du parti majoritaire à la Chambre basse et de chef de la majorité des députés, n'a pas été en mesure de le faire entre 2002 et 2007 (pas plus qu'il n'est en mesure de le faire depuis cette date) ce qui a alimenté les réflexions en faveur de l'instauration d'un régime présidentiel dispensé de la présence d'une telle autorité. À partir de 2007, le Président Nicolas Sarkozy s'est inscrit dans une dynamique d'« hyperprésidentialsiation » laissant peu de place au chef de gouvernement qui rencontre désormais les pires difficultés à impulser une politique gouvernementale indépendante des exigences présidentielles. Au-delà du chef de l'État, cette « hyperprésidensialisation » concerne aussi ses proches collaborateurs puisque le secrétaire général de l'Élysée de Nicolas Sarkozy jusqu'en 2011, Claude Guéant, a souvent été sollicité par les ministres pour obtenir des arbitrages et s'est immiscé dans la sphère diplomatique (affaire des « otages bulgares ») comme gouvernementale (annonce de réformes en lieu et place du chef de gouvernement). Le conseiller politique du président, Henri Guaino, quant à lui, a pris l'habitude de s'exprimer publiquement sur la politique du gouvernement alors même qu'il n'était dépositaire d'aucune légitimité pour ce faire, tout comme le conseiller social, Raymond Soubie, qui a mené la réforme des régimes spéciaux de retraite, puis de l'âge de départ à la retraire avec le ministre du Travail et des relations sociales. Au-delà de ces conseillers techniques, ce sont aussi d'anciens Premiers ministres qui contribuent à déstabiliser la fonction primo-ministérielle tels Michel Rocard et Alain Juppé sollicités par le chef de l'État pour un rapport sur le grand emprunt tout comme les comités de « sages » (comités Balladur I sur la modernisation des institutions et II sur la réforme des collectivités territoriales ; commissions Attali I et II sur la relance de l'économie ; comité Veil sur le Préambule de la Constitution de 1958). Depuis 2012, si la tendance de fond se trouve confortée, la présidence de François Hollande se révèle toutefois moins concurrentielle.

Dans ce contexte, le comité Balladur, reconnaissant « Qu'on peut penser que le moment est venu de rompre avec l'équivoque, ce qui aurait pour avantage de donner une plus juste image de la réalité, compte tenu de la pratique politique dominante depuis près d'un demi-siècle », a proposé de modifier l'article 5 de la Constitution de 1958 indiquant désormais que « Le président de la République… définit la politique de la nation », et l'article 20 alinéa 1er du même texte énonçant que « Le gouvernement conduit la politique de la nation » (l'alinéa 2 du même article arrêtant alors que le gouvernement « dispose à cet effet de l'administration et de la force armée »). Le terme « définir », jugé plus souple que « déterminer », a été préféré pour être censé répondre au risque de blocage en cas de cohabitation. Pareille nuance demeure cependant peu convaincante dans la mesure où il semble peu concevable d'imaginer un président de la République définissant la politique de la nation face à une Assemblée nationale majoritairement hostile, même si la perspective d'une cohabitation semble dorénavant guère envisageable avec la concomitance calendaire de l'élection présidentielle et des élections législatives. Ce comité de réflexion a à cet égard suggéré de renforcer ladite concomitance en faisant coïncider le premier tour des élections législatives avec le second tour de l'élection présidentielle. La consécration du droit de parole du chef de l'État devant le Parlement (article 18 alinéa 2 de la Constitution) vient d'ailleurs compléter la rénovation du paysage politique avec un chef de l'État français disposant, contrairement à ses homologues étrangers des régimes parlementaires, de la capacité de prononcer un discours devant le Parlement pour fixer les grandes orientations du pays sans en assumer la responsabilité et sans cependant aller jusqu'à l'instauration d'un régime présidentiel. Dans la même logique, et devant l'évolution de la nature de la fonction présidentielle passant du rang d'arbitre à celui d'acteur politique (en l'occurrence chef de la majorité parlementaire), le comité Balladur préconisait de comptabiliser les interventions du chef de l'État avec celles du gouvernement en matière de répartition des temps de parole dans les médias audiovisuels (de 7 % du temps de parole des personnalités politiques entre 1989 et 2005, celui du chef de l'État est passé à 20 % entre juillet 2007 et juillet 2008). Le 8 avril 2009, le Conseil d'État (CE, Ass. 8 avril 2009, MM.Hollande et Mathus) a ordonné au Conseil supérieur de l'audiovisuel de prendre en compte ce temps de parole du chef de l'État (et de ses collaborateurs) à la radio et à la télévision, cette autorité ayant mis en place cette réforme après les élections européennes de juin 2009. Le nouveau « principe de pluralisme » a remplacé, à compter du 1er septembre 2009, la règle des « trois tiers » (en réalité « quatre tiers »), authentifiant par-delà même l'évolution de la fonction présidentielle. Depuis cette date, les temps d'intervention de l'opposition parlementaire ne peuvent plus être inférieurs à la moitié des temps de parole cumulés du chef de l'État dans ses propos non régaliens (ceux qui relèvent du débat politique national) et de la majorité présidentielle. Et les temps de parole de la majorité présidentielle (membres du gouvernement, personnalités appartenant à la majorité parlementaire, collaborateurs du chef de l'État) seront regroupés. Au surplus, comme précédemment, existe bien un quatrième groupe disposant d'un temps de parole beaucoup plus faible que les trois autres (entre 5 à 10 %).

Parallèlement à la question de l'utilité du chef de gouvernement, des interrogations affectent aussi le chef de l'État. Après neuf années de cohabitation entre 1986 et 2002, un retour à la puissance présidentielle irrépressible d'antan ne semblait guère concevable tant le Premier ministre avait pris conscience que la réalité du pouvoir politique et juridique lui appartenait dans la Constitution (article 20 alinéa 1er). Le discours de Bayeux du 16 juin 1946 confortait cette dimension, avec un général de Gaulle indiquant à l'époque qu'« Au chef de l'État... la mission de nommer les ministres et, bien entendu, le Premier, qui devra diriger la politique et le travail du gouvernement. » Afin de mettre en correspondance le droit et la pratique cohabitationnelle, il aurait pu s'agir par exemple de s'inspirer du régime israélien appliqué jusqu'au printemps 2001 en procédant à l'élection du Premier ministre (et plus du président de la République) au suffrage universel direct, le président n'étant alors élu qu'au suffrage universel indirect à l'instar (sur ce point précis) du système appliqué en France entre 1958 et 1962 (en utilisant toutefois un collège électoral plus large que celui de cette époque, par exemple le collège électoral des personnes habilitées à présenter des candidats à l'élection présidentielle issu de la loi organique précitée du 5 février 2001). Puisque le chef du gouvernement dispose des pouvoirs effectifs dans la Constitution de la Ve République, pareille révision aurait présenté l'intérêt majeur d'édicter un statut de la fonction de Premier ministre à l'aune de ses prérogatives. Le régime de la Ve République ayant dégagé l'axe prégnant gouvernement – majorité parlementaire, le Premier ministre aurait reçu une légitimité populaire directe et plus une simple légitimité politique indirecte. Le risque de voir apparaître un Premier ministre authentique monarque omnipotent et irresponsable, donc inamovible, aurait disparu en raison de la responsabilité politique gouvernementale devant l'Assemblée nationale (même si le dispositif connaît un blocage certain depuis 1962). Quant au risque d'instabilité gouvernementale et parlementaire (manifeste en Israël depuis 1948 dans la mesure où aucun gouvernement n'a été en mesure de détenir à lui seul la majorité absolue des membres composant la « Knesset »), il semblait limité tant le mode de scrutin et la « quadrille bipolaire » ont structuré et stabilisé la vie politique française (même si cette certitude mériterait d'être tempérée au regard des résultats électoraux de 2002 et de la dispersion des voix). Enfin, la perspective de renouer avec des personnalités présidentielles de second ordre comme sous la IIIe République ne semblait pas fondée tant le chef de l'État de la Ve République, même élu au suffrage indirect, dispose d'un statut et de pouvoirs sans commune mesure avec ceux de la IIIe République. En tout état de cause, pareille perspective de régime primo-ministériel, plutôt en vogue jusqu'en 2002, a profondément été remise en cause avec la réforme du quinquennat et la concomitance calendaire des élections présidentielle et législatives. Elle paraît aujourd'hui dépassée par l'« hyperprésidentialisation » déjà constatée.

LE LÉGISLATIF

La « présidentialisation » dégagée par la pratique du régime de la Ve République, alliée au schéma constitutionnel de 1958, tend à marginaliser le pouvoir législatif qui éprouve en conséquence les pires difficultés à participer efficacement au processus décisionnel interne. La finalité cardinale poursuivie par les Constituants de 1958 consistait en effet dans la réduction des pouvoirs des Chambres (principe du « parlementarisme rationalisé » dont la formule a été inventée entre les deux guerres par Boris Mirkine-Guetzévitch par référence à la Constitution allemande de la République de Weimar du 11 août 1919) afin de passer d'un régime d'assemblée à un régime parlementaire équilibré dans lequel le Parlement ne disposerait plus ni ne maîtriserait l'essentiel du pouvoir.

Ayant perdu l'exercice de « la compétence de la compétence » caractéristique des Républiques passées, les chambres ne disposent dorénavant que d'une compétence d'attribution réduite à l'enregistrement de la volonté gouvernementale et/ou présidentielle. Le Parlement connaît ainsi des « concurrents institutionnels » qui contribuent à réduire son influence, au premier rang desquels se trouve le gouvernement largement favorisé dans le texte constitutionnel suprême mais aussi le Conseil constitutionnel « canon braqué sur le Parlement » qui est parvenu à devenir un acteur à part entière du jeu institutionnel en raison de sa jurisprudence et de son évolution fonctionnelle, enfin les institutions communautaires (notamment la Commission de Bruxelles) qui dépossèdent de plus en plus les élus nationaux de leurs prérogatives traditionnelles. Ces derniers résument leur situation obsidionale en invoquant les théories de la « dépossession par le haut » (provoquée par l'échelon communautaire dont les actes conditionnent de plus en plus les normes nationales) et de la « dépossession par le bas » (provoquée par l'échelon local, notamment depuis la décentralisation qui a considérablement renforcé les pouvoirs des élus locaux disposant souvent de pouvoirs supérieurs aux parlementaires). À la réflexion et en rejoignant l'analyse du professeur Pierre Avril, il paraît raisonnable de considérer que ce n'est pas parce que le gouvernement dirige le travail des Assemblées que celles-ci font figure d'institutions mineures. L'abaissement du Parlement sous la Ve République ne résulte pas seulement des contraintes du « parlementarisme rationalisé » mais provient essentiellement de ce que le gouvernement n'est désormais responsable que devant le seul président de la République, non devant l'Assemblée nationale. La France ne se distingue d'ailleurs guère des autres grandes démocraties occidentales qui connaissent elles aussi des Parlements marginalisés, à telle enseigne que « l'âge d'or parlementaire » (plus ou moins effectif au XIXe siècle) semble irrémédiablement révolu. André Chandernagor constatait ainsi que « la crise actuelle de l'institution parlementaire a partout une origine commune… l'inadaptation profonde du mode de fonctionnement des Parlements aux réalités politiques, économiques et sociales de cette seconde moitié du XXe siècle ». La présentation faite par John Stuart Mill du Parlement est désormais très lointaine et seul le Congrès américain semble réellement déroger à cette dynamique de marginalisation ambiante alors même qu'il se situe dans le cadre d'un régime présidentiel.

La revalorisation du travail parlementaire, thème récurrent depuis 1958 devant la situation de précarité de l'institution confinant dans certaines circonstances à une relative inutilité, demeure toutefois marquée par des succès relatifs tant les multiples réformes entreprises n'ont jamais permis de conduire à une véritable « reparlementarisation » de la Ve République. À cet égard, la Loi constitutionnelle du 23 juillet 2008 paraît plus susceptible d'atteindre cet objectif. Les parlementaires occupent pourtant une place fondamentale dans le système institutionnel de la Ve République puisqu'ils sont des représentants de la nation (article 3 alinéa 1er de la Constitution) qui exercent à cet égard un mandat représentatif (article 27 alinéa 3). Ces prérogatives concernent les élus des deux chambres, les uns (les députés) étant spécialement chargés de représenter le peuple (article 3 alinéa 1er), les autres (les sénateurs) ayant pour mission spécifique de représenter les collectivités territoriales (article 24 alinéa 4). Les deux chambres, en leur qualité d'Assemblée parlementaire, « participent à l'exercice de la souveraineté nationale » (décision du Conseil constitutionnel du 9 avril 1992), assurent le « pouvoir démocratique ». Ce bicaméralisme, introduit en France depuis la Constitution du 22 août 1795, répond d'une part, à un souci de qualité juridique des textes législatifs résultant d'échanges fructueux et constructifs entre les deux chambres d'autre part, à une volonté de meilleure représentation de la nation. Dans le monde, la plupart des Parlements sont au demeurant bicaméraux même si l'on constate que la démocratisation du suffrage a scellé en Europe le sort des secondes chambres ou signalé leur inutilité. La Ve République a repris cette tradition bicaméraliste tout en le déséquilibrant fortement au profit de la chambre basse, tradition à laquelle les Français semblent particulièrement attachés comme l'attestent les résultats négatifs des deux référendums du 5 mai 1946 (projet repoussé du 19 avril 1946 de Constitution instaurant une IVe République monocaériste) et du 27 avril 1969 (projet repoussé de régionalisation et de suppression du Sénat en tant qu'Assemblée parlementaire par le général de Gaulle).

Si l'institution parlementaire rencontre des difficultés croissantes pour s'affirmer au sein du processus décisionnel de la Ve République, celle-ci demeure assurément indispensable dans le cadre d'une démocratie. Outre qu'il appartient au Parlement de voter la loi et d'approuver le budget, il assure toujours la plupart des fonctions visées par Walter Bagehot en 1867 (*The English Constitution*) : la fonction expressive (exprimer l'état d'esprit du peuple sur toutes les questions évoquées), la fonction pédagogique (enseigner à la nation ce qu'elle ne sait pas) et la fonction d'information (permettre au pays d'entendre ce qu'autrement il n'entendrait pas).

LE CONSEIL CONSTITUTIONNEL

La raison fondamentale des réticences françaises en matière de contrôle de constitutionnalité de la loi trouve son origine principale dans la conception « rousseauiste » de la loi. Sacralisée en tant qu'« expression de la volonté générale » (article 6 de la Déclaration des droits de l'homme et du citoyen du 26 août 1789), celle-ci est devenue l'acte suprême, irrésistible, irréprochable, incontestable et inconditionnelle, apparentant ainsi la France plus à un « État légal » qu'à un État de droit (tradition du « légicentrisme » ou du « loyaume »). Selon le résumé de Jean Carbonnier, la loi est « l'ordre sans visage, qui se veut universel et éternel, à l'instar, à l'égal de la divinité, l'ordre lancé dans l'espace et dans le temps, à la rencontre d'une foule anonyme et d'invisibles générations ». Un domaine par nature était d'ailleurs réservé à la loi comme le consacra le Conseil d'État le 4 mai 1906 dans l'arrêt Babin (est attribué à la loi « toutes les questions relatives directement ou indirectement aux obligations à imposer aux citoyens par voie d'autorité sans aucun lien contractuel », autrement les domaines relatifs à la protection des libertés, à l'état des personnes, à la détermination des impôts, à la répression des crimes et des délits, à l'organisation des services publics). La loi représentait en conséquence l'expression de la volonté générale, traduisant les aspirations du peuple réuni en Assemblée générale (souveraineté populaire) ou relayé par ses représentants (souveraineté nationale). Comme l'assenait Jean-Jacques Rousseau, « La souveraineté ne peut être représentée, par la même raison, qu'elle ne peut être aliénée ; elle consiste essentiellement dans la volonté générale, et la volonté générale ne se représente point : elle est la même, ou elle est autre ; il n'y a point de milieu. Les députés du peuple ne sont ni ne peuvent être ses représentants ; ils ne sont que ses commissaires ; ils ne peuvent rien conclure définitivement. » Formant le corps social, chaque individu est détenteur d'une parcelle de la souveraineté et dispose d'un droit égal à participer à la confection, au vote de la loi. La traduction de cette conception se rencontre d'ailleurs à l'article 3 de la Section Ire (*De la royauté et du Roi*), Chapitre II (*De la Royauté, de la Régence et des Ministres*) de la Constitution du 3 septembre 1791 : « Il n'y a point en France d'autorité supérieure à celle de la loi. Le Roi ne règne que par elle et ce n'est qu'au nom de la loi qu'il peut exiger l'obéissance. »

En 1958, lorsque les Constituants décidèrent de contrer l'omnipotence des chambres constatée sous les Républiques antérieures, l'instauration d'un contrôle de constitutionnalité de la loi fut appréhendée comme une technique supplémentaire du « parlementarisme rationalisé ». Ce contrôle s'est aujourd'hui émancipé de la catégorie des techniques du « parlementarisme rationalisé » pour devenir un instrument au service de l'État de droit qui protège l'ordre juridique contre les risques de dérive que l'*ubris* politique peut inspirer à une majorité parlementaire.

Selon Léon Noël, « Le général de Gaulle n'a été pour rien dans l'idée de doter la France d'un Conseil constitutionnel. C'est au "groupe de travail" organisé par Michel Debré que la paternité en revient. Après avoir rédigé un texte destiné à délimiter le domaine assigné à la compétence du Parlement, ses membres jugèrent nécessaire l'existence d'un organisme ayant pour mission d'en assurer l'observation. » Et si dans un premier temps le Conseil constitutionnel se satisfit de ce rôle réducteur de « canon braqué sur le Parlement », cette juridiction amorça cependant une profonde mutation fonctionnelle avec sa décision du 16 juillet 1971 (décision relative à la liberté d'association) en s'appropriant la fonction de « gardien des libertés » alors même que la Constitution confiait déjà ce rôle à l'autorité judiciaire (article 66 alinéa 2 de la Constitution de 1958 : « L'autorité judiciaire, gardienne de la liberté individuelle, assure le respect de ce principe dans les conditions prévues par la loi »). En effet, à partir de 1971, le juge constitutionnel est donc largement sorti de son domaine de compétences d'attribution en ce sens que la Constitution ne lui attribuait qu'une fonction de régulateur des pouvoirs publics et de répartiteur des compétences entre le pouvoir législatif et le pouvoir exécutif.

LE « BLOC DE CONSTITUTIONNALITÉ »

La Constitution, première composante du « bloc de constitutionnalité » (formule du professeur Louis Favoreu) représente un acte suprême organisant l'existence et les relations des pouvoirs publics, fixant les règles relatives à l'exercice du pouvoir politique. Ce texte supérieur revêt une triple portée selon Raymond Carré de Malberg. Une portée philosophique tout d'abord en ce sens que par la Constitution, le peuple décide d'encadrer le pouvoir, de le contrôler et de le contingenter. Une portée juridique ensuite puisque depuis l'article 16 de la Déclaration des droits de l'homme et du citoyen de 1789 (« Toute société dans laquelle la garantie des droits n'est pas assurée, ni la séparation des pouvoirs déterminée, n'a point de Constitution »), la Constitution représente l'élément central de tout État de droit fonctionnant par référence à des règles juridiques reconnaissant des droits et des obligations aux citoyens et sanctionnant les atteintes portées à ces droits et obligations (même s'il existe des États de droit sans Constitution, comme l'Angleterre par exemple). Ainsi, selon Jean-Jacques Rousseau, la Constitution est la mise en forme du « pacte social » par l'intermédiaire duquel les individus décident d'organiser leurs relations, de mettre en forme une vie sociale stable. Par ce pacte, les hommes ont fondé une société et ont organisé le pouvoir. Une portée politique enfin, dans la mesure où les pouvoirs publics, légitimités par une désignation populaire, vont mettre en place dans la Constitution une conception de la nation, conception à laquelle le peuple devra adhérer en approuvant (le cas échéant par référendum constituant) le texte suprême. Le juge administratif consacre la supériorité de la Constitution en considérant que la suprématie conférée aux engagements internationaux sur les lois par l'article 55 de la Constitution de 1958 ne peut, dans l'ordre interne, être étendue « aux dispositions de nature constitutionnelle », refusant ainsi d'entrer dans la voie d'un contrôle de conventionnalité de la Constitution comme les requérants l'y invitaient (CE Ass. 30 octobre 1998, M.Sarran, M.Levacher et autres, confirmé par CE 3 décembre 2001, Syndicat national de l'industrie pharmaceutique ; repris par Cass. ass. plén. 2 juin 2000, Mlle Pauline Fraisse : « La suprématie conférée aux engagements internationaux ne s'applique pas dans l'ordre interne aux dispositions de valeur constitutionnelle »).

Complétant la Constitution écrite proprement dite, des coutumes constitutionnelles sont apparues sous la Ve République à l'instar des « *constitutional conventions* » de A. Vann Dicey. Celles-ci présentent dans la plupart des hypothèses un caractère *praeter constitutionem* (apparition des questions au gouvernement en 1974, démission d'un gouvernement après des élections présidentielle ou législatives depuis IIIe République) tout en apparaissant dans d'autres hypothèses *contra constitutionem* (révision de la Constitution par l'intermédiaire de l'article 11 pratiquée, jurisprudence Bérégovoy-Balladur).

Le « bloc de constitutionnalité » a été étendu par la célèbre décision du Conseil constitutionnel en date du 16 juillet 1971. Depuis cette date, ledit bloc ne comprend plus seulement la Constitution *in extenso* (de son premier article jusqu'au dernier). Il intègre désormais le Préambule de la Constitution du 4 octobre 1958 qui mentionne expressément la Charte de l'environnement issue de la révision constitutionnelle du 1er mars 2005 (disposant, ainsi que tous les éléments du Préambule, d'une pleine valeur constitutionnelle reconnue par le Conseil d'État : CE 3 octobre 2008, commune d'Annecy, et CE 24 juillet 2009, Comité de recherche et d'information indépendantes sur le génie génétique), la Déclaration des droits de l'homme et du citoyen du 26 août 1789 et renvoie au Préambule de la Constitution du 27 octobre 1946 visant lui-même la Déclaration précitée de 1789. Le Préambule de 1946 vise par ailleurs des principes fondamentaux reconnus par les lois de la République, principes de nature politique et rétrospective, qui proviennent essentiellement des lois de la IIIe République relatives aux libertés publiques et individuelles telle la liberté de la presse (loi du 29 juillet 1881), la liberté syndicale (loi du 21 mars 1884), ou encore la liberté d'association (loi du 1er juillet 1901). L'insertion dans le Préambule de 1946 de la référence à ces principes répond principalement à la volonté des membres du Mouvement des républicains populaires siégeant à l'Assemblée nationale constituante de faire consacrer indirectement la liberté de l'enseignement. Le Conseil constitutionnel a dégagé au demeurant trois critères d'identification de ces principes dans une décision du 20 juillet 1988. Le principe en question doit être affirmé d'une manière constante, il doit être reconnu par une loi antérieure au Préambule de 1946 et il doit être affirmé dans une loi votée sous un régime républicain. Ont reçu pareille qualification, la liberté d'association (décision du 16 juillet 1971), le respect des droits de la défense (décision du 2 décembre 1976), la liberté individuelle (décision du 12 janvier 1977), la liberté d'enseignement (décision du 23 novembre 1977), la liberté de conscience (décision du 23 novembre 1977), l'indépendance de la juridiction administrative (décision du 22 juillet 1980), l'indépendance des professeurs d'université (décision du 20 janvier 1984, reprise par CE 22 mars 1992, Association des enseignants du muséum d'histoire naturelle, CE 9 juillet 1997, Picard, et CE 22 mars 2000, M. Ménard), la compétence réservée à la juridiction administrative en matière d'actes administratifs (décision du 23 janvier 1987), la compétence du juge judiciaire en matière d'atteintes à la propriété immobilière privée (décision du 25 juillet 1989), plus récemment la « justice des mineurs » prenant la forme d'une atténuation de la responsabilité pénale des mineurs en fonction de l'âge, de la nécessité de rechercher le relèvement éducatif et moral des enfants délinquants par des mesures adaptées à leur âge et à leur personnalité, de l'institution de juridictions spécialisées pour les mineurs et de l'existence de procédures de jugement appropriées (décision du 29 août 2002), enfin la spécificité des dispositions applicables dans les trois départements concordataires du Bas-Rhin, du Haut-Rhin et de la Moselle (décision du 5 août 2011). À cette première catégorie de principes constitutionnels vient s'ajouter celle des principes politiques, économiques et sociaux particulièrement nécessaires à notre temps limitativement énoncés dans ledit Préambule.

Ces derniers principes (tels la « protection de la santé, la sécurité matérielle, le repos et les loisirs », le droit « d'obtenir un emploi », ou l'égalité entre les hommes et les femmes), certes très généreux, demeurent cependant plus incantatoires que chargés d'une normativité juridique effective et assortis d'un effet utile. L'exemple de l'égalité entre les hommes et les femmes (dans le domaine politique) se révèle à cet égard représentatif de leur faible impact juridique en ce sens que le Constituant a décidé de le consacrer expressément dans la Constitution (Loi constitutionnelle du 8 juillet 1999 et loi organique du 6 juin 2000) afin de mieux assurer son respect quotidien. Il arrive toutefois que le juge fasse application de tels droits tel le droit d'accès aux soins (CE 29 décembre 2000, Syndicat national des masseurs kinésithérapeutes). Enfin, dernière composante écrite, certaines lois organiques font partie intégrante du bloc (par exemple la loi du 2 janvier 1959 relative aux lois de finances : décision du 11 août 1960). Complétant le « bloc de constitutionnalité », les principes à valeur constitutionnelle sont issus de la jurisprudence du Conseil constitutionnel et sont créés *ex nihilo* par ce dernier. Il s'agit en l'occurrence du respect de la vie privée (décisions des 12 janvier 1977, 18 janvier 1995, 23 juillet 1999 et 13 mars 2003), de la continuité du service public (décision du 25 juillet 1979), de la liberté d'entreprendre (décisions des 16 janvier 1982 et 20 janvier 1993), de la dignité de la personne humaine (décision du 27 juillet 1994), enfin de la liberté contractuelle (décisions des 19 décembre 2000 et 30 mars 2006). Ils sont à différencier des objectifs à valeur constitutionnelle, vœux pieux adressés aux pouvoirs publics et singulièrement au législateur, qui ne créent pas de droits subjectifs dans le chef des particuliers et ne sont pas dotés d'effet utile. Sont en revanche exclus de cet ensemble constitutionnel, les Règlements des deux Assemblées (décision du 27 juillet 1978) et les traités ou conventions internationales et communautaires. Enfin, le Conseil constitutionnel a refusé de conférer une valeur constitutionnelle à certains principes comme la confiance légitime (décision du 7 novembre 1997), la transparence des activités publiques ou exercées pour le compte des personnes publiques (décision du 21 janvier 1994), l'équité entre les générations (décision du 20 mars 1997), la faveur en droit du travail (décision du 29 avril 2004), ou encore l'irresponsabilité pénale des mineurs (décision du 29 août 2002).

Le Comité présidé par Mme Simone Veil (Comité de réflexion sur le Préambule de la Constitution) a remis son rapport au président de la République, le 17 décembre 2008. Annoncé par le chef de l'État le 8 janvier 2008 et missionné le 9 avril pour récrire le Préambule de la Constitution, le Comité a travaillé sur les nombreuses et épineuses questions soulevées dans sa lettre de mission : modalités pour assurer l'égalité homme-femme en dehors de la sphère politique ; principes directeurs en matière de bioéthique ; respect effectif de l'égalité par de nouvelles politiques d'intégration ; reconnaissance du principe de la dignité humaine ; consécration textuelle du respect de la vie privée et de la protection des données ; ancrage européen de la République ; consécration de nouveaux droits fondamentaux. Selon ses conclusions, il ne serait « ni souhaitable, ni utile de proposer d'importants enrichissements du préambule » au regard de « l'ampleur de notre corpus constitutionnel ». Constatant les « hésitations » de ses membres, il estime au surplus qu'il « n'eût pas été souhaitable, en tout état de cause, de proposer une réforme trop certainement et trop gravement conflictuelle ». Le comité ajoute enfin que la loi constituait « le vecteur le mieux approprié à la réforme ». Sur le sujet particulier de l'égalité des chances et de la promotion de la diversité sur lequel le président de la République a prononcé le jour même un discours à l'École polytechnique, le Comité a estimé qu'une « politique ambitieuse de lutte contre les inégalités (était) possible dans le cadre constitutionnel actuel ». Tout au plus, le comité Veil n'envisage qu'un seul « ajout à l'article 1er de la Constitution pour y introduire une référence à un principe d'égale dignité de chacun ». L'apport pourrait ainsi paraître bien modeste au regard de la lettre de mission du président de la République.

LE CITOYEN

La modernisation des institutions de la Ve République conduit à s'interroger sur la place, les pouvoirs, le statut du citoyen. Il s'agit de faire évoluer la démocratie représentative en crise qui ne permet plus d'assurer une identification irréfragable entre les électeurs et les élus, en démocratie participative plus impliquante, plus protectrice. La perspective d'un partenariat entre le citoyen et les pouvoirs publics apparaît ainsi afin de corriger le malaise citoyen palpable à travers des taux d'abstention anormalement élevés aux élections et référendums (notamment lors du référendum du 24 septembre 2000 sur le quinquennat) et des votes en faveur de l'extrême droite et gauche.

Il convient en conséquence de mieux et plus solliciter le citoyen avec une diversification des procédures référendaires (élargissement du champ matériel du référendum avec la loi constitutionnelle du 4 août 1995, apparition des référendums locaux et des consultations statutaires locales avec la Loi constitutionnelle du 28 mars 2003, apparition du référendum d'initiative minoritaire avec la Loi constitutionnelle du 23 juillet 2008), avec une réduction de la durée des mandats électifs (cas du mandat sénatorial qui passe de neuf à six ans, du mandat présidentiel qui passe de sept à cinq ans), avec l'introduction du droit de pétition (pour la fixation de l'ordre du jour d'une assemblée délibérante locale à l'article 72-1 alinéa 1er, pour le référendum d'initiative minoritaire à l'article 11, pour la saisine du Conseil économique, social et environnemental à l'article 69 alinéa 3), avec la question prioritaire de constitutionnalité (article 61-1). Il s'agit aussi de mieux le protéger avec l'instauration d'un Défenseur des droits (article 71-1), avec la poursuite d'un magistrat judicieux devant le Conseil supérieur de la magistrature (article 65). Il s'agit enfin d'améliorer la représentative du corps des élus avec la parité (Loi constitutionnelle du 8 juillet 1999), avec le redécoupage des circonscriptions législatives (loi du 13 janvier 2009) en attendant celui des circonscriptions sénatoriales, avec un renforcement de la limitation du cumul des mandats.

LE DÉFENSEUR DES DROITS

Le Comité de réflexion et de proposition sur la modernisation et le rééquilibrage des institutions de la Ve République, dit « comité Balladur », a recommandé en 2007 le changement d'appellation de l'institution en « Défenseur des droits fondamentaux » (afin que cette nouvelle dénomination soit plus éclairante pour les administrés parfois perdus face aux différentes instances compétentes) ainsi que sa constitutionnalisation. Il serait désigné pour six ans non renouvelables par l'Assemblée nationale à la majorité des trois cinquièmes sur proposition d'une commission *ad hoc* de cette Chambre. La loi constitutionnelle du 23 juillet 2008 a introduit un titre XI bis dans la Constitution consacrant un « Défenseur des droits » qui « *veille au respect des droits et libertés par les administrations de l'État, les collectivités territoriales, les établissements publics, ainsi que tout organisme investi d'une mission de service public, ou à l'égard duquel la loi organique lui attribue des compétences* ». Il est saisi par « *toute personne s'estimant lésée par le fonctionnement d'un service public ou d'un organisme visé au premier alinéa* » (article 71-1 de la Constitution) et peut se saisir d'office. Il est nommé par le chef de l'État pour un mandat de six ans non renouvelable après l'avis public rendu par les deux commissions permanentes des deux Chambres, le chef de l'État ne pouvant procéder à la nomination lorsque l'addition des votes négatifs dans chaque commission représente au moins trois cinquièmes des suffrages exprimés au sein des deux commissions (article 13 de la Constitution de 1958).

En vertu de la loi organique du 29 mars 2011 relative au Défenseur des droits, celui-ci est nommé par décret en Conseil des ministres, après application de la procédure prévue au dernier alinéa de l'article 13 de la Constitution issu de la révision constitutionnelle du 23 juillet 2008. Il ne peut être mis fin à ses fonctions que sur sa demande ou en cas d'empêchement dans des conditions définies par décret en Conseil des ministres. Ce Défenseur des droits est une autorité constitutionnelle indépendante (article 2 de la loi organique), qui ne reçoit, dans l'exercice de ses attributions, aucune instruction. Ses adjoints et lui-même ne peuvent être poursuivis, recherchés, arrêtés, détenus ou jugés à l'occasion des opinions qu'ils émettent ou des actes qu'ils accomplissent dans l'exercice de leurs fonctions.

Selon l'article 3 de ladite loi organique, les fonctions de Défenseur des droits et celles de ses adjoints sont incompatibles avec celles de membre du Gouvernement, du Conseil constitutionnel, du CSM et du CESE (Conseil économique, social et environnemental) ainsi qu'avec tout mandat électif. Le membre du Gouvernement, du Conseil constitutionnel, du CSM, du CESE ou le titulaire d'un mandat électif qui est nommé Défenseur des droits ou adjoint est réputé avoir opté pour ces dernières fonctions s'il n'a pas exprimé de volonté contraire dans les huit jours suivant la publication au Journal officiel de sa nomination. Les fonctions de Défenseur des droits et celles de ses adjoints sont, en outre, incompatibles avec toute autre fonction ou emploi public et toute activité professionnelle ainsi qu'avec toute fonction de président et de membre de conseil d'administration, de président et de membre de directoire, de président et de membre de conseil de surveillance, et d'administrateur délégué dans toute société, entreprise ou établissement. Dans un délai d'un mois suivant la publication de sa nomination comme Défenseur des droits ou comme un de ses adjoints, la personne nommée doit cesser toute activité incompatible avec ses nouvelles fonctions. Si elle est fonctionnaire ou magistrat, elle est placée en position de détachement de plein droit pendant la durée de ses fonctions et ne peut recevoir, au cours de cette période, aucune promotion au choix. Enfin, il peut désigner, sur l'ensemble du territoire ainsi que pour les Français de l'étranger, des délégués, placés sous son autorité, qui peuvent, dans leur ressort géographique, instruire des réclamations et participer au règlement des difficultés signalées. Afin de permettre aux personnes détenues de bénéficier des dispositions de la présente loi organique, il désigne un ou plusieurs délégués pour chaque établissement pénitentiaire.

Les fonctions dévolues au Défenseur des droits recoupent celles des autorités administratives indépendantes qu'il a absorbées. Ainsi, il est chargé de défendre les droits et libertés dans le cadre des relations avec les administrations de l'État, les collectivités territoriales, les établissements publics et les organismes investis d'une mission de service public (fonction anciennement attribuée au Médiateur de la République) ; de défendre et de promouvoir l'intérêt supérieur et les droits de l'enfant consacrés par la loi ou par un engagement international régulièrement ratifié ou approuvé par la France (fonction anciennement attribuée au Défenseur des enfants) ; de lutter contre les discriminations, directes ou indirectes, prohibées par la loi ou par un engagement international régulièrement ratifié ou approuvé par la France ainsi que de promouvoir l'égalité (fonction anciennement attribuée à la HALDE [Haute Autorité de lutte contre les discriminations et pour l'égalité]) ; enfin, de veiller au respect de la déontologie par les personnes exerçant des activités de sécurité sur le territoire de la République (fonction anciennement attribuée à la CNDS [Commission nationale de déontologie de la sécurité]).

Le Défenseur des droits peut être saisi directement (nouveauté sensible au regard des modalités de saisine du Médiateur de la République) par toute personne physique ou morale qui s'estime lésée dans ses droits et libertés par le fonctionnement d'une administration de l'État, d'une collectivité territoriale, d'un établissement public ou d'un organisme investi d'une mission de service public ; par un enfant qui invoque la protection de ses droits ou une situation mettant en cause son intérêt, par ses représentants légaux, les membres de sa famille, les services médicaux ou sociaux ou toute association régulièrement déclarée depuis au moins cinq ans à la date des faits et se proposant par ses statuts de défendre les droits de l'enfant ; par toute personne qui s'estime victime d'une discrimination, directe ou indirecte, prohibée par la loi ou par un engagement international régulièrement ratifié ou approuvé par la France, ou par toute association régulièrement déclarée depuis au moins cinq ans à la date des faits se proposant par ses statuts de combattre les discriminations ou d'assister les victimes de discriminations, conjointement avec la personne s'estimant victime de discriminations ou avec son accord ; par toute personne qui a été victime ou témoin de faits dont elle estime qu'ils constituent un manquement aux règles de déontologie dans le domaine de la sécurité. Le Défenseur des droits est associé au demeurant, à sa demande, aux travaux de la CNIL (Commission nationale de l'informatique et des libertés) et de la CADA (Commission d'accès aux documents administratifs).

Le Défenseur des droits peut être saisi des agissements de personnes publiques ou privées. Il peut en outre se saisir d'office (comme pouvait le faire le médiateur) ou être saisi par les ayants droit de la personne dont les droits et libertés sont en cause. Par ailleurs, une réclamation peut être adressée à un député, à un sénateur ou à un représentant français au Parlement européen, qui la transmet au Défenseur des droits s'il estime qu'elle appelle son intervention. Le Défenseur des droits informe le député, le sénateur ou le représentant français au Parlement européen des suites données à cette transmission. Les membres du Parlement peuvent aussi, de leur propre initiative, saisir le Défenseur des droits d'une question qui leur paraît appeler son intervention. Sur la demande de l'une des commissions permanentes de son assemblée, le président de l'Assemblée nationale ou le président du Sénat peut transmettre au Défenseur des droits, dans les domaines de sa compétence, toute pétition dont l'assemblée a été saisie. Le Défenseur des droits instruit également les réclamations qui lui sont transmises par le médiateur européen ou un homologue étranger et qui lui paraissent relever de sa compétence et appeler son intervention. Il est saisi des réclamations qui sont adressées à ses adjoints. La saisine du Défenseur des droits est gratuite et est précédée de démarches préalables auprès des personnes publiques ou des organismes mis en cause. En revanche, comme la saisine du médiateur, celle du Défenseur des droits n'interrompt ni ne suspend par elle-même les délais de prescription des actions en matière civile, administrative ou pénale, non plus que ceux relatifs à l'exercice de recours administratifs ou contentieux.

Le Défenseur des droits peut demander des explications à toute personne physique ou morale mise en cause devant lui. À cet effet, il peut entendre toute personne dont le concours lui paraît utile. En parallèle, les personnes physiques ou morales mises en cause doivent faciliter l'accomplissement de sa mission. Elles sont tenues d'autoriser leurs agents et préposés à répondre à ses demandes. Ceux-ci sont tenus de répondre aux demandes d'explications qu'il leur adresse et de déférer à ses convocations.

Enfin, lorsqu'il intervient dans les domaines de compétences qui lui ont été confiés, il doit consulter, sur toute question nouvelle, un collège qu'il préside et qui se compose de personnalités qualifiées désignées par le président du Sénat, le président de l'Assemblée nationale et selon les cas, par le président du CESE, le vice-président du Conseil d'État, le premier président de la Cour de cassation.

Le Défenseur des droits peut faire toute recommandation qui lui apparaît de nature à garantir le respect des droits et libertés de la personne lésée et à régler les difficultés soulevées devant lui ou à en prévenir le renouvellement. Il peut recommander de régler en équité la situation de la personne dont il est saisi. Les autorités ou personnes intéressées informent le Défenseur des droits, dans le délai qu'il fixe, des suites données à ses recommandations. À défaut d'information dans ce délai ou s'il estime, au vu des informations reçues, qu'une recommandation n'a pas été suivie d'effet, le Défenseur des droits peut enjoindre à la personne mise en cause de prendre, dans un délai déterminé, les mesures nécessaires. Lorsqu'il n'a pas été donné suite à son injonction, le Défenseur des droits établit un rapport spécial, qui est communiqué à la personne mise en cause. Le Défenseur des droits rend publics ce rapport et, le cas échéant, la réponse de la personne mise en cause, selon des modalités qu'il détermine. Le Défenseur des droits peut aussi proposer à l'auteur de la réclamation et à la personne mise en cause de conclure une transaction dont il peut recommander les termes. Le Défenseur des droits peut aussi recommander de procéder aux modifications législatives ou réglementaires qui lui apparaissent utiles. Il peut être consulté par le Premier ministre sur tout projet de loi intervenant dans son champ de compétences. Il peut également être consulté par le Premier ministre, le président de l'Assemblée nationale ou le président du Sénat sur toute question relevant de son champ de compétences. Il contribue, à la demande du Premier ministre, à la préparation et à la définition de la position française dans les négociations internationales dans les domaines relevant de son champ de compétences. Il présente chaque année au président de la République, au président de l'Assemblée nationale et au président du Sénat, d'une part, un rapport qui rend compte de son activité générale et comprend une annexe thématique relative à chacun de ses domaines de compétences, d'autre part, un rapport consacré aux droits de l'enfant à l'occasion de la journée internationale des droits de l'enfant.

L'ÉMERGENCE D'UN POUVOIR JUDICIAIRE

Pour Montesquieu, l'autorité judiciaire « punit les crimes et délits ou juge les différends entre les particuliers [...]. Des trois puissances dont nous avons parlé, celle de juger est en quelque façon nulle [...]. Mais les juges de la nation ne sont, comme nous avons dit, que la bouche qui prononce les paroles de la loi ; des êtres inanimés qui n'en peuvent modérer ni la force, ni la rigueur » ; et de préciser : « Dans le gouvernement républicain, il est de la nature de la Constitution que les juges suivent la lettre de la loi. » Le juge automate à l'action mécanique – « être inanimé » issu de la philosophie des Lumières – incarne ce faisant une justice ramenée à un simple service public « dont le fonctionnement serait de même nature que celui du service public des poids et mesures ». Il se voit alors cantonné dans une activité de stricte application des lois dans le cadre d'une démarche déductive et syllogistique, ne lui permettant pas d'assurer une mission de critique des pouvoirs exécutif et législatif à raison de sa soumission statutaire. La formule passée à la postérité de la « bouche qui prononce les paroles de la loi » traduit de ce fait la subordination du juge à la loi dont il applique les prescriptions en transposant à un cas particulier la norme générale. Le juge dispose alors d'un simple pouvoir d'interprétation des textes et est avant tout perçu comme le serviteur et le défenseur de la loi. Jean Foyer a résumé la conception de Montesquieu en avançant que « juger est, comme le terme l'indique, une opération d'intelligence plutôt qu'une opération de volonté : elle est la constatation, qui doit être impartiale, de faits dont la loi, par voie générale, a déterminé par avance les conséquences juridiques ». Montesquieu distingue donc les « pouvoirs » dotés d'une capacité décisionnelle de nature à entraîner des modifications dans l'ordonnancement juridique, de l'« autorité » privée d'une telle capacité. Les premiers, en contrepartie de leur force normative et décisionnelle, doivent rendre des comptes au peuple et sont de la sorte responsables devant celui-ci dans le cadre des élections qui, à échéance régulière, contribuent à reconduire ou non les élus. L'« autorité », dépourvue d'une telle force, ne saurait être directement responsable devant le peuple. Dès lors, cette dernière doit être soumise au pouvoir exécutif (en l'occurrence le ministre de la justice), afin d'être indirectement responsable devant le peuple (le ministre est par principe responsable devant la représentation nationale donc le peuple).

La Constitution de la Ve République n'emploie à aucun moment l'expression de « pouvoir judiciaire » (le Titre VIII consacré à la justice ordinaire est intitulé « De l'autorité judiciaire »). Cette lacune n'est cependant nullement décisive en ce sens que la même Constitution n'utilise pas davantage les expressions « pouvoir exécutif » et « pouvoir législatif » dont le Constituant ne nie pas pour autant l'existence.

En réalité, l'expression de « pouvoir judiciaire » a été utilisée dès la Constitution du 3 septembre 1791 (Titre III, article 5 : « Le pouvoir judiciaire est délégué à des juges élus à temps par le peuple » et Titre III, chapitre 5 « Du pouvoir judiciaire »), puis dans le discours de Bayeux du 16 juin 1946 prononcé par le général de Gaulle, ainsi que dans l'allocution de Michel Debré devant l'Assemblée générale du Conseil d'État le 27 août 1958, même si le premier discours cité considérait la justice étrangère à l'agencement des pouvoirs publics car dépourvue de force politique et devant se contenter avec d'autres autorités (Comité économique et social, Conseil constitutionnel) d'assister les pouvoirs politiques. Le refus des Constituants de le relayer dans le texte suprême de 1958 s'explique, pour le professeur Thierry Renoux, par le fait que « les parlementaires de 1958 redoutent qu'en consacrant l'existence d'un "pouvoir judiciaire" chargé de la sauvegarde des libertés essentielles, on ne s'achemine inéluctablement vers un contrôle judiciaire de la constitutionnalité des lois (*Judicial Review*) ».

Le juge étant ainsi sorti de son carcan originel, il est entré dans la sphère sociale et sociétale en devenant un acteur de premier ordre. Dépassant désormais le simple rang d'« autorité », la *praxis* judiciaire accède au rang de pouvoir. Plus que de « pouvoir judiciaire », c'est d'ailleurs de « pouvoir juridictionnel » incluant les juridictions constitutionnelle, administrative et judiciaire dont il faudrait parler en France. Et cette mutation continue débouche sur un pouvoir d'un type nouveau, possédant une capacité normative sans la contrepartie de la responsabilité électorale devant le peuple. Le juge ne se contente pas d'appliquer mécaniquement la norme, il l'interprète, l'aménage, l'adapte aux situations et aux évolutions en vue de prévenir tout déni de justice, voire supplée dans certaines circonstances une lacune du normateur institutionnel. Le droit étant devenu de proche en proche l'instrument actif du changement social, l'office émancipateur que l'on prête au juge érige celui-ci en un acteur, un régulateur du champ social (« prétoricentrisme »), phénomène essentiellement lié à l'avènement de l'État de droit.

Cette diffraction du rôle du juge dans les sociétés modernes marquées par un « activisme judiciaire » s'explique, pour Denis Salas, par le fait que « nos sociétés, parce qu'elles sont moins homogènes et plus individualistes demandent, non des prescriptions générales mais des arbitrages… Le juge passe – à son corps défendant – de la figure wébérienne du *Paragraphen Automat,* machine à produire du syllogisme, à celle d'interprète de la loi puis de suppléance de celle-ci… Le juge recompose sans cesse la trame d'un lien social que la loi est impuissante à retoucher sans défaire ».

LES ÉTATS D'EXCEPTION

Le maintien de l'ordre public, qui se compose du triptyque traditionnel de la sécurité publique, de la tranquillité publique et de la salubrité publique (article 97 de la loi du 5 avril 1884, repris à l'article L 131-2 du Code des communes lui-même relayé par l'article L 2212-2 du Code général des collectivités territoriales), auquel s'ajoute désormais le respect de la dignité humaine (CE Ass. 27 octobre 1995, *Commune de Morsang-sur-Orge,* et du même juge et du même jour, *Ville d'Aix-en-Provence*), constitue l'une des pierres angulaires, l'un des « standards » du Droit public, qui peut conduire à la mise en place de régimes dérogatoires eu égard aux circonstances factuelles rencontrées. Des états d'exception sont alors proclamés.

La théorie des circonstances exceptionnelles résulte d'une jurisprudence désormais célèbre du juge administratif (CE 28 juin 1918, *Heyriès,* et CE 28 février 1919, *Dames Dol et Laurent*) qui étend les pouvoirs des autorités administratives tout en prévoyant le contrôle du juge dans des circonstances où le maintien des règles classiques de légalité s'avère impossible et inadapté. L'administration doit tout d'abord se trouver dans l'impossibilité de respecter le principe de légalité traditionnellement entendu. Les circonstances doivent ensuite être réellement exceptionnelles (séisme : CE 18 mai 1983, *Rodes* ; guerre : TC 27 mars 1952, *Dame de la Murette* ; mouvements sociaux confinant à la guerre civile : CE 18 avril 1947, *Jarrigion* ; éruption volcanique, etc.), les pouvoirs de l'administration n'étant accrus que dans le(s) lieu(x) où et le temps durant lequel ces circonstances exceptionnelles se manifestent. Le but poursuivi par le déclenchement de ce régime d'exception (maintien de l'ordre public, de la Défense nationale, de la continuité des services publics) doit être supérieur au principe violé en l'espèce. Selon la formule consacrée, « l'intérêt pour la sauvegarde duquel le principe de légalité n'a pas été observé doit être un intérêt suffisamment important pour justifier le sacrifice de ce principe ». Si ces conditions préalables sont réunies, l'administration est alors en mesure de ne respecter aucune des règles de légalité de forme (l'administration peut empiéter sur la compétence législative) comme de fond (à cet égard, une remise en cause des libertés publiques est envisageable) au nom de la sauvegarde de l'intérêt général, du salut public. L'administration prend en substance les mesures imposées par les circonstances de temps et de lieu, mesures qui en période non exceptionnelle seraient inévitablement entachées d'illégalité et tout particulièrement qualifiées de voies de fait (TC 27 mars 1952, *Dame de la Murette*).

Les particuliers peuvent au demeurant se substituer aux défaillances de l'administration et s'improviser agents publics (théorie du « fonctionnaire de fait » : CE 5 mars 1948, *Marion*). En contrepartie de l'accroissement des pouvoirs de l'administration, la mise en œuvre de cette théorie entraîne un renforcement du contrôle du juge. Ce dernier vérifie en effet l'existence des circonstances exceptionnelles (caractère réellement exceptionnel et anormal, impossibilité pour l'administration de faire face à ces événements en adoptant une action conforme à la légalité ordinaire : CE Ass. 16 avril 1948, *Laugier*), la persistance de ces dernières à la date de l'acte litigieux, enfin la proportionnalité des mesures litigieuses par rapport aux circonstances. La sagesse conduit en effet à éviter de transformer cette théorie en champ privilégié du pouvoir arbitraire. Les autorités administratives n'interviennent pas en dehors de tout encadrement légal, elles interviennent simplement en fonction d'une légalité d'exception répondant à des critères particuliers, contingents et circonstanciels.

Au-delà de cette théorie, les états d'exception permettent eux aussi de déroger aux règles classiques de maintien de l'ordre public.

L'état de siège, défini par la loi du 9 août 1849 (votée par une chambre monarchique en réaction à une manifestation populaire du 13 juin 1849 dirigée par Ledru-Rollin et modifiée par une loi du 3 avril 1878), correspond à un état militaire à la constitutionnalité aujourd'hui douteuse. Les décisions sont prises par l'autorité militaire dans le cadre d'un régime militaire suspendant les libertés publiques. Cet état organise donc un transfert de compétences des autorités civiles aux autorités militaires. L'état de siège est décrété en Conseil des ministres, en vertu de l'article 36 de la Constitution de la Vᵉ République, pour une durée de douze jours maximum au-delà de laquelle son maintien nécessite une prorogation autorisée par le Parlement. Cet état ne peut être déclaré qu'en cas de « péril imminent résultant d'une guerre étrangère ou d'une insurrection à main armée » (il a notamment été proclamé du 2 août 1914 au 1er septembre 1915). L'état de siège produit essentiellement trois effets. Il permet de transférer les pouvoirs de police aux autorités militaires. Il investit ces mêmes autorités de quatre pouvoirs exorbitants de la légalité classique (pouvoirs de faire des perquisitions de jour et de nuit dans les domiciles ; pouvoir d'éloigner les repris de justice et les non-domiciliés de certaines zones ; pouvoir d'ordonner la remise des armes et des munitions ; pouvoir d'interdire les publications et les réunions susceptibles de provoquer le désordre). Enfin, il confie à des tribunaux militaires le soin de juger les crimes et délits commis contre la sûreté de l'État.

L'état d'urgence, quant à lui, est défini par la loi du 3 avril 1955 instituant un état d'urgence et en déclarant l'application en Algérie (et l'ordonnance du 15 avril 1960 modifiant certaines dispositions de la loi n° 55-385 du 3 avril 1955 instituant un état d'urgence) qui fixe des conditions procédurales équivalentes à l'état de siège quant à son déclenchement (décret en Conseil des ministres, puis au-delà de douze jours, vote d'une loi le prorogeant). Les faits à l'origine de sa déclaration sur tout ou partie du territoire métropolitain ou des départements d'outre-mer doivent prendre la forme d'un « péril imminent résultant d'atteintes graves à l'ordre public » ou « d'événements présentant par leur nature et leur gravité le caractère de calamités publiques ». Pour le Conseil d'État, la loi du 3 avril 1955 n'a pas cessé de produire effet en raison de l'entrée en vigueur de la Constitution de 1958, le législateur pouvant instituer un régime de pouvoirs exceptionnels distinct du précédent reposant sur une extension limitée dans le temps et dans l'espace des pouvoirs des autorités civiles (CE 21 novembre 2005,

Boisvert). Contrairement à l'état de siège, le régime d'exception mis ici en place demeure civil. Il ne transfère pas les pouvoirs de police aux autorités militaires, ni ne débouche en principe sur l'institution de tribunaux militaires. Cet état accroît cependant les pouvoirs du ministre de l'Intérieur et des préfets dans des proportions importantes. Ces deux catégories d'autorités reçoivent en effet compétence pour ordonner la fermeture provisoire des salles de spectacle, débits de boissons et de tout autre lieu de réunion, pour interdire les réunions de nature à provoquer le désordre, pour interdire la circulation des personnes ou des véhicules dans les lieux et aux heures fixées par arrêté, pour instituer des zones de protection ou de sécurité où le séjour des personnes est réglementé, pour interdire de séjour toute personne cherchant à entraver, de quelque manière que ce soit, l'action des pouvoirs publics, pour ordonner la remise d'armes de première, quatrième et cinquième catégories. Dans une gradation ultime, le décret d'état d'urgence (qui n'est pas un acte de gouvernement : CE 14 novembre 2005, *M. Rolin*) peut aussi permettre aux préfets comme au ministre de l'Intérieur d'ordonner des perquisitions à domicile de jour et de nuit, voire de « prendre toute mesure pour assurer le contrôle de la presse » et de la radio. Un autre décret d'accompagnement peut aussi autoriser la juridiction militaire « à se saisir de crimes, ainsi que des délits qui leur sont connexes ». La loi du 20 novembre 2015 prorogeant l'application de la loi n° 55-385 du 3 avril 1955 relative à l'état d'urgence et renforçant l'efficacité de ses dispositions est venue compléter et actualiser le texte de 1955. À cet égard, les préfets peuvent désormais interdire la circulation des personnes ou des véhicules dans des lieux et à des heures fixées par arrêté, instituer des zones de protection dans lesquelles le séjour est réglementé, interdire le séjour de « toute personne cherchant à entraver l'action des pouvoirs publics ». En outre, s'agissant des assignations à résidence, si la loi de 1955 s'appliquait à toute personne « dont l'activité s'avère dangereuse », elle s'applique dorénavant plus largement à toute personne lorsqu'il existe des raisons sérieuses de penser que son comportement constitue une menace. L'assignation à résidence, susceptible de recours pour excès de pouvoir devant le tribunal administratif, est prononcée par le ministre de l'intérieur, dans un lieu qui n'est pas forcément le domicile de l'intéressé, dans lequel il doit demeurer douze heures sur vingt-quatre et peut y être éventuellement conduit par la force. L'assigné à résidence, qui n'est plus en possession de papiers d'identité mais conserve toutefois son téléphone et son ordinateur placés sous surveillance, doit se présenter à la police ou à la gendarmerie trois fois par jour. Un bracelet électronique peut être imposé à une personne assignée à résidence si elle a déjà été condamnée pour terrorisme et si elle a purgé sa peine depuis moins de huit ans. Le condamné doit donner son accord écrit et n'est alors plus astreint à pointer trois fois par jour, ni à résider dans un lieu déterminé.

En outre, les perquisitions, de jour comme de nuit, sont autorisées lorsqu'il existe « des raisons sérieuses de penser que ce lieu est fréquenté par une personne dont le comportement constitue une menace, sauf dans un lieu affecté à l'exercice d'un mandat parlementaire ou à l'activité professionnelle des avocats, des magistrats ou des journalistes ». Le procureur est informé de la perquisition, laquelle doit se dérouler en présence de l'habitant et d'un officier de police judiciaire. Les perquisitions administratives deviennent judiciaires dès lors qu'apparaît un indice qui laisse supposer une infraction ou que la personne peut fournir des informations utiles à l'enquête. Par ailleurs, la dissolution, qui est définitive, des associations et des groupements est possible dès lors qu'elles (ils) « participent à la commission d'actes portant une atteinte grave à l'ordre public ou dont les activités facilitent cette commission ou y incitent ». S'agissant de la censure de la presse, si la loi de 1955 autorisait les préfets « à prendre toutes mesures pour assurer le contrôle de la presse, ainsi que celui des émissions radiophoniques, des projections cinématographiques et des représentations théâtrales », la loi du 20 novembre 2015 a abrogé ce dispositif. En revanche, le ministre de l'Intérieur, qui pouvait déjà bloquer des sites internet sous quarante-huit heures, peut désormais faire interrompre « tout service de communication au public en ligne provoquant à la commission d'actes de terrorisme ou en faisant l'apologie ». Enfin, les violations de l'interdiction de circulation, de séjour, ou de la fermeture d'un lieu public sont punies d'une peine de six mois de prison et 7 500 euros d'amende, contre huit jours à deux mois en 1955 et une amende de 11 euros à 3 750 euros. La violation de l'assignation à résidence est punie de trois ans de prison et de 45 000 euros d'amende. Le non-respect de l'astreinte à demeurer en résidence, le défaut de pointage au commissariat ou la violation de l'interdiction d'entrer en contact avec d'autres personnes, sont punis d'un an de prison et de 15 000 euros d'amende.

Après avoir été utilisé en Algérie en 1955 (avec la promulgation du décret puis avec la loi du 7 août le prorogeant pour six mois), puis en métropole en 1958 (à compter du retour au pouvoir du général de Gaulle le 13 mai) et de 1961 à 1963 (décidé par le préfet de police, Maurice Papon, concernant les « Français musulmans d'Algérie »), il a été mis en œuvre en Nouvelle-Calédonie en décembre 1984 (une loi a conféré au haut-commissaire de la République de Nouvelle-Calédonie, jusqu'au 30 juin 1985, les pouvoirs dont dispose le préfet métropolitain), le 8 novembre 2005 (jusqu'au 4 janvier 2006) dans 25 départements de métropole en raison d'émeutes récurrentes dans les banlieues, enfin le 13 novembre 2015, sur l'ensemble du territoire national, à la suite de la vague d'attentats perpétrés à Paris et Saint-Denis par l'État islamique.

Enfin, par application de l'article 16 de la Constitution, le président de la République peut, après avoir consulté le Premier ministre, les Présidents des deux Chambres et le Conseil constitutionnel, prendre toutes les mesures exigées par les circonstances exceptionnelles et dramatiques. Si la teneur des trois premiers avis est secrète, il n'en va pas de même pour le quatrième qui prend la forme d'une décision motivée et publiée au *Journal officiel*. Dans les quatre hypothèses, les avis demeurent simples et ne sauraient lier le chef de l'État.

Cette « dictature constitutionnelle provisoire » (formule de Marcel Prélot) ne fut utilisée qu'une seule fois en France du 23 avril au 30 septembre 1961 en raison du « putsch d'Alger » (22 avril 1961) fomenté par un « quarteron de généraux en retraite », les généraux Challe, Jouhaud, Salan et Zeller. La procédure fut déclenchée alors même que, d'une part les conditions nécessaires à son déclenchement ne semblaient pas toutes réunies, et que d'autre part la durée de cette application paraissait absolument abusive. L'avis délivré par le Conseil constitutionnel le 23 avril 1961, comme ceux délivrés par les trois autres autorités compétentes, était toutefois favorable au déclenchement de la procédure. Le général de Gaulle poursuivit l'application de cet article jusqu'à la veille de la session ordinaire d'automne alors même que ledit putsch avait été maîtrisé depuis longtemps (il n'a duré que cinq jours). Lesdites conditions annoncées à cet article se composent de deux groupes distincts mais cumulatifs, discrétionnairement appréciées par le chef de l'État quant à leur substance et à leur survenance. Tout d'abord, un groupe très subjectif de conditions, en l'occurrence, les institutions de la République, l'indépendance de la nation, l'intégrité de son territoire, ou l'exécution des engagements internationaux sont menacés d'une manière grave et immédiate. Ensuite, une condition plus objective, le fonctionnement régulier des pouvoirs publics constitutionnels est interrompu. Le président de la République en informe la nation par un message et ses prérogatives rejoignent en l'espèce celles des dictateurs romains (il concurrence à cet égard aussi bien le Parlement que le Gouvernement).

Le Gouvernement poursuit la mission dont il est investi tout en respectant les mesures arrêtées par le chef de l'État au regard des circonstances. Le Parlement, pour sa part, se réunit de plein droit (il peut cependant suspendre provisoirement le cours de ses travaux, ce qu'il fit en 1961 de fin juillet au début du mois de septembre) mais ne dispose que de pouvoirs limités et contrôlés par le chef de l'État. Dans son message aux Chambres le 26 avril 1961, le général de Gaulle indiqua en effet que les élus ne sauraient s'immiscer dans les mesures à prendre ou prises en vertu de l'article 16. De plus, selon une lettre du même général de Gaulle adressée au Premier ministre en date du 31 août 1961, hors période de session, la réunion du Parlement ne doit pas avoir un « aboutissement législatif » (pas d'engagement de la responsabilité sur le fondement de l'article 49, alinéa 3 de la Constitution et pas de censure gouvernementale sur le fondement de l'alinéa 2 du même article). Enfin, en vertu d'une résolution du président de l'Assemblée nationale en date du 19 septembre 1961, une motion de censure ne peut être déposée en dehors des sessions ordinaires. Tout au plus, le Parlement peut-il mettre en accusation pour haute trahison le président de la République si ce dernier détourne les pouvoirs conférés par l'article 16, et l'Assemblée nationale ne peut être dissoute.

L'article 16 est potentiellement liberticide en ce sens qu'aucune autorité ne peut empêcher le président de la République d'y recourir et d'en abuser. Le comité « Vedel » a ainsi préconisé d'une part que le Conseil constitutionnel puisse déterminer la durée de son application afin de limiter les risques d'abus en matière de recours à ce dispositif (ainsi que la date à partir de laquelle les mesures arrêtées par le chef de l'État ne pourront plus être mises en œuvre), d'autre part que ledit Conseil puisse constater sur demande conjointe du chef de l'État et des Présidents des Assemblées la réunion des conditions de mise en vigueur de cet article. Le Président Mitterrand souhaitait quant à lui sa suppression pure et simple. Le Conseil d'État a néanmoins estimé en 1994 qu'en cas de disparition de cet article, le président de la République « serait privé dans les circonstances exceptionnelles, dont on ne peut exclure l'éventualité, des moyens appropriés de remplir les obligations qui lui incombent, en vertu de l'article 5, d'assurer le fonctionnement régulier des pouvoirs publics ainsi que la continuité de l'État ».

Enfin, relançant les interrogations, le comité « Balladur », qualifiant d'« anomalie » l'insuffisance des mécanismes de contrôle en cas de mise en œuvre de cet article, recommandait que 60 parlementaires puissent, au terme d'un délai d'un mois après son déclenchement, saisir le Conseil constitutionnel aux fins de vérifier que les conditions de celui-ci demeurent réunies et que ce juge soit ensuite habilité à le vérifier par lui-même (après soixante jours d'exercice des pouvoirs exceptionnels et à tout moment au-delà). Le juge constitutionnel serait alors amené à rendre un avis « dans les moindres délais ». Un Président malveillant dans ce cadre s'exposerait à un engagement de sa responsabilité pénale au regard de la qualification issue de la révision constitutionnelle du 23 février 2007 (« en cas de manquement à ses devoirs manifestement incompatible avec l'exercice de son mandat »). La loi constitutionnelle du 23 juillet 2008 *de modernisation des institutions de la Vᵉ République* a relayé cette avancée (« Après trente jours d'exercice des pouvoirs exceptionnels, le Conseil constitutionnel peut être saisi par le président de l'Assemblée nationale, le président du Sénat, soixante députés ou soixante sénateurs, aux fins d'examiner si les conditions énoncées au premier alinéa demeurent réunies. Il se prononce dans les délais les plus brefs par un avis public. Il procède de plein droit à cet examen et se prononce dans les mêmes conditions au terme de soixante jours d'exercice des pouvoirs exceptionnels et à tout moment au-delà de cette durée »), encore que juridiquement parlant, le juge constitutionnel ne pourra bloquer l'initiative du chef de l'État.

L'avis en cause est en effet public et non conforme. La publication dudit avis paraît cependant de nature à éviter toute instrumentalisation de la technique au risque de voir le chef de l'État frappé de discrédit. La mesure relève donc plus de la dissuasion que de la contrainte.

Biblio Bibliographie droit constitutionnel

Ouvrages généraux (Se reporter aux dernières éditions en date)

• Philippe ARDANT, Bertrand MATHIEU, *Institutions politiques et droit constitutionnel*, LGDJ • Pierre AVRIL, *La Ve République. Histoire politique et constitutionnelle*, PUF • Dominique CHAGNOLLAUD, Jean-Louis QUERMONNE, *La Ve République*, tome 1 *Le Régime politique*, tome 2 *Le Pouvoir exécutif et l'administration*, tome 3 *Le Pouvoir législatif et le système de partis*, tome 4 *L'État de droit et la justice*, Champs-Flammarion • Bernard CHANTEBOUT, *Droit constitutionnel*, A.Colin • Marie-Anne COHENDET, *Droit constitutionnel*, Montchrestien • Louis FAVOREU (sous la direction), *Droit constitutionnel*, Dalloz • Patrick FRAISSEIX, *Droit constitutionnel*, Vuibert • Jean GICQUEL et Jean-Éric GICQUEL, *Droit constitutionnel et Institutions politiques*, Montchrestien • Francis HAMON, Michel TROPER, *Droit constitutionnel*, LGDJ • Pierre PACTET, Ferdinand MELIN-SOUCRAMANIEN, *Institutions politiques. droit constitutionnel*, A.Colin.

Essais :

• Jean-Pierre CAMBY, Pierre SERVENT, *Le Travail parlementaire sous la Ve République*, Montchrestien • Guy CARCASSONNE, *La Constitution,*

Points • Simon-Louis FORMERY, *La Constitution commentée article par article,* Hachette Supérieur • Bastien FRANÇOIS, *Misère de la Ve République,* Denoël, 2001 • Raphaël HADAS-LEBEL, *Les 101 mots de la démocratie française,* O. Jacob, 2002 • François LUCHAIRE, Gérard CONAC (sous la direction), *La Constitution de la République française,* Economica • François MITTERRAND, *Le Coup d'État permanent,* Plon, 1964 • Georges POMPIDOU, *Le Nœud gordien,* Plon, 1974 • Pierre ROSANVALLON, *Le Sacre du citoyen. Histoire du suffrage universel en France,* Gallimard, 1992, et *La Contre-démocratie. La politique à l'âge de la défiance*, Seuil, 2006 • Olivier SCHRAMECK, *Matignon Rive gauche 1997-2001,* Seuil, 2001 • Max WEBER, *Le Savant et le politique,* Plon, 1959.

Rapports :

• Code constitutionnel commenté et annoté par Michel DE VILLIERS et Thierry S. RENOUX, Litec • *Comité national chargé de la publication des travaux préparatoires des institutions de la Ve République, Documents pour servir à l'histoire de l'élaboration de la Constitution du 4 octobre 1958.* Volume I *Des origines de la loi constitutionnelle du 3 juin 1958 à l'avant-projet du 29 juillet 1958* (1987). Volume II *Le Comité consultatif constitutionnel. De l'avant-projet du 29 juillet 1958 au projet du 21 août 1958* (1988). Volume III *Du Conseil d'État au référendum 20 août-28 septembre 1958* (1991), La Documentation française • Rapport remis au président de la République par le Comité consultatif pour la révision de la Constitution, 15 février 1993 (rapport VEDEL) • Rapport remis au président de la République relatif à la responsabilité pénale du président de la République, 15 décembre 2002 (commission AVRIL) • Rapport remis au président de la République relatif au rééquilibrage et à la modernisation des institutions de la Ve République, 29 octobre 2007 (rapport BALLADUR) • Rapport remis au président de la République relatif au Préambule de la Constitution, décembre 2008 (rapport VEIL) • *La Révision de 2008, une nouvelle Constitution ?* sous la direction de Jean-Pierre CAMBY, Patrick FRAISSEIX, et Jean GICQUEL, LGDJ, 2011.

Exercices
Droit constitutionnel

COMMENTAIRE DE TEXTE

Sujet

Commentez l'entretien accordé par Nicolas Sarkozy, alors président de la République française, relatif au référendum sur le traitement du chômage.
Entretien de Nicolas Sarkozy au *Figaro Magazine* le 11 février 2012.

Le référendum sur le traitement du chômage
« Mais notre système de formation actuel ne permet pas d'y répondre !
– Nous allons donc engager une grande réforme de la formation professionnelle. Aujourd'hui, elle fonctionne mal. Elle est éclatée entre des responsables multiples : les Régions, les organisations patronales et syndicales, l'État. Chaque année, 30 milliards d'euros sont consacrés à la formation professionnelle. Cet argent peut être et doit être mieux utilisé. J'ai confié une mission à ce sujet à Gérard Larcher. C'est à partir de son rapport que seront posées les bases de cette nouvelle réforme.
– Vous comptez le faire d'ici au mois d'avril ?
– Cette réforme est tellement systémique qu'il n'est pas pensable de la mettre en œuvre aussi rapidement. Elle est capitale pour l'avenir du pays. Elle concerne directement les Français. C'est peut-être l'une des réformes qu'il faudra soumettre à leur jugement direct.
– Vous voulez dire : par référendum ?
– Oui.
– Après l'élection présidentielle ?
– Si un consensus se dégage parmi les partenaires sociaux, cela ne sera pas nécessaire. Mais si les intérêts particuliers, les obstacles catégoriels s'avéraient trop puissants, il faudrait sans doute réfléchir à l'opportunité de s'adresser directement aux Français pour qu'ils donnent leur opinion sur ce système d'indemnisation du chômage et sur la façon dont on doit

considérer le travail et l'assistanat. Je crois que la meilleure façon de surmonter des blocages dans notre société, c'est de s'adresser directement au peuple français.
– Mais vous-même, vous n'avez pas organisé de référendum durant votre quinquennat…
– C'est vrai parce qu'en cinq ans, malgré toutes les réformes mises en œuvre, le pays n'a jamais connu de blocage. Sur les retraites, par exemple, il y a eu des manifestations, des protestations, mais la réforme, sans drame et surtout sans violence, a pu être adoptée et appliquée. »

Corrigé

Le référendum se définit comme un instrument de démocratie semi-directe par l'intermédiaire duquel les citoyens sont appelés à exprimer, par une votation référendaire, leurs avis sur une (ou plusieurs) question(s) sentencieusement posée(s) par le chef de l'État (ou un exécutif local). Il apparaît ce faisant comme un moyen d'associer le peuple aux grandes orientations de la politique de la nation (voire d'une politique locale) et d'interpeller la responsabilité civique individuelle. Il peut être utilisé pour adopter, modifier, voire abroger une loi (on parle alors de référendum législatif) ou une disposition constitutionnelle (on parle dans cette hypothèse de référendum constituant). Nombreux sont les régimes démocratiques qui, s'inspirant de la pratique athénienne antique, souhaitent de nos jours encore et de plus en plus associer les citoyens à la détermination de la politique nationale. En dépit de ce commun dénominateur, il est pour le moins hasardeux d'établir des comparaisons fondées entre la pratique française de démocratie semi-directe qui marginalise la technique référendaire et la pratique suisse des « Landsgemeinde » (Assemblées populaires officiant dans le cadre d'un système de démocratie directe) appliquées notamment dans les cantons de Glaris, d'Unterwald et d'Appenzell. En France, c'est l'avenir même de la technique (introduite pour la première fois dans la Constitution du 24 juin 1793) qui semble en jeu tant les dernières consultations référendaires n'ont pas semblé répondre aux attentes du peuple et des Gouvernants, tant l'introduction d'un « référendum local » par la loi d'orientation du 6 février 1992 relative à l'administration territoriale de la République (article 21) et l'introduction d'une consultation locale d'initiative populaire par la loi du 4 février 1995 d'orientation pour l'aménagement et le développement du territoire (article 85) n'ont pas contribué à renouveler le genre référendaire. La Loi constitutionnelle du 28 mars 2003 relative à l'organisation décentralisée de la République reprend cependant le dispositif en lui conférant notamment une valeur juridique contraignante. Cette préoccupation latente de relance de la pratique référendaire a conduit le Constituant à élargir le champ du référendum de l'article 11 par la révision constitutionnelle du 4 août 1995, sans toutefois reprendre la substance de la tentative avortée du Président Mitterrand le 24 juillet 1984 (le projet de l'époque prévoyait d'étendre le domaine du référendum législatif aux garanties fondamentales des libertés publiques). Surtout, la Loi constitutionnelle du 23 juillet 2008 de modernisation des institutions de la Ve République innove sensiblement en la matière par l'entremise de la consécration du référendum d'initiative populaire. Le combat contre l'atonie de la procédure référendaire prend ainsi, en France, la double forme d'une multiplication des types de référendum et d'un élargissement de son domaine d'intervention. Pour autant, il paraît certain que le référendum sert trop souvent la politique du gouvernement en place au détriment de la question de fond qui est posée. L'instrument n'est donc plus placé au service du peuple mais au service des gouvernants, ce qui tend à le dénaturer en suscitant désintéressement et suspicion de l'opinion publique.

I) Une expression traditionnelle de la souveraineté populaire

Par l'intermédiaire du référendum, les autorités publiques du pays bénéficient d'un remède destiné à résoudre un blocage des institutions (A). Le peuple bénéficie quant à lui d'une procédure le faisant participer ponctuellement à la détermination de la vie politique du pays (B).

A) Le référendum, remède au blocage des institutions

Les crises qui affectent le fonctionnement régulier des pouvoirs publics auxquelles le référendum aspire à mettre fin sont politiques et/ou constitutionnelles (1), voire sociales (ou sociétales) (2).

1) Un remède aux crises politiques et/ou constitutionnelles.

Le référendum du 8 janvier 1961 sur l'autodétermination des populations d'Algérie (75 % de « oui », 26 % d'abstention), celui du 8 avril 1962 comportant approbation des « Accords d'Évian » à propos de la fin de la « guerre » d'Algérie (91 % de « oui », 24 % d'abstention), celui du 6 novembre 1988 sur les « Accords de Matignon » à propos de la Nouvelle-Calédonie (80 % de « oui », 63 % d'abstention), enfin ceux du 23 avril 1972 sur l'entrée de la Grande-Bretagne, du Danemark et de la République d'Irlande dans la Communauté européenne (68 % de « oui », 40 % d'abstention), du 20 septembre 1992 sur la ratification du traité de Maastricht (52 % de « oui », 30 % d'abstention) et du 29 mai 2005 (54,87 % de « non », 30 % d'abstention) répondent parfaitement à cette idée de crises politiques. De surcroît, dans le cadre de la construction communautaire, en vertu de l'article 88-5 issu de la révision constitutionnelle du 1er mars 2005, un référendum devra être organisé par le chef de l'État à l'occasion de l'adhésion d'un nouvel État à l'Union européenne. La procédure interviendra ainsi pour le cas de la Turquie. Les trois premiers référendums cités se déroulèrent dans un contexte tendu et passionnel en raison du « putsch des généraux » dans un cas (le 21 avril 1961) et des « événements » de Nouvelle-Calédonie dans l'autre (prise d'otages dans la grotte d'Ouvéa notamment). Il s'agissait dans ces hypothèses de situations de guerre ou de conflit civil exacerbé pour lesquelles le référendum devait apporter une solution politique pacifique. À l'inverse, pour les référendums de 1972, 1992 et de 2005 aucune tension militaire n'était à redouter, mais ils portaient sur des questions essentielles, existentielles concernant le devenir de l'Europe et de la France dans l'Europe, thème éminemment politique qui a bénéficié d'un support médiatique sans précédent en 1992 comme en 2005 avec un sort au final très différent.

En terme constitutionnel, par le référendum du 28 octobre 1962, il convenait d'adapter la Constitution du 4 octobre 1958 afin de conforter la prépondérance présidentielle par l'octroi d'une onction populaire directe. Le passage du suffrage universel indirect au suffrage universel direct concernant l'élection du président de la République recueillit 62 % des suffrages exprimés (26 % d'abstention) et le règlement d'une question constitutionnelle devint une affaire entre le président de la République et le peuple. Enfin, le référendum du 24 septembre 2000 (73 % de « oui », 70 % d'abstention), s'est, quant à lui, plus inscrit dans le cadre d'une réflexion sur l'évolution nécessaire des institutions de la Ve République sans pour autant répondre aux attentes des Français.

Le référendum peut servir par ailleurs à la résorption de crises sociales voire sociétales.

2) Un remède aux crises sociales voire sociétales.

À la suite des « événements » de « mai 1968 », le général de Gaulle organisa un référendum le 27 avril 1969 portant sur un projet de révision constitutionnelle (institution des régions et « rénovation » du Sénat) qui obtint 12 007 000 de « non » (soit 52 %, 20 % d'abstention) contre 10 902 000 de « oui ». Son instigateur décida en conséquence de démissionner selon la logique du système quasi-plébiscitaire qu'il avait échafaudé. En réalité, à la suite de la crise sociale de « mai 68 », le général de Gaulle tenta de renouer le dialogue rompu avec le peuple en prétextant une révision constitutionnelle. Le référendum plébiscitaire étant une arme à double tranchant, l'échec conduisit inévitablement au départ de ce dernier. Si aucune disposition constitutionnelle n'exigeait un tel départ, celui-ci s'imposait pour des raisons politiques.

Par ailleurs, l'élargissement du champ référendaire opéré par la Loi constitutionnelle du 4 août 1995 permet désormais de proposer un référendum portant sur une question sociale, en l'occurrence un projet de loi portant sur « une réforme relative à la politique économique ou sociale (la Loi constitutionnelle du 23 juillet 2008 a ajouté la politique « environnementale ») de la nation et aux services publics qui y concourent » (en plus des projets de loi « portant sur l'organisation des pouvoirs publics, comportant approbation d'un accord de Communauté – supprimé par cette même Loi constitutionnelle de 1995 – ou tendant à autoriser la ratification d'un traité qui, sans être contraire à la Constitution, aurait des incidences sur le fonctionnement des institutions »). Dans ce cadre que Nicolas Sarkozy souhaite s'inscrire pour organiser un référendum sur le chômage au risque de donner le sentiment de stigmatiser les chômeurs comme l'opposition n'a pas manqué de le souligner.

Ce dispositif référendaire certes complet ne saurait toutefois supporter une comparaison avec le système suisse dans lequel le référendum est obligatoire pour toute révision de la Constitution fédérale et des lois fondamentales cantonales (il peut être exigé par une pétition de cent mille signatures, ou une demande de l'Assemblée fédérale). Les citoyens suisses peuvent de plus demander l'organisation d'un référendum législatif avec 50 000 signatures (ou une demande émanant de huit cantons). La Suisse connaît assurément une culture et une pratique référendaires inexistantes en France, pays qui conserve au surplus un très mauvais souvenir des plébiscites napoléoniens et ressent en conséquence une réelle défiance envers cette technique.

Le référendum offre néanmoins au peuple un moyen d'exprimer sa position et de participer à la vie politique du pays.

B) Le référendum, instrument de participation du peuple

Cette participation populaire s'exprime aussi bien à l'échelon national qu'à l'échelon local (1). Elle est toutefois affranchie de tout contrôle politique ou juridictionnel (2).

1) Une participation nationale et locale.

Lorsqu'il s'agit d'un référendum organisé sur les fondements des articles 11 ou 89 de la Constitution de 1958, le peuple assure un rôle d'arbitrage au-dessus des querelles partisanes et exerce sa souveraineté. C'est une manifestation incontestable de la souveraineté populaire même si le peuple est parfois tributaire de la volonté présidentielle. À l'échelon local, les populations peuvent être consultées par application de l'article 53 alinéa 3 du même texte (« Nulle cession, nul échange, nulle adjonction de territoire n'est valable sans le consentement des populations intéressées » ; appliqué en 1974 dans les Comores, en 1977 à Djibouti et en 1998 en Nouvelle-Calédonie) dans le respect des principes de l'indivisibilité de la République et de l'unité du peuple français comme le Conseil constitutionnel l'a affirmé dans sa décision du 9 mai 1991 (prolongée par celle du 15 juin 1999). Quant aux modalités de la « démocratie participative » à l'échelon communal, elles s'avèrent elles aussi encadrées dans la mesure où ladite loi de 1992 exige pour l'organisation d'une consultation communale l'écoulement d'un délai d'un an entre deux consultations communales et interdit l'organisation de cette procédure sur un même objet dans un délai inférieur à deux ans. Concernant la loi d'orientation précitée du 4 février 1995, un cinquième des électeurs inscrits sur les listes électorales peut saisir le conseil municipal en vue de l'organisation d'une consultation. Par ailleurs, quand les communes sont membres d'un établissement public de coopération intercommunale, la consultation peut être demandée soit par l'ensemble des maires des communes membres, soit par la moitié des membres de l'Assemblée délibérante, soit enfin par un cinquième des électeurs. Dans l'année, un électeur ne peut signer qu'une seule saisine tendant à l'organisation d'une telle consultation et cette saisine ne peut intervenir avant la fin de la deuxième année, ni après la fin de la quatrième année suivant les élections

municipales. Enfin, cette consultation ne peut être demandée que dans les domaines de l'aménagement, de l'urbanisme et ceux susceptibles de faire l'objet de délégation de service public. La pratique française de ce « référendum local » est demeurée très timorée (environ 300 consultations locales de 1992 à 2001), d'autant que le résultat de la consultation n'est pas décisoire et ne constitue qu'un simple avis donné par les électeurs au maire (CE Sect. 29 décembre 1995, M.Géniteau).
La Loi constitutionnelle du 28 mars 2003 relative à l'organisation décentralisée de la République, complétée par la loi organique du 1er août 2003 relative au référendum local, a inséré dans la Constitution de 1958 un article 72-1 alinéa 2 ouvrant la possibilité d'un référendum local (ouvert aux citoyens européens inscrits sur les listes électorales complémentaires dans l'hypothèse d'un référendum organisé par une commune) à caractère décisionnaire sur les questions relevant de la compétence de la collectivité en cause (les établissements publics de coopération intercommunale ne sont pas concernés), infléchissant alors le principe en vertu duquel la démocratie locale n'est que représentative (le projet soumis au référendum est adopté si la moitié des électeurs inscrits a pris part au scrutin et s'il réunit la majorité des suffrages exprimés). Le terme de référendum consacré dans cet article de la Constitution est d'ailleurs bien destiné à affirmer que la consultation des électeurs doit aboutir à une véritable décision et non à un simple avis. L'inscription à l'ordre du jour ne signifiera toutefois pas acceptation de la question. De plus, le champ de ce référendum décisionnel ne pourra recouvrir qu'une question relevant de la compétence de la collectivité (précisément « projets de délibération ou d'acte relevant de la compétence d'une collectivité territoriale »), sous le contrôle du juge de l'excès de pouvoir. À côté des référendums décisionnels locaux, l'alinéa 3 du même article vise à permettre la consultation des électeurs sur des questions relevant de la compétence des autorités nationales, mais qui les intéressent particulièrement : « Lorsqu'il est envisagé de créer une collectivité territoriale dotée d'un statut particulier ou de modifier son organisation, il peut être décidé par la loi de consulter les électeurs inscrits dans les collectivités intéressées. La modification des limites des collectivités territoriales peut également donner lieu à la consultation des électeurs dans les conditions prévues par la loi » (loi du 10 juin 2003 organisant une consultation en Corse le 6 juillet 2003). Cette possibilité de consultation (il ne

s'agit donc pas de référendum décisionnel mais bien de consultation) s'ajoute à celles qui sont spécifiquement prévues aux articles 72-4 et 73 pour les collectivités situées outre-mer (8 décembre 2003 en Martinique et en Guadeloupe ; 10 puis 17 janvier 2010 en Martinique et en Guyane ; 29 mars 2009 à Mayotte).

2) L'absence de tout contrôle juridictionnel ou politique.
Le Conseil constitutionnel a solennellement affirmé dans sa décision du 6 novembre 1962 relative à la révision constitutionnelle de l'article 6 (position confirmée par la décision du 23 septembre 1992 relative à la régularité de la loi référendaire autorisant le président de la République à ratifier le traité de Maastricht) son incompétence en matière d'appréciation de la constitutionnalité d'une loi référendaire, expression directe de la souveraineté populaire. Tout au plus, a-t-il reconnu dans une décision du 9 janvier 1990 que « le principe de la souveraineté nationale ne fait nullement obstacle à ce que le législateur, statuant dans le domaine de sa compétence, modifie, complète ou abroge des dispositions législatives antérieures ; qu'il importe peu à cet égard que des dispositions modifiées, complétées ou abrogées résultent d'une loi votée par le Parlement ou d'une loi adoptée par voie de référendum ». L'article 60 de la Constitution de la Ve République confie de surcroît à cette juridiction le soin de « veiller à la régularité des opérations référendaires » et d'en proclamer les résultats. Il s'agit d'un simple contrôle du bon déroulement des opérations consultatives. À cet égard, le juge constitutionnel a décidé dans des décisions des 25 juillet 2000, Hauchemaille, et 23 août 2000, Hauchemaille et Larouturrou, qu'il lui appartenait, en vertu de la mission générale de contrôle de la régularité des opérations référendaires qui lui est conférée par l'article 60 précité, de se prononcer contre les requêtes dirigées contre ces décrets. Son intervention doit impliquer qu'une « irrecevabilité opposée à ces requêtes risquerait de compromettre gravement l'efficacité de son contrôle des opérations référendaires, vicierait le déroulement général du vote ou porterait atteinte au fonctionnement normal des pouvoirs publics ». Tirant les enseignements d'une telle lacune juridictionnelle dans l'État de droit, le Constituant a introduit un contrôle de constitutionnalité des propositions de loi référendaire d'origine parlementaire et populaire consacrées par la révision du 23 juillet 2008. Le juge administratif, pour sa part,

intervenant conformément à la règle distinguant l'organisation du scrutin et les résultats, a décidé que l'existence, devant le Conseil constitutionnel, avant la proclamation des résultats du scrutin, de cette voie de recours exceptionnelle contre les décrets ayant cet objet référendaire, fait obstacle à ce que la légalité desdits décrets soit contestée par la voie du recours pour excès de pouvoir (CE Ass. 1er septembre 2000, Larrouturou et autres).

Quant au contrôle politique, il se révèle lui aussi dès plus limité dans la mesure où le chef de l'État est le seul juge de l'opportunité du recours à la procédure (pas de contreseing ministériel puisqu'il s'agit d'un pouvoir propre visé à l'article 19, même s'il est vrai que le président doit être saisi par le gouvernement ou les parlementaires pour l'organiser), la pratique de la Ve République allant même jusqu'à dénaturer le corpus de l'article 11. Ce n'est en effet pas le gouvernement qui propose au chef de l'État, pendant la durée des sessions, d'organiser un référendum (les parlementaires qui disposent aussi de ce droit d'initiative ne l'utilisent jamais car ils perçoivent le référendum comme un moyen de court-circuiter le Parlement), mais c'est très souvent le président qui sollicite du gouvernement la proposition d'un référendum. Le général de Gaulle annonçait d'ailleurs les consultations référendaires avant même d'avoir été saisi officiellement de toute proposition gouvernementale ! Le seul référendum ayant échappé à ce détournement présidentiel est celui de 1988 sur la Nouvelle-Calédonie entièrement pris en charge par le Premier ministre Michel Rocard. Quant au référendum du 24 septembre 2000, il a été en quelque sorte relayé par le président Jacques Chirac mis devant le fait accompli par les engagements antérieurs du Premier ministre Lionel Jospin et la proposition de loi constitutionnelle déposée par l'ancien président de la République Valéry Giscard d'Estaing, le 9 mai 2000. L'idée d'un contrôle préalable du Parlement exercé sur le texte soumis à référendum a cependant été retenue durant les débats relatifs à la Loi constitutionnelle du 4 août 1995. Il prend la forme d'un débat d'orientation sans vote donnant l'occasion au Parlement d'exprimer son avis sur la question objet du référendum (article 11 alinéa 2). L'instance parlementaire n'exerce alors qu'un contrôle modéré, car dépourvu de toute sanction juridique.

Le référendum contribue donc utilement à l'épanouissement d'un régime démocratique. Il pourrait toutefois connaître de nouvelles modifications de nature à rendre son utilisation moins tendancieuse.

II) Une expression perfectible de la souveraineté populaire

L'organisation d'un référendum a souvent confiné au cours de l'histoire constitutionnelle française au plébiscite, dénaturant *de jure* la finalité de la procédure (A). Des garanties contre cette propension plébiscitaire ont été envisagées et mises en œuvre (B).

A) Le risque de déviation plébiscitaire

L'histoire constitutionnelle française comme les débuts de la Ve République illustrent cette tendance (1) qui a d'ailleurs conduit le général de Gaulle à abuser de l'article 11 (2).

1) La tradition française.

Sans parler de la naissance même de la Constitution de 1958 dont l'adoption s'est déroulée dans des conditions douteuses qualifiées par certains de « coup d'État » (les conditions de l'article 90 de la Constitution de la IVe République n'ont pas été respectées pour l'adoption de la Loi constitutionnelle du 3 juin 1958), les référendums du général de Gaulle étaient en réalité autant de questions de confiance populaire, des sortes de « référendums de responsabilité » selon la formule du doyen Georges Vedel. La question posée apparaissait largement secondaire (cas du référendum de 1969, par exemple) dans la mesure où c'était bien la confiance portée à la personne et à la politique du président de la République qui importaient et justifiaient la procédure référendaire. Le credo du général de Gaulle « moi ou le chaos » traduisait cette dimension. Dans ces conditions, une majorité de votes défavorables, si elle n'impliquait aucune conséquence constitutionnelle, entraînait une situation politique intenable pour le président et aboutissait à sa démission. Le général de Gaulle suivit cette logique en démissionnant le lendemain du référendum en 1969 (Jacques Chirac n'a pas adopté le même raisonnement en 2005 et a choisi de changer de Premier ministre). La Ve République et le général de Gaulle ne disposent cependant pas de l'apanage de la dérive plébiscitaire, Louis-Napoléon Bonaparte l'ayant en effet lui aussi pratiquée (le 21 décembre 1851). Pareil comportement adopté à plusieurs reprises pose un grave problème constitutionnel.

2) La querelle de l'article 11 et de l'article 89.

La révision constitutionnelle de 1962 et la tentative de révision en 1969 ont été mises en œuvre dans le cadre de l'article 11 de la Constitution de 1958,

alors même que l'article 89 du même texte édicte clairement les conditions d'une révision constitutionnelle. Arguant d'un nécessaire dialogue direct entre lui et le peuple, le général de Gaulle préféra écarter la procédure référendaire prévue à l'article 89 qui était précédée d'un vote parlementaire, périlleux à l'époque sur le thème de l'élection du président de la République au suffrage universel direct. D'où l'utilisation de l'article 11 (non précédé d'un tel vote parlementaire) qui déchaîna les réactions des juristes. Le Conseil d'État dénonça en effet le processus engagé en déclarant le 1er octobre 1962, à l'unanimité moins une voix, son opposition à l'emploi de l'article 11 de la Constitution pour réviser la Constitution. Quant au Conseil constitutionnel, saisi le même jour du texte de révision, il émit un avis défavorable (notamment son président, Léon Noël, pourtant gaulliste de la première heure). Le doyen Georges Vedel dégagea à cette occasion sa théorie de la coutume *contra legem* légitimée par l'approbation populaire de 1962. L'utilisation de l'article 11 pour réviser la Constitution constitue une violation évidente de la Constitution (il s'agissait selon cet auteur d'une révision constitutionnelle « dont l'utilité est obscure, l'opportunité douteuse, la procédure ouvertement contraire aux textes »), mais dans la mesure où cette pratique a été utilisée à deux reprises et qu'elle a été couronnée de succès une fois elle est devenue d'une part, une coutume et d'autre part, elle a été « constitutionnalisée » par l'approbation populaire de 1962. Le débat reste d'ailleurs toujours ouvert, certains candidats à la présidence s'engagèrent à proscrire cette utilisation inconstitutionnelle puis une fois élus ne la rejetèrent plus aussi catégoriquement tout en l'assortissant de conditions (notamment François Mitterrand).
Quelles que soient les modalités d'utilisation d'un référendum, des garanties contre une dérive plébiscitaire paraissent indispensables à édicter.

B) Les garanties contre la dérive plébiscitaire
D'aucuns s'estiment favorables à la consécration d'un contrôle juridictionnel généralisé (1). De plus, et à l'instar du système suisse, la consécration en France d'un référendum d'initiative populaire pourrait être de nature à responsabiliser les électeurs (2).

1) La consécration d'un contrôle juridictionnel généralisé.
Comme nous l'avons déjà constaté, le référendum s'organise en marge de tout contrôle politique (l'intervention préalable du Parlement n'étant

pas suivie d'un vote) ou juridictionnel (exception faite des propositions de loi référendaire d'origine parlementaire et populaire). Or, il serait opportun d'éviter que par le biais de consultations référendaires provoquées dans un moment d'agitation ou de désordre, des dispositions essentielles de l'État de droit, des libertés publiques fondamentales soient affectées. L'on pense bien sûr à des questions soumises au référendum dans un intérêt exclusivement populiste ou démagogique (cas de la Suisse avec des référendums sur l'octroi de la nationalité ou les minarets des mosquées). Certains ont d'ailleurs dénoncé les risques de déviation plébiscitaire que pourrait engendrer l'extension du champ du référendum opéré en 1995. Les prérogatives du président de la République se verraient accrues à une époque où il est de bon ton de critiquer la dérive monarchique des institutions et dorénavant, pourraient être soumises à référendum des matières purement législatives dévolues jusqu'à présent à la seule compétence du Parlement. Face à de tels dangers, le Conseil constitutionnel devrait alors devenir le garant de l'ordre juridique contre ces tentations plébiscitaires en contrôlant la conformité à la Constitution du texte proposé au peuple. Le juge constitutionnel a mutatis mutandis annoncé dans sa décision en date du 2 juin 1987 qu'il pouvait apprécier la loyauté et la clarté de la question (« Considérant que la question posée aux populations intéressées doit satisfaire à la double exigence de loyauté et de clarté de la consultation… »), exigence complétée dans la décision du 4 mai 2000 indiquant que la « question posée aux votants ne doit pas comporter d'équivoque » (le principe a été repris par le Conseil d'État au sujet de la consultation visée à l'article 73 in fine de la Constitution : CE Sect. 4 décembre 2003, Feler). L'institutionnalisation d'un tel contrôle préalable, pourtant préconisée par le Comité « Vedel » a été repoussée en 1995. Le projet discuté à cette époque avait, selon les propos de ses auteurs, non l'ambition de repenser les équilibres institutionnels mais seulement d'élargir le champ d'application du référendum ce qui ne justifiait pas en soi de prévoir la consultation du Conseil constitutionnel.

Cette carence du contrôle surprend dans un système juridique aussi perfectionné que le régime de la Ve République et laisse une liberté d'action dont certains pourraient user et abuser. Or le référendum doit demeurer au service du peuple et du pays, non à celui du gouvernement ou du président. Le Conseil d'État vient de répondre à cette sage précaution en introduisant pour la première fois un contrôle juridictionnel en la matière en soumettant les lois référendaires de l'article 11 à un contrôle de conventionnalité. Il distingue pour l'application de l'article 55 de la Constitution, les lois constitutionnelles qui ne sont pas soumises aux traités de toutes les autres lois (ordinaires, organiques, référendaires) qui, pour leur part, y sont subordonnées (CE Ass. 30 octobre 1998, M. Sarran, Levacher et autres). Ainsi, si ces lois référendaires échappent au contrôle de constitutionnalité (assuré par le Conseil constitutionnel), elles relèvent en revanche du contrôle de conventionnalité (assuré par le juge ordinaire). Le réaménagement de la procédure référendaire peut aussi conduire à la mise en place d'un référendum d'initiative populaire.

2) L'introduction d'un référendum d'initiative populaire.

Il s'agirait en l'espèce d'éviter que la technique référendaire devienne systématiquement un instrument de manipulation présidentielle et offre à l'inverse, l'opportunité au peuple de prendre ses responsabilités. Pour ce faire, le rapport remis par le comité Vedel en 1993, repris sur ce point par le comité Balladur en 2007, proposait une telle nouveauté en s'inspirant du système helvétique sans pour autant le plagier.

En effet, afin de ne pas déposséder totalement la représentation nationale de son rôle législatif, l'idée consistait à associer les parlementaires à la procédure. L'initiative minoritaire devait combiner la volonté des élus de la nation (1/5e de leur nombre) et celle des citoyens (1/10e des inscrits), tout en laissant le Parlement libre d'adopter le projet envisagé avant qu'il soit soumis au référendum. La proposition des parlementaires devait alors être transmise au Conseil constitutionnel qui, après déclaration de sa conformité à la Constitution (mise en place d'un contrôle juridictionnel), organisait la collecte des pétitions des électeurs et les transmettait au Parlement.

Dans l'hypothèse où cette proposition n'était pas adoptée par le Parlement dans un délai de quatre mois (le comité Balladur prévoyait un an), le Conseil constitutionnel décidait l'organisation d'un référendum. Ce système est apparu, dans un premier temps, compliqué à organiser en comparaison de celui appliqué en Suisse, ce qui explique qu'il n'a pas emporté l'adhésion du gouvernement lors de la révision opérée sur cette technique durant l'été 1995. Surtout, il a été présenté comme dangereux pour une démocratie car selon les dires du président de la commission

des lois à l'Assemblée nationale de l'époque, Pierre Mazeaud, « souvent des partis politiques ou des minorités activistes sont à l'origine de référendums sur des sujets qui ne sont pas d'intérêt général et qui suscitent une faible participation électorale de la part de citoyens lassés par des consultations à répétition ».
C'est finalement la Loi constitutionnelle du 23 juillet 2008 de modernisation des institutions de la Ve République qui a introduit cette innovation majeure dans le texte constitutionnel de 1958. L'article 11 alinéas 3 et suivants de la Constitution instaure un référendum, à propos d'un texte relatif à la politique, économique, sociale ou environnementale et aux services publics qui y concourent, à l'initiative d'un cinquième des membres du Parlement, soutenue par un dixième des électeurs inscrits sur les listes électorales. Cette initiative « prend la forme d'une proposition de loi et ne peut avoir pour objet l'abrogation d'une disposition législative promulguée depuis moins d'un an ». Si cette proposition n'a pas été examinée par les deux chambres dans un délai fixé par une loi organique, le chef de l'État la soumet au référendum. Et lorsque ladite proposition n'a pas été adoptée par les Français, « aucune nouvelle proposition de référendum portant sur le même sujet ne peut être présentée avant l'expiration d'un délai de deux ans suivant la date du scrutin ». L'innovation se révèle cependant peu attractive en raison de la nécessité de recueillir les pétitions d'une partie des parlementaires (il ne s'agit donc pas d'un véritable référendum d'initiative populaire à la mode suisse ou italienne) et surtout du seuil de pétitions des électeurs tout simplement peu atteignable (plus de quatre millions de pétitions).

COMMENTAIRE DE DÉCISION

Sujet

Commentez le jugement du tribunal correctionnel de Paris du 12 décembre 2011 condamnant Jacques Chirac, en tant qu'ancien maire de Paris, à deux ans de prison avec sursis (ainsi que sept autres personnes) en tant qu'« initiateur et auteur principal des délits d'abus de confiance, détournements de fonds publics, ingérence et prise illégale d'intérêts », l'ancien

chef de l'État et maire de Paris ayant « manqué à la probité qui pèse sur les personnes publiques chargées de la gestion des fonds ou des biens qui leur sont confiés, cela au mépris de l'intérêt général des Parisiens ».
« Attendu que la responsabilité de Jacques Chirac, maire de Paris, découle du mandat reçu de la collectivité des Parisiens ; qu'elle résulte également de l'autorité hiérarchique exercée par lui sur l'ensemble du personnel de la Ville de Paris et singulièrement sur ses collaborateurs immédiats au premier rang desquels son directeur de cabinet ; Attendu que le dossier et les débats ont établi que Jacques Chirac a été l'initiateur et l'auteur principal des délits d'abus de confiance, détournement de fonds publics, ingérence et prise illégale d'intérêts ; Que sa culpabilité résulte de pratiques pérennes et réitérées qui lui sont personnellement imputables (...) ; Qu'en multipliant les connexions entre son parti et la municipalité parisienne, Jacques Chirac a su créer et entretenir entre la collectivité territoriale et l'organisation politique une confusion telle qu'elle a pu entraîner ses propres amis politiques ; Que le gain en résultant (...) a pu prendre la forme soit d'un renforcement des effectifs du parti politique dont il était le président soit d'un soutien à la contribution intellectuelle pour l'élaboration du programme politique de ce parti ; Attendu que par l'ensemble de ces agissements, Jacques Chirac a engagé les fonds de la Ville de Paris pour un montant total d'environ 1 400 000 euros ;
Attendu que l'ancienneté des faits, l'absence d'enrichissement personnel de Jacques Chirac, l'indemnisation de la Ville de Paris par l'UMP et Jacques Chirac, ce dernier à hauteur de 500 000 euros, l'âge et l'état de santé actuel de Jacques Chirac, dont la dégradation est avérée, ainsi que les éminentes responsabilités de chef de l'Etat qu'il a exercées pendant les douze années ayant immédiatement suivi la période de prévention, sont autant d'éléments qui doivent être pris en considération pour déterminer la sanction qu'il convient
d'appliquer à son encontre ;
Attendu que ces éléments ne sauraient occulter le fait que, par son action délibérée, en ayant recours au cours de ces cinq années à dix-neuf emplois totalement ou partiellement fictifs, Jacques Chirac a manqué à l'obligation de probité qui pèse sur les personnes publiques chargées de la gestion des fonds ou des biens qui leur sont confiés, cela au mépris de l'intérêt général des Parisiens ; Que dans ces conditions, le recours à une peine d'emprisonnement avec sursis dont le quantum sera fixé à 2 années apparaît tout

à la fois adapté à la personnalité du prévenu ainsi qu'à la nature et la gravité des faits qu'il a commis. »

Corrigé

Sous la Ve République (et jusqu'à la Loi constitutionnelle du 23 février 2007), en cas de crime de haute trahison ou de forfaiture commis dans l'exercice de ses fonctions, le président de la République, bénéficiant d'une immunité, relevait de la Haute Cour de justice, institution juridictionnelle « politique » prévue par les articles 67 et 68 de la Constitution de 1958. La haute trahison, incrimination politique et constitutionnelle plus que pénale, recouvrait une infraction dont les éléments constitutifs, la nature et les peines encourues n'étaient pas précisés dans la loi qu'elle soit constitutionnelle ou pénale (l'infraction a disparu du code pénal). La Haute Cour de Justice se composait de douze parlementaires de chaque Chambre élus au prorata des groupes, soit vingt-quatre membres (et douze suppléants). La procédure correctionnelle de saisine de la Haute Cour de Justice comprenait trois phases (n'étant pas un jury, la Cour suit la procédure correctionnelle non la procédure criminelle). Elle était longue, complexe et largement attentatoire à l'honneur du Président poursuivi.

I) La procédure constitutionnelle d'engagement de la responsabilité pénale du chef de l'État

La révision constitutionnelle du 23 février 2007, révision adoptée à quelques jours de la fin de la XIIe législature et près de quatre ans après l'adoption du projet en Conseil des ministres (le 3 juillet 2003), a profondément modifié le dispositif. La haute trahison a ainsi disparu au profit d'un « manquement (du chef de l'État) à ses devoirs manifestement incompatible avec la poursuite de son mandat » (article 68 alinéa 1er). L'appréciation portée sur ce type d'acte ou de comportement devra relever du Parlement formant une Haute Cour (non plus une Haute Cour de justice par souci de ne pas confondre la compétence de cet organe avec celle d'une juridiction), sous réserve de l'article 53-2 de la Constitution (renvoi du chef de l'État devant la Cour pénale internationale de La Haye) et à l'instar de la procédure américaine de l'*impeachment*. La Haute Cour, réunie sous la présidence du président de l'Assemblée nationale, statuant dans un délai d'un mois, vote à bulletins secrets sur la destitution. Soit la majorité des deux tiers des membres n'est pas atteinte, la destitution n'est alors pas décidée et le chef de l'État reprend le cours de son mandat. Le vote de la représentation nationale a alors rétabli l'autorité et la dignité de la fonction. Soit à l'inverse, la majorité requise est atteinte et la destitution est décidée avec un effet immédiat. Il est mis fin au mandat en cours du président qui redevient de ce fait un justiciable ordinaire. La commission et la révision constitutionnelle demeurent silencieuses sur le point de savoir si le président destitué est ou non un candidat empêché pour l'élection présidentielle anticipée. Soit il l'est et dans ce cas, les parlementaires pourraient être tentés d'attendre l'échéance électorale normale en ne recourant pas à la destitution. Soit sa candidature est interdite et ce dispositif peut ne pas correspondre à l'expression de la volonté populaire.

II) Les actes susceptibles de poursuite

Si les actes ou comportements ayant justifié pareille sanction politique sont susceptibles de donner lieu à une procédure devant une juridiction ou une autorité administrative (le chef de l'État est alors poursuivi en tant qu'individu privé soit pour des faits commis durant son mandat présidentiel mais sans rapport avec celui-ci, soit pour des faits commis avant ce mandat), cette dernière pourra être engagée dans les conditions du droit commun dans un délai d'un mois suivant la cessation des fonctions (article 67 alinéa 3), la Haute Cour n'ayant pas eu à se prononcer sur ce sujet. Si lesdits actes ou manquements ne sont pas de nature à donner lieu à de telles poursuites, la destitution restera la seule sanction. En tout état de cause, la Haute Cour ne saurait se prononcer sur la culpabilité du chef de l'État, non plus que sur la détermination et l'application d'une peine. Concernant la question de l'audition et de la prescription, la commission et la révision constitutionnelle ont repris la solution dégagée par la Cour de cassation (« Il ne peut, durant son mandat et devant aucune juridiction ou autorité administrative française, être requis de témoigner non plus que faire l'objet d'une action, d'un acte d'information, d'instruction ou de poursuite. Tout délai de prescription ou de forclusion est suspendu » selon l'article 67 alinéa 2). Tout au plus, est-il préconisé de faire en sorte que les délais ne recommencent à courir qu'un mois après la cessation des fonctions. C'est ainsi que Jacques Chirac, redevenu citoyen ordinaire à compter du 16 juin 2007, a été auditionné le 19 juillet 2007 par le juge d'instruction Alain Philibeaux dans les bureaux mis à sa disposition par l'État. L'ancien chef de l'État, entendu en qualité de « témoin assisté », a dû s'expliquer sur la question des emplois de complaisance de la Ville de Paris lorsqu'il était maire de cette ville (1977 à 1995) et lorsqu'il était président du RPR (1976 à 1994). Les faits susceptibles de lui être reprochés ont été disjoints de l'enquête ouverte en 1996 afin de respecter l'immunité pénale reconnue au chef de l'État. La juge d'instruction, Xavière Simeoni, a aussi envisagé d'auditionner l'ancien chef de l'État dans le cadre de l'affaire des « chargés de mission » employés au cabinet du maire de Paris entre 1983 et 1998. Elle l'a mis en examen dans cette affaire le 21 novembre 2007 pour « détournements de fonds » et l'intéressé a été entendu par le juge à deux reprises. L'ancien chef de l'État a finalement été renvoyé devant le Tribunal correctionnel de Paris le 30 octobre 2009 pour « détournements de fonds publics » et « abus de confiance » pour les vingt et un emplois de complaisance présumés payés par le cabinet du maire de Paris. Il a finalement été condamné à deux ans de prison avec sursis (ainsi que sept autres personnes) par le tribunal correctionnel de Paris en tant qu'« initiateur et auteur principal des délits d'abus de confiance, détournements de fonds publics, ingérence et prise illégale d'intérêts », l'ancien chef de l'État et maire de Paris ayant « manqué à la probité qui pèse sur les personnes publiques chargées de la gestion des fonds ou des biens qui leur sont confiés, cela au mépris de l'intérêt général des Parisiens ».

DISSERTATION JURIDIQUE

Sujet

Les lois mémorielles.

Corrigé

Le développement des lois mémorielles participe tout particulièrement de ce phénomène de crise. L'année civile 2005 s'est à cet égard achevée en France sur une vive controverse apparue à propos de l'article 4 alinéa 2 de la loi du 23 février 2005 « portant reconnaissance de la nation et contribution nationale en faveur des Français rapatriés » disposant que dans l'article 4 alinéas 1er et 2, « Les programmes de recherche universitaire accordent à l'histoire de la présence française outre-mer, notamment en Afrique du Nord, la place qu'elle mérite. Les programmes scolaires reconnaissent en particulier le rôle positif de la présence française outre-mer, notamment en Afrique du Nord, et accordent à l'histoire et aux sacrifices des combattants de l'armée française issus de ces territoires la place éminente à laquelle ils ont droit. » Ce type de loi déclaratoire à vocation mémorielle, dont la grandiloquence n'a d'égale que son absence de force normative, ne saurait être considérée comme une coquetterie circonstancielle mais semble au contraire devenir récurrent ces dernières années avec la loi du 29 janvier 2001 relative à la reconnaissance du génocide arménien de 1915 (article unique : « La France reconnaît publiquement le génocide arménien de 1915 »), la loi du 21 mai 2001 tendant à la reconnaissance de la traite et de l'esclavage en tant que crime contre l'humanité (article 1er : « La République française reconnaît que la traite négrière transatlantique ainsi que la traite dans l'océan Indien d'une part, et l'esclavage d'autre part, perpétrés à partir du XVe siècle, aux Amériques et aux Caraïbes, dans l'océan Indien et en Europe contre les populations africaines, amérindiennes, malgaches et indiennes constituent un crime contre l'humanité » ; article 2 : « Les programmes scolaires et les programmes de recherche en histoire et en sciences humaines accorderont à la traite négrière et à l'esclavage la place conséquente qu'ils méritent »), ou encore la loi du 13 juillet 1990 tendant à réprimer tout acte raciste, antisémite ou xénophobe (article 1er alinéas 1er et 2 : « Toute discrimination fondée sur l'appartenance ou la non-appartenance à une ethnie, une nation, une race ou une religion est interdite. L'État assure le respect de ce principe dans le cadre des lois en vigueur »), sans parler de l'Accord sur la Nouvelle-Calédonie du 5 mai 1998 (reconnaissant « l'ombre et la lumière » de la colonisation française dans ce territoire), voire, en remontant quelque peu le temps, l'ordonnance du 9 août 1944 relative au rétablissement de la légalité républicaine sur le territoire continental (article 1er « La forme du gouvernement est et demeure la République. En droit, celle-ci n'a pas cessé d'exister », posant le principe de la discontinuité entre Vichy et la République).

I) Droit et histoire, entre ignorance et concurrence

Au-delà des drames individuels et collectifs mis en lumière, parfois très longtemps après leur survenance, les différents textes visés conduisent à s'interroger quant aux relations tumultueuses entretenues entre le droit et l'histoire, quant au rôle du droit dans une quête mémorielle. La fonction du juriste doit-elle le conduire à qualifier en termes juridiques des périodes troubles de l'histoire nationale (voire étrangère), d'inscrire dans une classification juridique pré-établie des événements factuels, de s'accaparer en quelque sorte les faits en cause en en délivrant une grille de lecture juridique qui risquerait éventuellement de ne pas rejoindre en tout ou partie celle délivrée par les Historiens notamment ? La qualification juridique ainsi proposée n'induirait-elle pas les prémices d'un jugement moral, ne favoriserait-elle pas une tentation, une tentative de manipulation maquillée, d'orientation subreptice pour sauver des apparences peu glorieuses pour la grandeur nationale ? Le recours systématique à ce type de mesures législatives n'induirait-il pas une double dérive vers « une rétroactivité sans limites et la victimisation généralisée du passé » selon Pierre Nora ? La protection juridique ne se révélerait-elle pas paradoxalement aliénante pour d'autres spécialistes qui souffriraient dès lors d'un corsetage officiel, d'un corpus inhibiteur réduisant leur marge de réflexion, bloquant leur liberté d'expression et au final, instrumentalisant leurs recherches. Entre la générosité désintéressée et humaniste alléguée par les auteurs des textes et les conséquences virtuelles ou effectives dénoncées par les autres acteurs du champ sociétal, l'équilibre semble délicat à atteindre pour démêler cet entrelacs de sensibilités contraires. En tout état de cause, les textes sur la Nouvelle-Calédonie, le génocide arménien et la traite négrière ne satisfont absolument pas aux exigences normatives souhaitées par le Conseil constitutionnel. Ils proclament, déclament sans édicter de règles juridiquement sanctionnées alors que comme l'affirmait Portalis « La loi permet ou elle défend, elle ordonne, elle établit, elle punit ou récompense… Les lois ne sont pas de purs actes de puissance ; ce sont des actes de sagesse, de justice et de raison. Le législateur exerce moins une autorité qu'un sacerdoce… Il ne faut pas que des lois inutiles affaiblissent les lois nécessaires, elles compromettraient la certitude et la majesté de la légalité » (« Discours préliminaire sur le code civil », 1804). L'ordonnancement juridique ne connaît aucun complément dans la mesure où ces « neutrons normatifs » réagissent a posteriori, se tournent vers le passé sans en tirer d'enseignements juridiques pour le présent ou le futur. Le droit réagit tardivement, ouvre plus des débats que des droits, rétroagit, authentifie, identifie mais ne réglemente plus.

II) Les remèdes

Le rapport public précité du Conseil d'État de 1991 soulignait déjà cette complainte législative en ces termes : « Un des éléments de la dégradation de la norme (législative) réside dans le développement des textes d'affichage, un droit mou, un droit flou, un droit à l'état gazeux. » Le droit risque alors de se banaliser donc de se discréditer en se contentant de collecter des informations, le législateur rejoignant et concurrençant alors le sociologue, l'anthropologue sans leurs savoirs. Différents intellectuels, dont un bon nombre d'historiens, ont d'ailleurs fait paraître un texte intitulé « Liberté pour l'histoire » préconisant l'abrogation de l'article 4 litigieux de la loi du 23 février 2005 et affirmant que « dans un État libre, il n'appartient ni au Parlement, ni à l'autorité judiciaire de définir la vérité historique... L'histoire n'est pas un objet juridique. Il faut arrêter de se tourner vers le Parlement pour régler des controverses historiques ». Devant les réactions passionnées, le chef de l'État a profité de la cérémonie des vœux à la presse du 4 janvier 2006 pour annoncer une réécriture du texte sujet à polémique, non sans avoir préalablement confié au Président de l'Assemblée nationale, Jean-Louis Debré, la mission d'évaluer « l'action du Parlement dans les domaines de la mémoire et de l'histoire ». Le président de l'UMP et ministre de l'intérieur, Nicolas Sarkozy, a pour sa part chargé l'avocat Arno Klarsfeld de rendre une étude sur « la loi, l'histoire et le devoir de mémoire ». Finalement, le dispositif litigieux de la loi du 23 février 2005 a fait l'objet d'une procédure de « déclassement » (décision du Conseil constitutionnel du 31 janvier 2006 et décret du 16 février 2006 l'abrogeant). Dans cette décision, le Conseil constitutionnel, saisi sur le fondement de l'article 37 alinéa 2 de la Constitution par le Premier ministre, a considéré que « le contenu des programmes scolaires ne relève ni des "principes fondamentaux... de l'enseignement", que l'article 34 de la Constitution réserve au domaine de la loi, ni d'aucun autre principe ou règle que la Constitution place dans ce domaine ; que, dès lors, le deuxième alinéa de l'article 4 de la loi du 23 février 2005 susvisée a le caractère réglementaire ». L'analyse suivie en l'espèce pourrait de toute évidence être transposée à propos de l'article 2 de la loi sur l'esclavage aux termes duquel « Les programmes scolaires et les programmes de recherche en histoire et en sciences humaines accorderont à la traite négrière et à l'esclavage la place conséquente qu'ils méritent... » Quant à la loi précitée du 29 janvier 2001 reconnaissant le génocide arménien, son corpus a été « juridicisée » par une loi de 2012 visant à réprimer la contestation de l'existence des génocides reconnus par la loi comportant un dispositif réprimant la contestation de l'existence de ce génocide comme des autres, mais le Conseil constitutionnel, dans une décision du 28 février 2012, a censuré ce texte en ne lui reconnaissant pas de portée normative et en l'assimilant à une résolution de l'article 34-1 de la Constitution. Le juge constitutionnel a de surcroît assuré qu'« en réprimant la contestation de l'existence et de la qualification juridique de crimes qu'il aurait lui-même reconnus et qualifiés comme tels, le législateur a porté une atteinte inconstitutionnelle à l'exercice de la liberté d'expression et de communication ».

Le Premier ministre, Jean-Pierre Raffarin, a tenté de tirer les enseignements de ces dérives législatives dans le cadre d'une circulaire du 26 août 2003 relative à la maîtrise de l'inflation normative et à l'amélioration de la qualité de la réglementation dans laquelle il rappelle notamment que « la loi ne peut et ne doit pas être le seul outil de notre politique. Il convient, avant toute proposition nouvelle, de vérifier qu'une plus grande attention à l'application effective des textes en vigueur ne répond pas aux besoins identifiés. L'excès de réglementation a un coût. Il peut conduire à une dévaluation de la règle de droit, qui fragilise l'autorité de l'État ». Il a fixé pour ce faire de nouvelles règles d'organisation du travail des ministères et a invité chaque ministère à désigner un haut fonctionnaire responsable de l'application des recommandations du rapport « Mandelkern » précité du 12 mars 2002 relatif à l'activité normative de ces services. Partant, chaque ministère est désormais invité à désigner un haut fonctionnaire responsable de la qualité de la réglementation pour chacun des grands domaines législatifs dont il a la charge. Le président de l'Assemblée nationale, Jean-Louis Debré, a poursuivi cet effort en déposant une proposition de loi constitutionnelle (n° 1832) le 5 octobre 2004 tendant à renforcer l'autorité de la loi envisageant notamment de modifier l'alinéa 1er de l'article 34 de la Constitution complété par la formule selon laquelle la loi est « par nature de portée normative ». Par ailleurs, dénonçant la diffusion des lois anormatives, le Comité « Balladur » chargé en 2007 par le chef de l'État de réfléchir sur des aménagements constitutionnels a suggéré de réactiver la technique des résolutions susceptibles de refréner les parlementaires dans la prise de position dans le corps même de la loi. La Loi constitutionnelle du 23 juillet 2008 a suivi cette analyse en introduisant un nouvel article 34-1 dans la Constitution de 1958 selon lequel « Les

Assemblées peuvent voter des résolutions dans les conditions fixées par une loi organique. Sont irrecevables et ne peuvent être inscrites à l'ordre du jour les propositions de résolution dont le gouvernement estime que leur adoption ou leur rejet serait de nature à mettre en cause sa responsabilité ou qu'elles contiennent des injonctions à son égard. » La loi organique du 15 avril 2009 relative à l'application des articles 34-1, 39 et 44 de la Constitution a prévu à cet égard que « Le nombre de propositions de résolution déposées par un ou plusieurs membres d'une Assemblée n'est pas limité. Ces propositions de résolution peuvent également être déposées au nom d'un groupe par son président » (article 1er). « Le président de chaque Assemblée transmet sans délai toute proposition de résolution au Premier ministre » et « Lorsque le gouvernement estime qu'une proposition de résolution est irrecevable en application du second alinéa de l'article 34-1 de la Constitution, il informe de sa décision le président de l'Assemblée intéressée avant que l'inscription à l'ordre du jour de cette proposition ne soit décidée. Aucune irrecevabilité ne peut être opposée après l'expiration de ce délai » (articles 2 et 3 de la loi organique). Une résolution sur le voile intégral (« *niqab* ») et autres pratiques radicales a ainsi été adoptée à l'Assemblée nationale le 11 mai 2010 mais le dispositif d'interdiction a ultérieurement été repris dans la loi du 11 octobre 2010 interdisant la dissimulation du visage dans l'espace public, réduisant de la sorte l'utilité pratique d'une telle procédure.

COMMENTAIRE D'ARTICLE

Sujet

Commentez l'article 61-1 de la Constitution du 4 octobre 1958 (la question prioritaire de constitutionnalité) :

« Lorsque, à l'occasion d'une instance en cours devant une juridiction, il est soutenu qu'une disposition législative porte atteinte aux droits et libertés que la Constitution garantit, le Conseil constitutionnel peut être saisi de cette question sur renvoi du Conseil d'État ou de la Cour de cassation qui se prononce dans un délai déterminé. Une loi organique détermine les conditions d'application du présent article. »

Corrigé

La réforme du 29 octobre 1974 a élargi les conditions de saisine du Conseil constitutionnel dans le cadre de l'article 61 alinéa 2, à soixante députés ou soixante sénateurs. Cette mesure représente la seconde et vraisemblablement la vraie naissance du Conseil constitutionnel sous la Ve République. Celui-ci a été saisi à deux cent sept reprises à propos de lois ordinaires entre 1974 et 1994 (sur un ensemble de mille six cents lois votées durant cette période). La seule loi ordinaire d'importance ayant échappé à ses fourches caudines durant cette période fut la loi du 22 juillet 1992 portant réforme des dispositions générales du code pénal. La réforme de 1974 fut poursuivie et complétée par la révision constitutionnelle du 25 juin 1992 qui instaure la saisine du Conseil constitutionnel par soixante parlementaires dans le cadre de l'article 54 de la Constitution. Si ces réformes instaurant des saisines des parlementaires se sont révélées particulièrement probantes, permettant notamment à l'opposition parlementaire de « ne plus avoir juridiquement tort car elle est politiquement minoritaire », elles présentaient une limite consubstantielle : l'absence de saisine obligatoire sur les lois ordinaires peut faire échapper aux fourches caudines du juge constitutionnel des lois vraisemblablement inconstitutionnelles mais non déférées à ce dernier. Pareille lacune dans l'État de droit a été perçue dangereuse impliquant la perspective de la mise en œuvre d'un contrôle de constitutionnalité concret et a posteriori complétant le contrôle abstrait et *a priori.* La France a ainsi rejoint l'organisation constitutionnelle très répandue en Europe occidentale quant aux modalités de saisine des juges constitutionnels.

I) La procédure constitutionnelle de la « QPC »

Envisagée dès 1990, cette innovation constitutionnelle a été consacrée en 2008. La technique de la question préjudicielle de constitutionnalité, souhaitée par le président Mitterrand dans son projet de révision constitutionnelle du 28 mars 1990, n'a pas été consacrée à l'époque en raison de l'opposition sénatoriale. La Loi constitutionnelle du 23 juillet 2008 a inséré dans la Constitution un nouvel article 61-1 alinéa 1er mettant en place cette modalité de saisine. Les modalités d'application de l'innovation ont été consacrées par la loi organique du 10 décembre 2009 relative à l'application de l'article 61-1 de la Constitution (complétée par un décret du 16 février 2010). Concernant le cas des dispositions susceptibles d'être visées par cette procédure, il peut s'agir de lois (non organiques car celles-ci ont été intégralement contrôlées par le juge constitutionnel : CE 29 juin 2011, Président de l'Assemblée de la Polynésie française ; non anormatives : CE 18 juillet 2011, Fédération nationale des chasseurs et Fédération départementale des chasseurs de la Meuse ; pas plus les textes réglementaires : décision du 22 juillet 2011) promulguées avant l'entrée en vigueur de la Constitution de 1958 et non abrogées depuis lors : en l'occurrence, les textes adoptés selon les formes de la procédure législative en vigueur au moment de leur élaboration et les textes plus anciens encore en vigueur (ordonnances et édits royaux, décrets des Assemblées révolutionnaires, *senatus-consultes* impériaux, décisions des Gouvernements provisoires de 1848, de 1870-1871 et de 1940-1944), sans parler de la problématique non réglée des ordonnances de l'article 92, de celles ratifiées de l'article 38, des dispositions de lois organiques ou de lois adoptées par référendum ou encore des décisions du chef de l'État prises dans le cadre de l'application de l'article 16 et ayant une valeur législative. Le texte de l'article 62 alinéa 2 issu de la révision du 23 juillet 2008 emploie à cet égard le concept de « dispositions législatives » et non celui plus restrictif de loi, ce qui peut augurer d'une interprétation plutôt large de la technique. Quant à la finalité de la procédure, elle consiste à vérifier la constitutionnalité de dispositions qui portent « atteinte aux droits et libertés que la Constitution garantit », excluant ce faisant toute mise en cause de la régularité externe du texte, toute critique en terme de répartition des compétences normatives, toutes règles de procédure législative ne constituant que des libertés pour les parlementaires. Les tribunaux devant lesquels l'exception peut être sollicitée recoupent l'ensemble des juridictions ordinaires (y compris les juridictions administratives spécialisées). La question pourra par ailleurs être soulevée à tous les niveaux de l'instance y compris pour la première fois en cassation, exception faite du cas du juge pénal devant lequel, le moyen ne pourra être invoqué devant la cour d'assises qu'en appel dans un écrit accompagnant la déclaration d'appel, ledit écrit devant être immédiatement transmis à la Cour de cassation. La décision de transmettre ou non aux juges suprêmes n'est susceptible d'aucun recours (par une partie ayant intérêt par exemple au maintien d'une loi, ou par le ministère public), le refus de transmettre ne pouvant être contesté qu'à l'occasion d'un recours contre la décision réglant tout ou partie du litige.

II) L'émergence d'un pouvoir judiciaire

À l'occasion des premières questions prioritaires de constitutionnalité, la Cour de cassation a refusé de transmettre au Conseil constitutionnel certaines questions au motif qu'était en cause, non pas proprement dit la constitutionnalité de la disposition contestée elle-même mais l'interprétation qu'elle en avait elle-même donnée. Pareille analyse, au demeurant rejetée par le Conseil d'État (CE, 25 juin 2010, Mortagne), a été largement dénoncée en raison du fait, d'une part, que l'on ne saurait distinguer l'interprétation de la loi du texte lui-même, d'autre part, que l'interprétation de la loi par le juge constitutionnel se révèle indispensable afin qu'il remplisse son office, enfin, car cette approche serait susceptible de priver les justiciables des droits que leur reconnaît la Constitution. Dans sa décision du 6 octobre 2010 (confirmée dans des décisions des 14 octobre 2010, 4 février 2011 et 11 février 2011), le juge constitutionnel a finalement réglé la querelle en s'appropriant la théorie italienne du « droit vivant » dégagée pour la première fois dans une décision de la Cour constitutionnelle italienne du 15 juin 1956 (la norme est telle qu'elle est définie par l'interprétation désormais arrêtée en jurisprudence) : il apprécie la constitutionnalité de la loi dans l'interprétation que lui donnent la Cour de cassation et le Conseil d'État, reconnaissant ce faisant le rôle de ces juges en tant qu'interprètes de la loi. La piste de l'émergence d'un juge constitutionnel, Cour suprême semble à cet égard s'esquisser.

QRC : LES QUESTIONS À RÉPONSE COURTE

L'épreuve de QRC se révèle piégeuse. Elle ne saurait se réduire à une simple récitation d'un cours, sans pour autant prétendre à une dissertation en modèle réduit. S'il n'existe pas de préparation idéale, il existe néanmoins des méthodes performantes. L'objectif poursuivi pour chaque question consiste à la fois à rappeler les grands principes et grandes jurisprudences indispensables pour la crédibilité de l'analyse, à présenter les dernières évolutions en date et à offrir une mise en perspective en renvoyant par exemple aux rapports annuels du Conseil d'État, aux rapports « Balladur I et II », en attendant le rapport « Jospin ».

L'épreuve se diffuse dans les concours administratifs (ENM, IRA, ENAP) et pose souvent d'importantes difficultés au regard du temps imparti souvent très court.

Question

L'importance des élections locales.

Corrigé

En démocratie, la désignation des gouvernants s'effectue par le mécanisme des élections libres alors que dans les régimes non démocratiques, les gouvernants accèdent généralement au pouvoir par la force (coup d'État ou « putsch ») ou par hérédité (cas de la France de l'Ancien Régime). L'élection représente donc le symbole d'un système démocratique qu'il s'agisse d'un processus électoral national comme local. Les élections locales sont apparues en France dès la loi du 10 août 1871 pour les conseils généraux devenus conseils départementaux et la loi du 5 avril 1884 pour les élections municipales. Les régions n'ayant accédé au statut de collectivités territoriales qu'en 1982, les élections régionales sont intervenues beaucoup plus tardivement en 1986. Ces élections locales revêtent une importance désormais déterminante eu égard à la mise en place et au renforcement de la décentralisation, tout en ayant un impact à l'échelon national par l'entremise de leur influence sur la composition du Sénat.
La décentralisation initiée par la loi du 2 mars 1982 a permis d'offrir aux différents élus locaux des pouvoirs afférents à leur légitimité, d'autant que le transfert de compétences issu de la loi du 7 janvier 1983, complété par celles du 13 août 2004 et du 7 août 2015, a été sensiblement conforté permettant ainsi aux exécutifs locaux et aux assemblées délibérantes locales de rendre effective la libre administration des collectivités territoriales par elles-mêmes consacrée par l'article 72 de la Constitution et de rendre effective la démocratie locale. Les enjeux des élections locales deviennent dans ces conditions prégnants conduisant alors le législateur à parfaire ou modifier les modes de scrutins employés, telle la loi du 11 avril 2003 instaurant un mode de scrutin mixte pour les élections régionales et celle du 17 mai 2013 modifiant le seuil pour le choix du mode de scrutin s'agissant des élections municipales. Les élus locaux sont ainsi devenus des

interlocuteurs des autorités nationales favorisant ce faisant un ancrage pérenne de la pratique du cumul des mandats en France, certes (timidement) contingenté par des lois des 30 décembre 1985, 5 avril 2000 et 14 février 2014.

Au-delà de la seule composition des assemblées délibérantes locales et de la désignation des exécutifs locaux, les élections municipales, départementales et régionales influencent directement la composition du Sénat représentant les collectivités territoriales conformément aux dispositions de l'article 24 alinéa 4 de la Constitution de 1958. Les collèges électoraux sénatoriaux se composant à 90 % de conseillers municipaux, les résultats obtenus à l'échelon local peuvent donc induire des incidences sur la composition de l'hémicycle sénatorial comme en 2011, avec pour la première fois sous la Ve République, un Sénat majoritairement à gauche, et en 2015, avec un Sénat qui rebascule à droite et au centre.

Question

Le préjudice indemnisable en droit administratif.

Corrigé

Le préjudice peut être matériel, autrement dit physique, qu'il soit causé à une personne (physique comme morale) ou à un bien. Pendant longtemps, l'indemnisation n'était attribuée que pour des préjudices matériels d'extrême gravité, discrétionnairement appréciés *in concreto* par le juge (CE 24 avril 1942, Morell). Cette condition de gravité extrême a été abandonnée (CE Sect. 6 juin 1958, commune de Grigny). Ce préjudice matériel peut d'ailleurs être désormais écologique (TA Rennes 25 octobre 2007, Association Halte aux marées vertes, Sauvegarde du Trégor, Eaux et rivières de Bretagne et De la source à la mer).

Surtout, le préjudice peut aussi être moral (*pretium doloris*) en ce sens qu'il n'affecte pas la victime dans sa chair mais dans ses sentiments, sa psychologie, ses croyances. Le Conseil d'État a longtemps refusé de prendre en considération les préjudices moraux, se retranchant derrière l'adage selon lequel « Les larmes ne se monnayent pas » (CE Ass. 29 octobre 1954, Bondurand). Cette position presque moraliste n'a été abandonnée que récemment (CE Ass. 24 novembre 1961, Letisserand), le Conseil d'État prolongeant cette avancée en consacrant le préjudice d'inquiétude (CE, 27 mai 2015, M. Cogez).

Le dommage peut être personnel et immédiat ou « par ricochet » (affection d'une personne en raison du dommage subi par une autre personne, sans qu'un lien de droit telle la parenté existe entre la victime directe et celle indirecte). Sur ce point précis, le Haut Juge a une nouvelle fois fait montre d'une conception initiale restrictive relativement aux conditions d'indemnisation. Seul le préjudice direct et personnel était en effet indemnisé (CE 11 mai 1928, Dlle Rucheton). L'exception tolérée étant celle où la victime « par ricochet » était titulaire d'un droit à pension alimentaire à l'endroit de la victime immédiate. Cette jurisprudence a été abandonnée en 1951 (CE Ass. 28 juillet 1951, Bérenger). Concernant le cas particulier des concubins, ils ne répondaient pas aux critères de la théorie du dommage « par ricochet » dans la mesure où ils ne pouvaient bénéficier entre eux du droit à pension alimentaire (CE Ass. 21 octobre 1951, Dame Braud). Cette conception a été renversée en 1978 (CE Ass. 3 mars 1978, Veuve Muësser). Pris dans cette dynamique d'extension de la notion de préjudice destinée à mieux satisfaire les attentes des victimes d'une administration plus responsable, le Conseil d'État reconnaît désormais un caractère direct aux préjudices personnels causés à un dirigeant de sociétés par les procédures fiscales fautives conduites envers celles-ci (CE 16 juin 1999, M.Tripot). Mieux, les héritiers peuvent exercer une action en réparation du dommage subi par la victime directe décédée, cette dernière n'ayant pas, de son vivant, exercé ledit recours (CE Sect. 29 mars 2000, Assistance Publique – Hôpitaux de Paris c/ Consorts Jacquié, confirmé par CE 27 octobre 2000, Assistance Publique – Hôpitaux de Paris). Dans la même logique, les héritiers peuvent aussi reprendre l'instance contre une sanction disciplinaire (CE 28 février 2007, M.C.).

Le préjudice doit aussi présenter certains caractères pour conduire à une réparation. Il doit en premier lieu être certain (CE 15 juin 1999, Hôtel thermes du parc, S.A.R.L. Laborde et fils), c'est-à-dire non éventuel ou hypothétique (encore que la perte de chance soit assimilée à un dommage certain s'il s'agissait d'une chance sérieuse : CE 27 mai 1987, Legoff). Il doit ensuite être réalisé ou certainement réalisable (et non imaginaire).

Question

La séparation des pouvoirs aujourd'hui.

Corrigé

« *Et si la séparation des pouvoirs constituait la grille de lecture la plus pertinente de la loi constitutionnelle du 23 juillet 2008, le fil d'Ariane permettant d'en dégager la signification profonde ?* » déclarait récemment le vice-Président J.-M. Sauvé. Selon lui, cette dernière réforme de la Constitution de 1958 marque, sans nul doute, un réel approfondissement de la séparation des pouvoirs, sur un double plan : du législatif par rapport à l'exécutif et de la justice par rapport aux deux premiers pouvoirs constitués. L'intervention du pouvoir constituant semble en effet répondre au constat, souvent déploré, de la crise de la théorie classique de la séparation de pouvoirs, née dans le contexte de la remise en cause de l'absolutisme monarchique. Montesquieu, en esquissant à la suite de Locke une telle théorie, proposait de distribuer les différentes fonctions étatiques (fonction d'exécuter, de légiférer et de juger) entre trois organes distincts, spécialisés et indépendants, aux fins de modérer les conditions d'exercice du pouvoir, en obligeant, le cas échéant, chaque organe à collaborer avec les deux autres, afin d'assurer une meilleure protection des libertés. Cette lecture traditionnelle de la séparation des pouvoirs a toujours été traduite et sa mise en œuvre organisée sur le plan organique selon des modalités variées dans l'histoire constitutionnelle française. La Première Constitution française de 1791 énonçait clairement que « le *pouvoir législatif est délégué à une Assemblée nationale ; le pouvoir exécutif est délégué au Roi ; le pouvoir judiciaire est délégué à des juges élus* », celle de 1848 affirmait à son article 19 que « *La séparation des pouvoirs est la première condition d'un Gouvernement libre* » et, quant à la loi constitutionnelle du 3 juin 1958, elle citait la séparation des pouvoirs comme une des trois conditions essentielles devant être respectées par les rédacteurs du nouveau texte suprême. Cette théorie apparaît toutefois aujourd'hui impuissante à rendre compte des équilibres contemporains des pouvoirs dans le cadre des « démocraties majoritaires » européennes, où exécutifs et législatifs, poursuivant un souci légitime d'efficacité, procèdent le plus souvent d'une même majorité politique et collaborent bien plus qu'ils ne s'affrontent. On peut dans ces conditions s'interroger sur la pertinence de la théorie de la séparation des pouvoirs à rendre compte de la diversification des formes de pouvoirs nées de la décentralisation et de la construction européenne. Surtout, peut-on encore affirmer qu'elle constitue le mode d'organisation du pouvoir le plus protecteur des libertés, alors que celles-ci apparaissent bien plus efficacement protégées aujourd'hui par la consécration d'un véritable pouvoir juridictionnel s'appuyant sur la règle de droit ?

Certes, le droit public français consacre et met en œuvre la séparation organique des pouvoirs, en garantissant tout à la fois leur indépendance et l'existence, en leur sein, de contre-pouvoirs effectifs. En effet, la double ambition de la séparation des pouvoirs telle qu'envisagée par Montesquieu demeure d'actualité, en tant que sont poursuivis à la fois la distinction organique des fonctions et la modération de l'exercice du pouvoir, par cette spécialisation fonctionnelle de chaque organe. À cet égard, les garanties de l'indépendance du pouvoir exécutif vis-à-vis des autres pouvoirs résident dans la théorie des actes de gouvernement, les procédures des articles 40 et 41 (irrecevabilités) et 37 alinéa 2 (délégalisation) de la Constitution de 1958, ou encore dans l'immunité juridictionnelle du chef de l'État. Les garanties de l'indépendance et de la spécialisation du pouvoir législatif vis-à-vis des autres pouvoirs résident quant à elles dans la théorie de l'écran législatif, l'immunité juridictionnelle des actes parlementaires, l'irresponsabilité des parlementaires dans le cadre de leurs mandats, ou encore le contrôle juridictionnel étroit de la subordination des actes réglementaires à la loi. Quant aux garanties de l'indépendance du pouvoir judiciaire vis-à-vis des autres pouvoirs, elles tiennent au statut des magistrats fixé par la loi, au fondement constitutionnel de la compétence juridictionnelle (article 66 de la Constitution de 1958), à l'effectivité d'un contrôle juridictionnel des sanctions prononcées contre les magistrats du Parquet (CE 1968, Aubertin), ou encore à la nouvelle composition du Conseil supérieur de la magistrature de l'article 65. Cette séparation organique indéniable ne connaît véritablement qu'un tempérament important, en l'occurrence l'article 16 de la Constitution de 1958 qui institue une confusion de pouvoirs entre les mains du chef de l'État. Cette séparation des pouvoirs est au demeurant renforcée sur le plan organique par une dyarchie interne à chacun d'entre eux qui garantit la modération de l'exercice du pouvoir, avec la dyarchie gouvernementale entre le Premier ministre et le président de la République et la répartition tant du pouvoir de nomination que de l'exercice du pouvoir réglementaire (règles de contreseing, statut des décrets et des ordonnances, expériences de la cohabitation...), avec le bicamérisme partiellement inégalitaire du Parlement, et la dualité de juridiction entre l'ordre administratif et judiciaire qui découle de « la conception française de la séparation des pouvoirs ».

Toutefois, la pratique institutionnelle de la Ve République a favorisé, avec la consécration du « fait majoritaire » (à compter de 1962), y compris en période de cohabitation, un régime de collaboration active des pouvoirs (exécutif et législatif), renforcé par les techniques de mise en œuvre du parlementarisme rationalisé. Si on distingue toujours formellement le pouvoir exécutif du pouvoir législatif, il existe en réalité une certaine confusion de ces deux pouvoirs dans la pratique, le véritable clivage se réalisant entre la majorité (qui détient le pouvoir de commander) et l'opposition (qui détient le pouvoir de critiquer). Cette nouvelle séparation des pouvoirs implique que ceux qui gouvernent peuvent disposer du Parlement et que ceux qui les critiquent aient les moyens d'exprimer leur opposition. Dans le cadre de cette nouvelle séparation des pouvoirs, le pouvoir juridictionnel, souvent présenté comme le plus faible des trois pouvoirs, dispose dorénavant d'une importance accrue, en tant qu'il n'est plus cantonné à la figure de l'autorité judiciaire « bouche qui prononce les paroles de la loi », où avait entendu le ranger le texte de 1958. C'est ainsi que le pouvoir exécutif légifère autant qu'il exécute avec le concours du Conseil d'État (pouvoir d'initiative de la loi; large maîtrise de l'ordre du jour et prérogatives importantes du Gouvernement pendant la discussion des textes; rôle prédominant des ordonnances; intervention possible du chef de l'État devant le Congrès; étendue du pouvoir réglementaire autonome) et peut s'ingérer dans la fonction juridictionnelle (droit de grâce, présidence du Tribunal des conflits par le Garde des Sceaux, tutelle du Parquet, privilège de juridiction pour les ministres). Le Parlement, pour sa part, délibère, contrôle et évalue, assisté par des autorités administratives indépendantes, par l'opposition, par la Cour des Comptes, par le Défenseur des Droits, et le Conseil d'État, bien plus qu'il ne légifère. Enfin, le pouvoir judiciaire s'affirme bien plus comme véritable « pouvoir » régulateur de l'activité des autres pouvoirs publics que comme simple « autorité ». Cette évolution tire les conséquences du « fait majoritaire » qui ont affecté profondément les relations entre les deux premiers pouvoirs, qui collaborent.

La promotion contemporaine de la fonction juridictionnelle répond à cette exigence d'une garantie effective pour la protection des libertés contre les gouvernants. L'unité de ce nouveau pouvoir judiciaire est d'ailleurs symbolisée par le récent article 61-1 de la Constitution qui fait intervenir l'ensemble du système juridictionnel dans la protection des droits et libertés fondamentaux. Dans cette approche renouvelée de la séparation des pouvoirs, le Conseil constitutionnel, sans s'ériger en Gouvernement des juges, s'affirme pleinement comme régulateur de l'activité des pouvoirs exécutif et législatif dont il détermine les compétences respectives et les contraintes d'action. Le juge administratif est investi non seulement de la mission de trancher les litiges, mais bien plus largement, de garantir « la bonne gouvernance administrative » (pouvoir d'injonction, actions en référé pour paralyser l'action de l'exécutif).

Enfin, si la conception traditionnelle de la séparation des pouvoirs héritée de Montesquieu ne correspond plus au fonctionnement de la démocratie moderne, qui s'appuie sur le « fait majoritaire » et la collaboration nécessaire des pouvoirs exécutif et législatif, la notion même de séparation des pouvoirs demeure néanmoins pertinente pour appréhender les nouveaux enjeux de la dévolution du pouvoir. Un approfondissement de la séparation des pouvoirs, dans un sens vertical, peut alors être conceptualisé, alliant tout à la fois des transferts de pouvoirs du centre vers l'échelon territorial de proximité et du centre vers l'échelon communautaire et européen, qui deviennent autant de facteurs de modération de l'action des Pouvoirs publics nationaux. C'est ainsi que le réaménagement du pouvoir de l'exécutif sur le plan territorial se réalise entre déconcentration (volonté affirmée depuis la loi du 6 février 1992 de limiter les compétences de gestion de l'administration centrale au profit de l'échelon déconcentré conduisant nécessairement à un morcellement du pouvoir de décision étatique), privatisation d'une large part du secteur public et affaiblissement du pouvoir d'intervention directe de l'État sur le secteur économique, au nom du respect de la liberté de la concurrence, et démembrements de l'État dans le domaine des libertés (multiplication des autorités administratives indépendantes au statut quasi-juridictionnel, volonté de détacher des prérogatives du pouvoir exécutif certaines compétences sensibles pour les confier à des instances indépendantes tel le contrôleur général des lieux de privation de libertés issu de la loi du 30 octobre 2007, transformation du Conseil de la concurrence en Autorité de la concurrence). Il se poursuit en outre par des transferts massifs d'attributions aux collectivités territoriales de la République favorisant l'émergence de la Région comme contre-pouvoir effectif. Ce sont aussi des transferts progressifs de compétences à l'échelon européen avec l'État ayant dû consentir progressivement des limitations de souveraineté sur des matières de plus en plus régaliennes (monnaie, gestion des flux migratoires). La construction européenne induit assurément une modification substantielle de l'équilibre des pouvoirs publics constitutionnels nationaux, l'exécutif étant aujourd'hui un acteur privilégié de l'élaboration et de la transposition des normes européennes, la justice étant valorisée dans son autorité et son indépendance par le droit européen, alors que le Parlement est à la recherche d'une nouvelle fonction d'information et de contrôle.

Question

La place de la Constitution française dans la hiérarchie des normes.

Corrigé

Le Conseil d'État a posé comme principe que toutes les dispositions d'un traité ratifié pouvaient ne pas avoir d'effet direct pour les justiciables mais seulement quelques-unes d'entre elles (CE Président de la Section du contentieux 10 juillet 1996, *M.Aghane*). Ainsi, si le Pacte international relatif aux droits économiques, sociaux et culturels ne bénéficie pas de l'effet direct (avis CE Ass. 15 avril 1996, *Mme Doukouré*), certaines de ses dispositions en bénéficient tel l'article 13 (CE 8 février 1999, *Ville d'Aubagne*). Dès lors, des traités dépourvus d'effet direct, c'est-à-dire des traités qui ne sont pas *self executive* (autrement dit ceux qui comportent des dispositions n'étant pas précises, inconditionnelles et nécessitant des mesures nationales de transposition), ne créent d'obligations qu'entre les États et non pour les particuliers, ce qui les rend insusceptibles d'être évoqués devant le juge administratif (CE Sect. 23 avril 1997, *G.I.S.T.I.*). Ce même juge administratif considère toutefois que la suprématie conférée aux engagements internationaux sur les lois par l'article 55 de la Constitution de 1958 ne peut, dans l'ordre interne, être étendue « *aux dispositions de nature constitutionnelle* » (CE Ass. 30 octobre 1998, *M.Sarran, M.Levacher et autres*, confirmé par CE 3 décembre 2001, *Syndicat national de l'industrie pharmaceutique*; repris par Cass. ass. plén. 2 juin 2000, *Mlle Pauline Fraisse* : « *La suprématie conférée aux engagements internationaux ne s'applique pas dans l'ordre interne aux dispositions de valeur constitutionnelle* »). Le Haut Juge reconnaît donc à la Constitution la qualité de norme suprême dans l'ordre juridique français, confirmant la solution implicitement contenue dans l'arrêt Moussa Koné (CE Ass. 3 juillet 1996) où le juge administratif inaugure un « *contrôle de constitutionnalité par ricochet des traités* » selon la formule du Professeur Dominique Chagnollaud. Les traités n'ont donc qu'une valeur supralégislative mais infraconstitutionnelle en Droit interne ce qui ne remet pas en cause leur suprématie dans l'ordre juridique international. La solution jurisprudentielle ne semble pas si déroutante d'une part, car l'article 55 de la Constitution n'accorde aux traités qu'une autorité supérieure aux lois d'autre part, car l'article 54 du même texte établit une hiérarchie favorable à la Constitution puisqu'il prévoit qu'un traité contraire à la Constitution ne peut être ratifié (ce n'est pas la Constitution qui est contrainte de s'adapter au traité à travers une révision mais le traité qui ne peut être ratifié). À partir du moment où la Constitution a imposé une hiérarchie des normes, le Conseil d'État qui ne tire son existence et sa légitimité que de la Constitution, ne pouvait que se conformer à cet ordre.

Dans une décision du 19 novembre 2004, le Conseil constitutionnel a affirmé que les dispositions du traité constitutionnel requièrent une modification de la Constitution, tout particulièrement celles portant sur des matières régaliennes (libertés, sécurité, justice, politique étrangère et défense) et celles organisant les compétences de l'Union (passage de la règle de l'unanimité à celle de la majorité qualifiée lors des votes du Conseil de l'Union, dévolution au Parlement européen du pouvoir d'empêcher ou d'amender les décisions de l'exécutif communautaire) qui sont perçues comme de nature à affecter « les conditions essentielles d'exercice de la souveraineté nationale » (reprise de la formule contenue dans la décision du 22 mai 1985 dans laquelle le juge esquisse les critères de la souveraineté nationale). À l'inverse, si les dispositions supranationales n'affectent pas ces mêmes conditions essentielles d'exercice de la souveraineté nationale, la Constitution doit être modifiée.

Pareilles positions des juges français semblent cependant assez décalée de la pratique révisionnelle de la France depuis 1992, époque depuis laquelle 50 % des révisions constitutionnelles intervenues l'ont été pour des ratifications de traités.

Biblio **Choix bibliographique**

Ouvrages généraux (se reporter aux dernières éditions en date)

• Philippe Ardant, Bertrand Mathieu *Institutions politiques et Droit constitutionnel*, LGDJ • Pierre Avril, *La Vᵉ République. Histoire politique et constitutionnelle*, PUF • Dominique Chagnollaud, Jean-Louis Quermonne, *La Vᵉ République*, tome I « Le régime politique », tome II « Le pouvoir exécutif et l'administration », tome III « Le pouvoir législatif et le système de partis », tome IV « L'État de droit et la justice », Champs-Flammarion • Bernard Chantebout, *Droit constitutionnel*, Armand Colin • Marie-Anne Cohendet, *Droit constitutionnel*, Montchrestien • Louis Favoreu (sous la direction de), *Droit constitutionnel*, Dalloz • Patrick Fraisseix, *Droit constitutionnel*, Vuibert • Gicquel Jean et Jean-Éric, *Droit constitutionnel et Institutions politiques*, Montchrestien • Francis Hamon, Michel Troper, *Droit constitutionnel*, LGDJ • Pierre Pactet, Ferdinand Mélin-Soucramanien, *Institutions Politiques. Droit constitutionnel*, Armand Colin.

Essais :

• Jean-Pierre Camby, Pierre Servent, *Le Travail parlementaire sous la cinquième République*, Montchrestien • Guy Carcassonne, *La Constitution*, Points • Simon-Louis Formery, *La Constitution commentée article par article*, Hachette Supérieur. • Bastien Francois, *Misère de la Vᵉ République*, Denoël, 2001 • Raphaël Hadas-Lebel, *Les 101 mots de la démocratie française*, Odile Jacob, 2002 • François Luchaire, Gérard Conac (sous la direction de), *La Constitution de la République française*, Economica • François Mitterrand, *Le Coup d'État permanent*, Plon, 1964 • Georges Pompidou, *Le Nœud gordien*, Plon, 1974

• Pierre Rosanvallon, *Le Sacre du citoyen. Histoire du suffrage universel en France*, Gallimard, 1992, et *La Contre-Démocratie. La politique à l'âge de la défiance*, Seuil, 2006 • Olivier Schrameck, *Matignon Rive gauche, 1997-2001*, Seuil, 2001 • Max Weber, *Le Savant et le Politique*, Plon, 1959

Rapports :

• *Code constitutionnel*, commenté et annoté par Michel de Villiers et Thierry S. Renoux, Litec • *Comité national chargé de la publication des travaux préparatoires des institutions de la Ve République, Documents pour servir à l'histoire de l'élaboration de la Constitution du 4 octobre 1958*, Volume I « Des origines de la loi constitutionnelle du 3 juin 1958 à l'avant-projet du 29 juillet 1958 » (1987), Volume II « Le Comité consultatif constitutionnel. De l'avant-projet du 29 juillet 1958 au projet du 21 août 1958 » (1988), Volume III « Du Conseil d'État au référendum 20 août-28 septembre 1958 » (1991), La Documentation française • *Rapport remis au président de la République par le Comité consultatif pour la révision de la Constitution*, 15 février 1993 (rapport « Vedel »). • *Rapport remis au président de la République relatif à la responsabilité pénale du président de la République*, 15 décembre 2002 (commission « Avril ») • *Rapport remis au président de la République relatif au rééquilibrage et à la modernisation des institutions de la Ve République*, 29 octobre 2007 (rapport « Balladur ») • *Rapport remis au président de la République relatif au Préambule de la Constitution*, décembre 2008 (rapport « Veil ») • *La révision de 2008, une nouvelle Constitution ?*, sous la direction de Jean-Pierre Camby, Patrick Fraisseix et Jean Gicquel, LGDJ, 2011.

PARTIE 3

Préparer l'avenir dès maintenant

[L]'accès aux professions du droit est une œuvre de longue haleine... qui commence dès l'entrée à l'université. Chacun le sait, tout concours de la fonction publique, comme tout examen professionnel, repose sur une logique d'acquisition. Il est exigé des lauréats une forte dose de connaissances juridiques et une excellente culture générale. Il convient de s'imprégner dès la première année de lectures (premier chapitre de cette partie) décisives et discriminantes. La culture générale passe également par quelques savoirs... de base (deuxième chapitre), soit une certaine maîtrise du langage juridique (troisième chapitre).

L'accès aux professions juridiques repose également sur une logique de compétition qui réclame un savoir-faire... et une bonne « prépa ». Dotées d'un Institut d'études judiciaires (quatrième chapitre) et/ou d'un Institut de préparation à l'administration générale (cinquième chapitre), les universités constituent le cadre idéal pour envisager sereinement son avenir professionnel. Pour toutes les raisons qui précèdent, il ne nous semble donc nullement prématuré de présenter dans cet ouvrage les structures que beaucoup fréquenteront à l'issue de leur cursus universitaire. Cette visite institutionnelle doit beaucoup aux talents et à la plume experte de deux guides de tout premier choix : Pierre Crocq, directeur de l'IEJ de l'université Panthéon-Assas et François Chouvel, ancien directeur de l'IPAG de l'université d'Auvergne.

Conseils de lecture

100 ouvrages en cinq ans… Tel est le défi à surmonter. Autant s'atteler à la tâche dès maintenant en lisant ou relisant certaines œuvres littéraires – historiques comme de fiction – ou certains essais marqués du sceau du droit ou jalonnés de personnages (magistrat, commissaire de police, notaire, avocat, etc.) issus du monde juridique ou judiciaire, réel ou imaginaire, français ou étranger. À travers ces quelques lectures significatives (qui mériteraient sans doute d'être complétées par les magistrales caricatures des gens de justice d'Honoré Daumier), l'étudiant découvrira ainsi le droit en mouvement et la justice en marche avec ses serviteurs, ses imperfections, ses doutes philosophiques, la violence de ses verdicts mais aussi la magie de ses palais.

1 – AMSON Daniel, Amson Charles et Moore Jean-Gaston, *Les Grands Procès,* PUF, coll. « Questions judiciaires ».

2 – ANOUILH Jean, *Antigone,* Bréal.

3 – ARENDT Hannah, *Juger, sur la philosophie politique de Kant,* Seuil, coll. « Points Essais ».

4 – AYMÉ Marcel, *La Tête des autres,* Le Livre de poche.

5 – BADINTER Robert, *L'Exécution,* Fayard.

6 – BADINTER Robert, *L'Abolition,* Fayard.

7 – BALZAC Honoré (de), *César Birotteau,*Gallimard, coll. « Folio ».

8 – BALZAC Honoré (de), *Une ténébreuse affaire,* Gallimard, coll. « Folio ».

9 – BALZAC Honoré (de), *Splendeurs et misères des courtisanes,* Gallimard, coll. « Folio classique ».

10 – BARRÈS Maurice, *Les Déracinés,* Gallimard, coll. « Folio ».

11 – BAUER Alain et Soullez Christophe, *Une histoire criminelle de la France,* O. Jacob.

12 – BAUER Alain et PÉREZ ÉMILE, *Les 100 mots de la police et du crime,* PUF, coll. « Que sais-je ? ».

13 – BEAUMARCHAIS Pierre-Augustin Caron (de), *Le Mariage de Figaro,* Gallimard, coll. « Folio classique ».

14 – Beccaria Cesare, *Le Traité des délits et des peines,* Flammarion, coll. « GF ».
15 – Bernanos Georges, *Journal d'un curé de campagne,* Pocket.
16 – Bredin Jean-Denis, *L'Affaire,* (à propos de l'affaire Dreyfus), Fayard.
17 – Camus Albert, *L'Étranger,* Gallimard, coll. « Folio ».
18 – Camus Albert, *La Chute,* Gallimard, coll. « Folio ».
19 – Camus Albert, *Les Justes,* Gallimard, coll. « Folio ».
20 – Carbonnier Jean, *Droit et passion du droit sous la Ve République,* Flammarion, coll. « Champs Essai ».
21 – Carbonnier Jean, *Sociologie juridique,* PUF.
22 – Carbonnier Jean, *Flexible droit : pour une sociologie du droit sans rigueur,* LGDJ.
23 – Carré de Malberg Raymond, *Contribution à la théorie générale de l'État,* Dalloz.
24 – Casamayor, *Les Juges,* Seuil.
25 – Cohen-Tanugi Laurent, *Le Droit sans l'État,* PUF.
26 – Cohen-Tanugi Laurent, *Les Métamorphoses de la démocratie,* O. Jacob.
27 – Debray Régis, *Que vive la République,* O. Jacob.
28 – De La Rochefoucauld François, *Maximes,* Flammarion.
29 – Dostoïevski Fédor, *Crime et Châtiment,* Flammarion, coll. « GF ».
30 – Dostoïevski Fédor, *Les Frères Karamazov,* Gallimard, coll. « Folio classique ».
31 – Dürrenmatt Friedrich, *Le Juge et son bourreau,* Le Livre de poche.
32 – Tawil Emmanuel, *Justice et religion,* PUF, coll. « Questions judiciaires ».
33 – Eschyle, *Les Euménides,* Flammarion, coll. « GF ».
34 – Finkielkraut Alain, *Qu'est-ce que la France,* Gallimard.
35 – Flaubert Gustave, *Madame Bovary,* Gallimard, coll. « Folio classique ».
36 – Foucault Michel, *Surveiller et punir,* Gallimard, coll. « Tel ».
37 – France Anatole, *Pierre Nozière,* Calmann-Lévy.
38 – Garapon Antoine, *Le Gardien des promesses,* Odile Jacob.
39 – Garapon Antoine, *L'Âne portant des reliques, essai sur le rituel judiciaire,* O. Jacob.
40 – Genet Jean, *Le Condamné à mort,* Gallimard, coll. « Poésie/Gallimard ».

41 – Gide André, *Les Caves du Vatican,* Gallimard, coll. « Folio ».
42 – Gide André, *Souvenirs de la cour d'Assises,* Gallimard, coll. « Folio ».
43 – Gide André, *La Séquestrée de Poitiers,* Gallimard, coll. « Folio ».
44 – Gide André, *Les Faux-Monnayeurs*, Gallimard, coll. « Folio ».
45 – Giono Jean, *Notes sur l'affaire Dominici*, Gallimard, coll. « Folio ».
46 – Girard René, *La Violence et le Sacré*, Grasset.
47 – Greilsammer Laurent et Schneiderman Daniel, *Les juges parlent*, Fayard.
48 – Guéry Christian, *Justice à l'écran,* PUF, coll. « Questions judiciaires ».
49 – Hegel Georg Wilhelm Friedrich, *Principes de la philosophie du droit,* Flammarion, coll. « GF ».
50 – Hobbes Thomas, *Léviathan*, Gallimard, coll. « Folio Essais ».
51 – Hugo Victor, *Le Dernier Jour d'un condamné*, Gallimard, coll. « Folio classique ».
52 – Hugo Victor, *Les Misérables*, Gallimard, coll. « Folio classique ».
53 – Inchauspé Dominique, *L'Innocence judiciaire*, PUF, coll. « Questions judiciaires ».
54 – Kafka Franz, *Le Procès*, Flammarion, coll. « GF ».
55 – Kant Emmanuel, *Critique de la raison pure*, Flammarion, coll. « GF ».
56 – Kant Emmanuel, *Critique de la faculté de juger*, Gallimard, coll. « Folio Essais ».
57 – Kelsen Hans, *Théorie pure du droit*, LGDJ.
58 – La Bruyère Jean (de), *Les Caractères*, Flammarion, coll. « GF ».
59 – La Fontaine Jean (de), *Les Animaux malades de la peste, in Fables,* Le Livre de poche.
60 – La Rochefoucauld Francois (de), *Les Pensées, maximes et réflexions morales*, Hachette Livre.
61 – Locke John, *Traité du gouvernement civil,* Flammarion, coll. « GF ».
62 – London Artur, *L'Aveu*, Gallimard, coll. « Folio ».
63 – Machiavel Nicolas, *Le Prince*, Le Livre de poche.
64 – Malka Richard et Gillon Paul, *L'Ordre de Cicéron,* Glénat.
65 – Malraux André, *La Condition humaine*, Gallimard, coll. « Folio ».
66 – Masson Jean-Pol, *Le Droit dans la littérature française*, Bruylant.
67 – Michelet Jules, *Le Procès de Louis XVI*, Complexes.
68 – Minc Alain, *Au nom de la loi*, Gallimard.
69 – Montaigne Michel (de), *Les Essais*, Pocket.

70 – MONTESQUIEU, *L'Esprit des lois*, Flammarion, coll. « GF ».
71 – OST François, *Shakespeare, La comédie de la loi*, Michalon.
72 – PASCAL Blaise, *Les Pensées*, Le Livre de poche.
73 – PEYREFITTE Alain, *Les Chevaux du lac Ladoga*, Plon.
74 – RABELAIS François, *Pantagruel ; Gargantua*, Larousse, coll. « Les Petits Classiques ».
75 – RACINE Jean, *Les Plaideurs*, Gallimard, coll. « Folio Théâtre ».
76 – RAWLS John, *Théorie de la justice*, Seuil, coll. « Points Essais ».
77 – RAWLS John, *Libéralisme politique*, PUF.
78 – RICŒUR Paul, *Le Juste*, Esprit
79 – RIGAUX François, *La Loi des juges*, Odile Jacob.
80 – ROBERT Denis, *La Justice ou le Chaos*, Stock.
81 – ROBERT Henri, *Les Grands Procès de l'Histoire*, Payot.
82 – ROUSSEAU Jean-Jacques, *Du contrat social*, Garnier-Flammarion.
83 – SALAS Denis, *Du procès pénal*, PUF.
84 – SALAS Denis, *Les 100 mots de la justice*, PUF, coll. « Que sais-je ? ».
85 – SANLAVILLE François, *Molière et le droit*, Paris, 1913.
86 – SCHLINK Bernhard, *Le Liseur*, Gallimard, coll. « Folio ».
87 – SCHMITT Carl, *Théorie de la Constitution*, PUF.
88 – SIMENON Georges, *Lettre à mon juge*, Le Livre de poche.
89 – SOPHOCLE, *Antigone*, Gallimard, coll. « Folio Classique ».
90 – SOULEZ-LARIVIÈRE, *Les Juges dans la balance*, Ramsay.
91 – STENDHAL, *Le Rouge et le Noir*, Pocket.
92 – THÉOLLEYRE Jean-Marc, *Ces procès qui ébranlèrent la France*, Grasset.
93 – TOCQUEVILLE Alexis (de), *De la démocratie en Amérique*, Flammarion, coll. « GF ».
94 – VARAUT Jean-Marc, *Le Procès de Jésus*, Plon.
95 – VERGÈS Jacques, *Justice et littérature*, PUF, coll. « Questions judiciaires ».
96 – VOLTAIRE, *Traité sur la tolérance (à l'occasion de la mort de Jean Calas)*, Gallimard, coll. « Folio ».
97 – VOLTAIRE, *Dictionnaire philosophique*, Gallimard, coll. « Folio Classique ».
98 – ZEMMOUR Éric, *Le Coup d'État des juges*, Grasset.
99 – ZOLA Émile, *Les Rougon-Macquart*, Gallimard, coll. « Bibliothèque de la Pléiade ».
100 – ZOLA Émile, *La Bête humaine*, Gallimard, coll. « Bibliothèque de la Pléiade ».

Maîtriser le langage juridique

Selon une boutade bien éprouvée, les juristes sont connus pour être des obsédés… textuels ! Si l'on dépasse cette formule facile, force est de constater que le droit a effectivement son propre langage qui se ferme à qui n'est pas son familier. À certains égards, les études juridiques procèdent comme si elles étaient une religion d'initiés (les robins) rompus à un jargon hermétique – pour ne pas dire ésotérique – venu d'un très loin passé (que l'on songe par exemple au fameux « de *cujus* » !). Sans doute les références fréquentes aux locutions latines et aux antiques formules enveloppent-elles le droit d'une certaine majesté qui peut rebuter le profane. Mais, par-delà la maîtrise des proverbes, maximes, axiomes et autres adages intemporels, le droit s'attache aux formes et s'écrit noblement et en français. Partant, les développements qui suivent ont une double ambition : sensibiliser les étudiants aux principaux écueils de la langue française ; décoder une partie du mystère du droit en familiarisant les étudiants à la précision du langage juridique car tout juriste doit savoir séparer le grain des choses de la paille des mots.

N'écrivez pas	**Écrivez plutôt**
huit-clos	huis clos
le prémisse d'une réforme	les prémices d'une réforme
la plus grande fermetée	la plus grande fermeté
le génocyde	le génocide
le terrorisme islamique	le terrorisme islamiste
contreverse	controverse
en définitif	en définitive
les établissements pénitentiers	les établissements pénitentiaires
une sanction pécunier	une sanction pécuniaire
en l'ocurence	en l'occurrence
au final	finalement

👎 voire même	👍 voire
👎 de manière à ce que	👍 de manière que
👎 comme par exemple	👍 comme (ou par exemple)
👎 les réformes se sont succédées	👍 les réformes se sont succédé
👎 une création jurisprudencielle	👍 une création jurisprudentielle
👎 réouvrir une information judiciaire	👍 rouvrir une information judiciaire
👎 rénumérer les indicateurs	👍 rémunérer les indicateurs
👎 la riposte concommittante à l'agression	👍 la riposte concomitante à l'agression
👎 le juge de la liberté et de la détention	👍 le juge des libertés et de la détention
👎 un fond d'indemnisation	👍 un fonds d'indemnisation
👎 une fonction parlementaire	👍 un mandat parlementaire
👎 un mandat ministériel	👍 une fonction ministérielle
👎 un article stipule	👍 un article dispose ou énonce
👎 le Conseil constitutionnel annule la loi	👍 le Conseil constitutionnel censure la loi
👎 la saisie du Conseil constitutionnel	👍 la saisine du Conseil constitutionnel
👎 cela pose un problème	👍 cela soulève une difficulté
👎 le législateur poursuit un but précis	👍 le législateur vise un but précis
👎 le chef de l'État dirige le Conseil des ministres	👍 le chef de l'État préside le Conseil des ministres
👎 le Premier ministre signe les actes du président de la République	👍 le Premier ministre contresigne les actes du président de la République
👎 cour d'assise	👍 cour d'assises
👎 une cession parlementaire	👍 une session parlementaire
👎 une loi anticonstitutionnelle	👍 une loi inconstitutionnelle
👎 le raiseau judiciaire européen	👍 le réseau judiciaire européen
👎 le budget de la « sécu »	👍 la loi de financement de la Sécurité sociale
👎 les collectivités locales	👍 les collectivités territoriales
👎 dérogatoire du droit commun	👍 dérogatoire au droit commun
👎 exhorbitant au droit commun	👍 exorbitant du droit commun
👎 suite aux attentats	👍 à la suite des attentats

👎 les victimes sont gravement blessées	👍 les victimes sont grièvement blessées
👎 le président de la République, élu au suffrage universel depuis 1962	👍 le président de la République, élu au suffrage universel direct depuis 1962
👎 la République française transfert sa souveraineté nationale	👍 la République française consent à des limitations de souveraineté nationale et à des transferts de compétence
👎 pallier aux inconvénients	👍 pallier les inconvénients
👎 opposer son veto	👍 mettre son veto
👎 influencer une déposition	👍 influer sur une déposition
👎 influer un témoin	👍 influencer un témoin
👎 la subordination de témoins	👍 la subornation de témoins
👎 passer outre les interdictions	👍 passer outre aux interdictions
👎 à chaque fois que	👍 chaque fois que
👎 une remise de peine	👍 une réduction de peine
👎 les arrêts du Conseil constitutionnel	👍 les décisions du Conseil constitutionnel
👎 des juridictions pénales qualifiées	👍 des juridictions pénales spécialisées
👎 la législation anti-terroriste est drastique	👍 la législation anti-terroriste est draconienne
👎 solutionner	👍 résoudre
👎 générer	👍 provoquer
👎 au niveau de	👍 s'agissant de
👎 en ce qui concerne	👍 s'agissant de
👎 par contre	👍 en revanche
👎 chacun se perd en conjonctures	👍 chacun se perd en conjectures
👎 les comptes ayant été épurés	👍 les comptes ayant été apurés
👎 les gardes mobiles	👍 les gendarmes mobiles
👎 la Constitution de la IIIe République	👍 les lois constitutionnelles de 1875
👎 cerner les questions	👍 sérier les questions
👎 les témoignages coïncident	👍 les témoignages concordent
👎 quatre à cinq délinquants ont été interpellés	👍 quatre ou cinq délinquants ont été interpellés
👎 l'amnistie ressort du législateur	👍 l'amnistie ressortit au législateur

👎 irrégulier, le décret vient d'être reporté	👍 irrégulier, le décret vient d'être rapporté
👎 la justice ne fait exception de personne	👍 la justice ne fait acception de personne
👎 le Conseil d'État, en sa qualité de conseiller juridique du gouvernement, rend un arrêt	👍 le Conseil d'État, en sa qualité de conseiller juridique du gouvernement, rend un avis
👎 Vigipirate, un dispositif déjà usité	👍 Vigipirate, un dispositif déjà utilisé
👎 à la suite de sa condamnation, la société a été dissolue	👍 à la suite de sa condamnation, la société a été dissoute
👎 à cela il faut rajouter une remarque	👍 à cela il faut ajouter une remarque
👎 la victime ayant été exécutée par un récidiviste	👍 la victime ayant été assassinée par un récidiviste
👎 le détenu s'est évadé à l'occasion de son transfert	👍 le détenu s'est évadé lors de son transfèrement
👎 le délinquant a agi sous l'emprise de stupéfiants	👍 le délinquant a agi sous l'empire de stupéfiants
👎 l'entretient avec le gardé à vue	👍 l'entretien avec le gardé à vue
👎 le fonctionnaire de police a usé de pouvoirs cohercitifs	👍 le fonctionnaire de police a usé de pouvoirs coercitifs
👎 la corruption vient d'être mise à jour par les enquêteurs	👍 la corruption vient d'être mise au jour par les enquêteurs.
👎 les travaux d'intérêts généraux	👍 les travaux d'intérêt général
👎 la proposition de loi du ministre	👍 le projet de loi du ministre
👎 le projet de loi parlementaire	👍 la proposition de loi parlementaire
👎 la technique de la délégalisation de l'article 38 de la Constitution	👍 la technique de la délégation de l'article 38 de la Constitution
👎 la technique de la délégation de l'article 37 alinéa 2 de la Constitution	👍 la technique de la délégalisation de l'article 37 alinéa 2 de la Constitution
👎 la légion de gendarmerie	👍 la région de gendarmerie
👎 l'éthymologie de la flagrance vient du latin « *flagrare* »	👍 L'étymologie de la flagrance vient du latin « *flagrare* »
👎 le juge pour enfants	👍 le juge des enfants
👎 le tribunal des enfants	👍 le tribunal pour enfants

Locutions latines les plus usuelles en droit français

Le vocabulaire juridique fait appel à des termes techniques mais aussi à des adages ou à des maximes qui condensent en peu de mots une leçon de droit. Beaucoup d'adages sont formulés en latin, ce qui révèle leur ancienneté et leur importance puisqu'ils sont toujours en vigueur. Le latin est trompeur car certaines règles n'ont pas été formulées par les Romains, dans l'Antiquité, mais par des glossateurs après la Renaissance. Ces quelques mots savants expriment bien plus que leur traduction française.

Tout un savoir traditionnel est enfermé dans une formule efficace que l'on assimile, malgré soi, par l'habitude de les utiliser dans des raisonnements juridiques. Tout bon étudiant repère les adages les plus courants et doit apprendre à les utiliser à bon escient. Des ouvrages classiques en dressent une liste plus complète (G. Cornu, *Vocabulaire juridique*, PUF) et les commentent (H. Roland et L. Boyer, *Adages du droit français*, *Locutions latines du droit français*, LexisNexis).

Actor sequitur forum rei. Le demandeur doit porter l'action devant le tribunal du domicile du défendeur (art. 42 du Code de procédure civile).

Actori incumbit probatio. La charge de la preuve incombe au demandeur à l'action (art. 1315 du Code civil).

Accessorium sequitur principale. L'accessoire suit le principal. Principe gouvernant l'accession de biens meubles (art. 546 du Code civil).

Contra legem. L'expression qualifie souvent la règle coutumière lorsqu'elle déroge à la règle légale ou écrite. On cite ainsi la coutume obligeant le Gouvernement à démissionner sous la IVe République lorsqu'il avait essuyé une motion de censure à la majorité relative des présents alors que l'article 49 du texte constitutionnel exigeait la majorité absolue des membres de l'hémicycle.

Contra non valentem agere non currit praescriptio. La prescription ne court pas contre celui qui ne peut pas agir en justice (art. 2234 du Code civil). Voir également dans le même sens *Non valenti agere non currit praescriptio.*

Corpus. Le corps même d'un texte.

De minimis non curat praetor. Littéralement : le juge n'a cure des difficultés minimes. Seules les affaires suffisamment importantes sont dignes d'intérêt juridique. L'adage, issu du *Digeste*, est souvent démenti par la pratique judiciaire.

Dura lex, sed lex. La loi est dure mais c'est la loi.

Erga omnes. À l'égard de tous ; c'est le cas, par exemple, des décisions du Conseil constitutionnel qui bénéficient d'une autorité absolue de la chose jugée et qui, à ce titre, doivent être respectées par toutes les autorités politiques comme administratives.

Error communis facit jus. L'adage exprime une bonne foi collective : l'erreur communément répandue est créatrice de droit, ce qui permet de protéger les tiers contre certains défauts de pouvoir ou de titre.

Exceptio est strictissimae interpretari. Une exception est toujours d'interprétation stricte.

Fraus omnia corrumpit. Littéralement : la fraude corrompt tout. Le contrat conclu par une personne pour se soustraire à une rège obligatoire sera néanmoins anéanti par le juge si les éléments constitutifs de la fraude sont prouvés.

Fraus semper excepta videtur (Cujas). La fraude fait toujours exception à la règle.

Habeas corpus. Texte adopté par le Parlement anglais en 1679 préfigurant la Déclaration des droits de l'homme de 1789.

Idem est non esse et non probari. Le droit étant tellement indissociable de la preuve, ne pas rapporter la preuve de son droit revient très souvent en pratique à vider ce droit de son existence même. Autrement dit, pas de droit sans preuve.

In dubio pro reo. En application de la présomption d'innocence, le doute sur la culpabilité d'un accusé doit nécessairement profiter à ce dernier.

Infans conceptus pro nato habetur quoties de commodo ejus agitur. L'enfant conçu est réputé être né, chaque fois qu'il y a son avantage (art. 725 et 906 du Code civil).

Jus cogens. Règle du droit international disposant d'une valeur absolue.

Jus sanguinis. Droit du sang permettant d'acquérir la nationalité d'un pays en ayant comme parents des ressortissants dudit pays.

Jus soli. Droit du sol permettant d'acquérir la nationalité d'un pays lorsque l'on naît sur son territoire.

Lex posterior derogat priori. En considération des règles qui gouvernent l'application de la loi dans le temps, la loi postérieure déroge à celle qui la précède.

Locus regit actum. L'acte juridique est régi, quant à sa forme, par la loi du lieu où il est passé.

Major pars trahit ad se minorem. La part la plus grande attire à elle la moindre. Cet adage de droit des régimes matrimoniaux permet de qualifier un bien de propre ou de commun aux époux suivant l'origine et l'importance du financement (art. 1407 du Code civil, à propos de l'échange).

Mala fides superveniens non nocet. Littéralement : la survenance de la mauvaise foi ne nuit point. C'est dire qu'une personne qui découvre qu'elle s'est mariée irrégulièrement après la célébration de son mariage profitera du mariage putatif (art. 201 du Code civil). De même, l'acheteur d'un bien qui apprend qu'il n'a pas acquis du véritable propriétaire peut jouir de la prescription acquisitive abrégée (art. 2275 du Code civil).

Mutatis mutandis. Formule générale permettant de comparer deux situations distinctes quoique voisines à condition de changer ce qui doit l'être.

Nemo auditur propriam turpitudinem allegans. Nul n'est recevable à invoquer sa propre faute. Il est honteux de solliciter des restitutions consécutives à la nullité d'un contrat lorsque c'est par sa turpitude qu'il a été annulé pour une cause immorale.

Nemo plus juris ad alium transferre potest quam ipse habet. Nul ne peut transférer à autrui plus de droits qu'il n'a lui-même.

Nemo censetur ignorare legem. Nul n'est censé ignorer la loi… et singulièrement la loi pénale. Partant, l'erreur sur le droit applicable n'est pas en principe disculpatrice.

Non bis in idem. Principe de justice équitable selon lequel il est en règle générale impossible de poursuivre et de condamner une personne plusieurs fois pour les mêmes faits délictueux.

Nullum crimen, nullum judicium, nulla poena sine lege. Adage traditionnel du droit pénal français selon lequel il n'y a pas d'infraction, de procédure ni de peine sans texte préalable. L'adage est la traduction du principe de la légalité criminelle dégagé par les Révolutionnaires.

Omnis potestas a Deo. Pas de pouvoir sans Dieu, adage illustrant la monarchie absolue de droit divin avec un monarque, chef des croyants, représentant Dieu sur Terre.

Pacta sunt servanda. Obligation de respecter les contrats et les traités par les parties comme l'alinéa 14 du préambule de la Constitution de 1946 le consacre pour la France dans la logique de bonne foi de l'État.

Pater is est quem nuptiae demonstrant. Le père est celui que montre le mariage (art. 312 du Code civil).

Praeter legem. Qui vient compléter la norme dans le silence de celle-ci. On cite la coutume de l'expédition des affaires courantes qui oblige le responsable politique à rester en place jusqu'à l'arrivée de son successeur et à gouverner pour assurer la continuité des affaires de l'État.

Prior tempore potior jure. Premier en date, préférable en droit. Adage de la publicité foncière, transposable à tout système juridique qui fonde l'opposabilité des droits sur la publicité, plutôt que sur la possession.

Quae temporalia sunt ad agendum, perpetua sunt ad excipiendum. Ce qu'on est en droit de demander pendant un temps limité, on peut l'opposer par voie d'exception sans limite de temps.

Res mobilis res vilis. Par opposition aux immeubles, les meubles sont des choses viles et sans valeur. La supériorité juridique des immeubles sur les meubles est aujourd'hui très relative.

Res perit debitori. Le risque de perte de la chose pèse sur le débiteur (Le vendeur retrouve le risque de perte de la chose s'il est mis en demeure par l'acheteur de délivrer une chose ayant déjà fait l'objet d'un transfert de propriété par l'accord des contractants sur la chose et sur le prix).

Res perit domino. Le risque de perte de la chose pèse sur le propriétaire (art. 1138 du Code civil). Adage à mettre en corrélation avec la règle du transfert de propriété solo consensu (par le seul échange des consentements entre l'acheteur et le vendeur, par exemple). Dès l'accord sur la chose et sur le prix, l'acheteur devient propriétaire et donc doit assumer le risque de perte de la chose.

Reus in excipiendo fit actor. En invoquant une exception, le défendeur à l'instance devient à son tour demandeur. Il lui appartient donc de rapporter la preuve des faits nécessaires au succès de sa prétention (art. 1315 al.2 C. civ.).

Secundum legem. Qui vient compléter la norme sur sa demande. Le Code civil renvoie ainsi aux usages en ce qui concerne la distance que doit respecter la personne qui plante un arbre entre le lieu de son implantation et la ligne séparative des fonds (art. 671 du Code civil).

Specialia generalibus derogant. Les lois spéciales dérogent aux lois générales. À mettre en corrélation avec *Generalia specialibus non derogant :* les lois générales ne dérogent pas aux lois spéciales, ce qui signifie surtout qu'une loi générale retrouve sa force obligatoire dès lors qu'une loi spéciale ne s'applique pas.

Summun jus, summa injuria. La multiplication des textes peut se révéler préjudiciable en conduisant à des contradictions, des atermoiements.

Superficies solo cedit. Ce qui est au-dessus du sol est cédé avec le sol (art. 552 du Code civil).

Ubi lex non distinguit nec nos distinguere debemus. Là où la loi ne distingue pas, l'interprète ne doit pas distinguer. Une norme juridique doit donc être appliquée dans toute l'étendue que comporte son libellé sans aucune restriction, ni adjonction de conditions.

Maximes juridiques les plus usuelles en droit français

À l'impossible nul n'est tenu. En présence d'un empêchement dirimant ou d'un obstacle infranchissable, certaines obligations juridiques sont de nature à disparaître ou à être allégées.

Boire, manger et coucher ensemble, c'est mariage ce me semble. Issue des *Institutes coutumières,* cette formule de Loisel, avocat du roi près le Parlement de Paris (1536-1617), illustre bien que le concubinage a vis-à-vis de l'extérieur toutes les apparences du mariage.

Bonne foi va tout droit. La personne qui agit honnêtement, avec la conscience d'adopter un comportement régulier, ne peut agir contre le droit, car la morale est, en principe, plus exigeante que la loi. Le droit est une morale médiocre (Jean Carbonnier).

Donner et retenir ne vaut. La formation de la donation suppose un dépouillement actuel et irrévocable.

En fait de meuble, la possession vaut titre. Selon l'article 2276 du Code civil, la possession présume la propriété.

En mariage, trompe qui peut. Issue des *Institutes coutumières* de Loisel (1607), cette maxime se retrouve aujourd'hui consacrée par l'article 180 du Code civil qui ne fait pas du dol un vice du consentement plus grave que l'erreur, car comment séduire sans tromper.

Juge unique, juge inique. Cet adage apparu au XIXe siècle est emblématique de la controverse sur le juge unique qui présenterait plusieurs faiblesses congénitales par rapport à la collégialité (en termes d'impartialité, d'indépendance, voire de sérénité).

La fraude ne se présume point. La bonne foi étant présumée, il appartient donc à celui qui allègue cette malhonnêteté aggravée que constitue la fraude d'en rapporter la preuve.

La plume est serve mais la parole est libre. Malgré la subordination juridique qui les caractérise, les magistrats du parquet ont le droit de développer librement devant la juridiction saisie les observations orales qu'ils croient convenables au bien de la justice.

Le criminel tient le civil en l'état. Selon ce principe, le juge répressif est prioritaire sur le juge civil lorsqu'un même fait est susceptible de sanctions pénale et civile. Mais, par exception, le juge civil est parfois prioritaire sur le juge pénal. En matière de filiation, le jugement civil s'impose au juge répressif (article 318-1 du Code civil). On dit alors que le civil tient le criminel en l'état.

Lettres passent témoins. La preuve écrite ou littérale l'emporte sur la preuve testimoniale (article 1341 du Code civil). Par exception, le témoignage est un mode de preuve plus fiable que l'écrit. Il en est ainsi pour prouver qu'un acte est frauduleux. On dit alors que témoins passent lettres.

Nécessité fait loi (ou Nécessité n'a point de loi). La nécessité peut justifier des comportements qui seraient contraires *a priori* à la loi dans un autre contexte.

Nul n'est censé ignorer la loi. On ne peut échapper à la rigueur de la loi en excipant de son ignorance de la réglementation en vigueur (V. également *Nemo censetur ignorare legem*).

Que Dieu nous garde de l'équité des Parlements. Maxime de l'ancien droit (XVIe siècle) mettant en garde les justiciables contre les jugements en équité des plus hautes instances judiciaires du Royaume de France tant l'équité d'alors était davantage synonyme d'arbitraire que d'indulgence et de bienfaisance.

Qui ne dit mot consent. Cette maxime signifie que le silence vaut acceptation. Si le droit positif consacre parfois cette idée, la règle est toutefois loin d'être générale.

Tout juge est Procureur général en ce Royaume. Sous l'Ancien Régime, les fonctions judiciaires (poursuite, instruction, jugement) n'étaient pas aussi cloisonnées qu'aujourd'hui de sorte qu'un juge pouvait se saisir d'un litige sans en être préalablement requis (autosaisine). Il s'ensuivait un risque évident de justice partiale.

Les Instituts d'études judiciaires

LE RÔLE DES IEJ

Les IEJ ne font pas actuellement l'objet d'un texte spécifique prévoyant leur existence, si ce n'est l'allusion qui est faite à celle-ci dans l'arrêté du 6 janvier 1993 portant désignation des universités chargées d'organiser l'examen d'entrée dans les Centres régionaux de formation professionnelle des avocats (CRFPA). Ce sont de simples composantes des universités (parfois structurées sous la forme d'une UFR) auxquelles, traditionnellement, est confiée la préparation des étudiants aux concours d'accès aux professions judiciaires ainsi qu'à l'examen d'entrée dans les CRFPA que les IEJ ont également la charge d'organiser. Il existe actuellement quarante-quatre IEJ dont les effectifs sont très variables puisqu'ils vont de quelques dizaines d'étudiants par an, pour les plus petits d'entre eux, à presque deux mille ou parfois plus pour les plus importants.

LES FORMATIONS ASSURÉES

Les IEJ ne délivrent aucun diplôme et leur rôle se limite à assurer la préparation des étudiants à l'examen d'entrée au CRFPA et aux principaux concours d'accès aux professions ayant trait à la justice et à la sécurité.

La préparation et l'organisation de l'examen d'entrée au Centre régional de formation professionnelle des avocats

S'agissant de la profession d'avocat, les IEJ ont la particularité d'avoir, à la fois, la lourde charge d'organiser chaque année l'examen d'entrée au Centre régional de formation professionnelle des avocats et d'assurer

Laure, élève avocate à l'École de formation professionnelle des Barreaux de la Cour d'appel de Paris (EFB), 27 ans

Après mes études de droit jusqu'en master 1 à l'université de Paris 2, j'ai ensuite obtenu un master 2 de droit pénal et sciences criminelles à l'université de Nantes. J'ai préféré revenir préparer mes concours au sein de l'IEJ de Paris 2 pour plusieurs raisons, la principale étant sa réputation et l'intérêt que portent les recruteurs à cette mention sur un CV. J'y ai suivi les deux préparations (ENM et CRFPA) qui sont compatibles si on est prêt à faire de grosses journées. Pour les deux formations, ce qui m'a le plus servi, ce sont les galops d'essai, et ce particulièrement s'agissant du CRFPA, dont les épreuves, en tant qu'examen, dépendent de chaque IEJ. Ainsi, les examens blancs, tout comme les annales, permettent d'appréhender les attentes réelles des correcteurs et donc de travailler efficacement pour sélectionner et engranger les connaissances nécessaires et surtout apprendre à les agencer utilement. Étudiant de façon plus rentable en lisant des ouvrages qu'en assistant à des cours, j'ai aussi beaucoup apprécié le fait de pouvoir fréquenter la bibliothèque de l'IEJ, dont le nombre de places restreint favorise le travail de groupe et l'entraide véritable, à une période de la vie difficile eu égard à la masse de savoirs à accumuler, aux angoisses liées à un avenir incertain et à la fatigue croissant au fil des échéances successives. Au-delà des acquis théoriques, l'IEJ de Paris 2 m'a ainsi permis de partager avec d'autres cette expérience, ce qui a contribué sans conteste au résultat positif final.

également la préparation des étudiants à cet examen dont le régime et le programme sont fixés par les articles 51 et s. du décret n° 91-1197 du 27 novembre 1991 et par un arrêté du 11 septembre 2003.

Les épreuves de cet examen tout à fait sélectif (un tiers de reçus seulement en moyenne) ont lieu chaque année à partir du 15 septembre et leur étalement dans le temps varie en fonction du nombre d'étudiants concernés, les dernières épreuves ayant lieu au début du mois de décembre au sein des IEJ ayant les effectifs les plus importants.

La préparation à cet examen est effectuée au cours de l'année universitaire qui le précède. Elle est ouverte aux étudiants qui n'ont pas déjà passé trois fois cet examen et qui sont inscrits dans un master 1 en droit ou qui sont déjà titulaires d'un tel master ou d'un diplôme reconnu comme équivalent par un arrêté du 25 novembre 1998.

La densité de cette préparation varie en fonction de la taille et des moyens des IEJ concernés, mais, de manière générale, elle comprend des actualisations des connaissances (sous la forme de cours ou de conférences d'actualité), et des entraînements aux épreuves écrites (note de synthèse ; droit des obligations ; procédure civile, pénale ou administrative ; matière de spécialité) ainsi qu'au grand oral de droits et libertés fondamentaux.

Après avoir réussi cet examen d'entrée dans un CRFPA, l'étudiant reçoit une formation, à la fois théorique et pratique, qui comprend six mois de cours, six mois de stage dans un cabinet d'avocat et six mois consacrés à la réalisation d'un projet pédagogique individuel (lequel peut consister en l'obtention d'un diplôme de master 2 ou en un stage hors cabinet d'avocat, par exemple en juridiction ou au sein d'une entreprise).

La préparation aux concours (magistrats, greffiers en chef, commissaires de police, officiers de la Gendarmerie nationale)

Presque tous les IEJ assurent la préparation des étudiants au concours d'accès à l'École nationale de la magistrature (ENM) dont les modalités peuvent être trouvées sur le site de l'ENM (http://www.enm.justice.fr/devenir-magistrat/accueil.php). L'organisation de cette préparation est souvent similaire à celle de l'examen d'entrée au CFRPA (ce qui explique le fait que, dans certains IEJ, certains cours puissent être mutualisés entre les deux préparations), mais elle présente, toutefois, quelques particularités importantes liées aux spécificités de ce concours et, notamment, à l'existence d'une épreuve écrite de culture générale et d'une épreuve orale dite de « mise en situation ».

En outre, certains IEJ préparent également leurs étudiants au concours d'accès à l'École nationale supérieure de la police (ENSP), au concours d'accès à l'École des officiers de la gendarmerie nationale (EOGN) ou au concours d'accès à l'École nationale des greffes (ENG).

Les principales modalités de ces différentes formations sont résumées dans le tableau suivant.

Profession	Magistrat	Commissaire de police	Officier de gendarmerie	Greffier en chef
Niveau de recrutement	Master 1	Master 2	Master 2	Licence 3
Durée de la scolarité	31 mois	24 mois	24 mois	18 mois
Lieu de la scolarité	ENM – École Nationale de la Magistrature 10, rue des Frères Bonie 33080 Bordeaux Cedex	ENSP – École Nationale Supérieure de la Police 9, Rue Carnot 69450 Saint-Cyr-Au-Mont-d'Or	EOGN – École des Officiers de la Gendarmerie Nationale Avenue du 13e Dragons 77000 Melun	ENG – École Nationale des Greffes 5, boulevard de la Marne BP 9 21071 Dijon Cedex
Rémunération à la sortie d'école	2 600,00 €	2 105,00 €	2 523,00 €	1 817,00 €

Le parcours d'Ariane Segalen, auditrice de justice, 30 ans

Titulaire du Certificat d'aptitude à la profession d'avocat et avocate spécialisée en droit du travail depuis deux ans, j'ai souhaité intégrer la magistrature par le biais du premier concours en suivant une année de préparation à l'institut d'études judiciaires de Paris 2. Il me semble que cette formation est particulièrement adaptée aux attentes des concours de la haute fonction publique car elle permet d'étudier de manière transversale les grandes matières du droit que sont le droit civil et le droit pénal.

Elle invite les étudiants à s'interroger sur les grands principes qui les irriguent en prenant le recul que n'offrent pas forcément les études de droit jusqu'au master 2. Cet apport théorique me paraît indispensable pour la rédaction des dissertations du concours d'entrée à l'École nationale de la magistrature qui appellent les candidats à s'interroger sur les grands enjeux du droit plus que sur des problématiques techniques. L'enseignement de culture générale est par ailleurs très étoffé et axé sur la pensée politique, ce qui me semble en phase avec les exigences du concours. Il ne m'a pas paru particulièrement difficile d'assimiler ces enseignements très théoriques après près de trois années de vie professionnelle naturellement ancrée dans la pratique du droit.

Cette préparation a su révéler son efficacité par la réussite du concours et m'a donné une compréhension plus globale des enjeux politiques, économiques et éthiques du droit qui me sert encore aujourd'hui dans ma pratique juridictionnelle.

Le parcours de Thomas Jardin, officier de gendarmerie, 28 ans

Âgé de 28 ans, je suis officier de gendarmerie affecté au poste de commandant de la brigade de recherches de Mantes-la-Jolie, unité spécialisée en police judiciaire. Pour arriver jusqu'ici, il faut remonter quelques années en arrière : après l'obtention d'un baccalauréat scientifique, il m'a fallu choisir la filière dans laquelle j'aurais le plus de chances de parvenir à mes fins. Si le concours d'officier de gendarmerie s'adresse à tout candidat titulaire d'un master 2, il m'apparaissait naturel de s'engager dans des études de droit, les polices administrative et judiciaire étant le quotidien de la gendarmerie.

Une licence de droit général en poche, j'ai quitté la faculté de Caen pour rejoindre celle de Lille afin de me spécialiser en droit pénal. Après mon master 1 et un diplôme universitaire de criminologie, j'ai continué mon périple vers la faculté de Nice-Sophia Antipolis pour un master 2 professionnel police et sécurité. Une fois ce diplôme obtenu, j'ai décidé de passer les concours d'officier de gendarmerie et de commissaire de police en profitant d'une préparation diplômante à l'IPAG de Lille. Ayant échoué aux oraux de commissaire de police, je me suis consolé avec un second master en poche et la démystification des épreuves de concours grâce à ce premier jet. Il était temps de passer aux choses sérieuses et je me suis naturellement tourné vers l'IEJ de Paris 2 et sa préparation aux concours de commissaire et d'officier de gendarmerie : idéalement situé dans le 5e arrondissement et offrant un cadre de travail exceptionnel, l'IEJ dispose également d'enseignants et d'intervenants de qualité (notamment l'enseignement du Général d'armée Watin-Augouard dans une petite salle de cours le samedi matin...) qui offrent un programme extrêmement enrichissant. Ainsi, en plus des traditionnels cours en amphi, des séances de TD en petit comité et des galops d'essai permettent de pousser très loin les raisonnements juridiques et philosophiques. L'orientation des enseignements de l'IEJ, qui aborde l'ensemble des épreuves, privilégie clairement celles ayant un plus fort coefficient : la culture générale et la note de synthèse. Tout ceci apporte au candidat une plus-value certaine dans sa préparation.

Ayant pu bénéficier d'un poste de vacataire à la petite bibliothèque des combles j'ai réussi à rendre cette année plus que supportable, puisqu'au-delà du bénéfice des ressources offertes par l'IEJ, j'ai pu faire la connaissance des personnels de l'institut et d'autres étudiants qui, comme moi, tentaient pour la première, la seconde, ou la troisième fois les concours de la fonction publique. Afin de mettre toutes les chances de notre côté et par ces temps de réduction des postes offerts aux concours externes, nous étions plusieurs à présenter plusieurs concours (ENM, commissaire, lieutenant, officier, la pénitentiaire, la PJJ...).

Aussi, le travail et la qualité des enseignements ayant eu raison des statistiques, ai-je eu la chance de réussir plusieurs concours et de pouvoir choisir celui qui me convenait le mieux. C'est ainsi que j'ai intégré l'École des officiers de la Gendarmerie nationale le 3 août 2009 (jour de l'adoption de la loi sur la Gendarmerie) pour une scolarité de deux années alternant enseignements théoriques et pratiques, en amphi et en plein air, au bout de laquelle j'ai pu choisir en grand amphi le poste que j'occupe aujourd'hui.

LE CORPS ENSEIGNANT DES IEJ

Assurant une transition entre l'université et les écoles de formation professionnelle, Les IEJ ont un corps enseignant composé non seulement d'universitaires, lesquels assurent souvent une partie importante des cours, mais aussi d'intervenants professionnels extérieurs (magistrats et avocats notamment) qui font profiter les étudiants de leur expérience des jurys de concours et d'examens.

Le point de vue d'un enseignant magistrat, Nicolas Baietto

Je suis vice-procureur à la section financière du parquet de Paris et je sais devoir beaucoup à ma formation universitaire. C'est donc, en quelque sorte, par un juste retour des choses que j'enseigne à l'IEJ, depuis deux ans maintenant. J'y trouve de grandes satisfactions professionnelles et humaines. J'éprouve énormément de plaisir dans la confrontation avec les intervenants et avec les étudiants, particulièrement stimulante en raison de la qualité de leur niveau et de leur implication. J'apprécie tout particulièrement la préparation du grand oral, qui permet d'effectuer un travail très individualisé : les étudiants disposent, à la demande, de la possibilité d'être évalués par un jury pluridisciplinaire, qui prend le temps nécessaire pour les aider à présenter au mieux leur candidature. Il s'agit donc de transmettre aux étudiants des clés de compréhension des attentes du jury et des réflexes méthodiques permettant de mieux se repérer et se positionner dans cet exercice difficile. D'une manière générale, je suis convaincu que la richesse des échanges entre des intervenants d'horizons très divers et la qualité de leur recrutement sont des éléments essentiels de la formation dispensée par l'IEJ, qui offre également aux étudiants un programme de conférences très riche. Pour l'encadrement comme pour les intervenants, les excellents résultats de l'IEJ sont une source importante de motivation, incitant chacun à faire le nécessaire pour maintenir chaque année ce niveau très élevé.

Le point de vue d'un enseignant avocat, Jean-François Funke

Ancien étudiant de l'université de Paris 2 Panthéon-Assas et de l'Institut d'études judiciaires Pierre-Raynaud, j'ai intégré un cabinet d'avocats regroupant en son sein plusieurs enseignants intervenant à l'université, d'abord en tant que stagiaire, puis en qualité d'avocat au Barreau de Paris depuis 2002, date à laquelle j'ai prêté serment.

Mon activité professionnelle est assez diversifiée et ouverte tant aux activités de conseil que de contentieux. Le rythme est très soutenu car le degré d'exigence de mes clients est élevé : ils attendent de l'efficacité, de la rapidité, des résultats concrets mais également une assistance suivie et de l'écoute...

Mais c'est un métier passionnant et enrichissant tant sur le plan des connaissances techniques que sur le plan humain.

Au côté de cette vie professionnelle très prenante, il m'a paru important de continuer à garder un lien avec l'activité universitaire, car je sais aujourd'hui avec un peu de recul que c'est grâce aux enseignements de l'université de Paris 2 que j'ai acquis la passion du droit et qu'est née ma vocation. Ces enseignements, prodigués par des professeurs prestigieux et émérites, restent pour moi une référence et un repère.

Je participe donc depuis de nombreuses années au jury de l'examen d'entrée au CRFPA, ce qui me permet de garder un contact enrichissant avec les étudiants et de participer à une veille attentive des matières faisant l'objet de l'examen.

Enfin, ayant acquis une certaine expérience en matière de droit des nouvelles technologies au fil des dossiers qui m'ont été confiés, j'ai souhaité faire partager aux étudiants un retour d'expérience en proposant un enseignement sur les libertés fondamentales à l'épreuve des nouvelles technologies, un thème très actuel, juridiquement dense et qui pose des questions de société.

Par ces contributions je souhaite guider les étudiants vers la réussite universitaire et une profession tout en les aidant à mieux comprendre mon métier, comme d'autres professeurs l'ont fait pour moi lorsque j'étais étudiant.

LES DIFFÉRENTS IEJ

Ville	Université de rattachement de l'IEJ	Site internet
AIX-MARSEILLE	Université de droit, d'économie et des sciences d'Aix-Marseille 3	www.iej.univ-cezanne.fr
AMIENS	Université de Picardie Jules-Verne	www.u-picardie.fr
ANGERS	Université d'Angers	www.univ-angers.fr
AVIGNON	Université d'Avignon et des pays du Vaucluse	www.univ-avignon.fr
BORDEAUX	Université Bordeaux 4	www.u-bordeaux4.fr
BREST	Université de Bretagne occidentale	univ-brest.fr
CAEN	Université de Caen	www.unicaen.fr
CERGY-PONTOISE	Université de Cergy-Pontoise	www.u-cergy.fr
CHAMBÉRY	Université de Savoie	www.univ-savoie.fr
Clermont-Ferrand	Université d'Auvergne	www.u-clermont1.fr
DIJON	Université de Bourgogne	www.u-bourgogne.fr
ÉVRY VAL D'ESSONNE	Université d'Évry-Val-d'Essonne	www.univ-evry.fr

Ville	Université de rattachement de l'IEJ	Site internet
GRENOBLE	Université Pierre Mendès-France Grenoble 2	www.upmf-grenoble.fr
LA REUNION	Université de La Réunion	www.univ-reunion.fr
LA ROCHELLE	Université de La Rochelle	www.univ-larochelle.fr
LE MANS	Université du Maine	www.univ-lemans.fr
LILLE	Université de Lille 2	www.univ-lille2.fr
LIMOGES	Université de Limoge	www.unilim.fr
LYON	Université Lyon 3	www.univ-lyon3.fr
MARTINIQUE	Université des Antilles et de la Martinique	www.univ-ag.fr
MONTPELLIER	Université Montpellier 1	www.univ-montp1.fr
NANCY	Université Nancy 2	www.univ-nancy2.fr
NANTES	Université de Nantes	www.univ-nantes.fr
NICE	Université de Nice	unice.fr
ORLÉANS	Université d'Orléans	www.univ-orleans.fr
PARIS	Université Panthéon-Sorbonne (Paris 1)	www.univ-paris1.fr
	Université Panthéon-Assas (Paris 2)	www.u-paris2.fr
	Université René Descartes (Paris 5)	www.univ-paris5.fr
	Université Paris 10 – Nanterre	www.u-paris10.fr
	Université Paris Sud (Paris 11)	www.u-psud.fr
	Université Paris-Est Créteil (UPEC)	www.u-pec.fr
	Université Paris 13 Nord	www.univ-paris13.fr
PAU	Université de Pau et des Pays de l'Adour	www.univ-pau.fr
PERPIGNAN	Université de Perpignan Via Domitia	www.univ-perp.fr
POITIERS	Université de Poitiers	www.univ-poitiers.fr
REIMS	Université de Reims Champagne Ardenne	www.univ-reims.fr
RENNES	Université de Rennes 1	www.univ-rennes1.fr
ROUEN	Université de Rouen	www.univ-rouen.fr
SAINT-ÉTIENNE	Université Jean Monnet	univ-st-etienne.fr
STRASBOURG	Université de Strasbourg	www.unistra.fr
TOULON	Université du Sud-Toulon Var	www.univ-tln.fr

Ville	Université de rattachement de l'IEJ	Site internet
TOULOUSE	Université Toulouse 1 Capitole	www.ut-capitole.fr
TOURS	Université François Rabelais	www.univ-tours.fr
VERSAILLES SAINT-QUENTIN	Université Versailles-Saint-Quentin	www.uvsq.fr
Universités n'ayant pas d'IEJ mais organisant l'examen d'accès au CRFPA		
BESANÇON	Université de Franche-Comté	www.univ-fcomte.fr
CORSE	Université de Corse-Pasquale-Paoli	www.univ-corse.fr
METZ	Université de Lorraine	www.univ-metz.fr

L'ASSOCIATION DES DIRECTEURS D'IEJ

Afin de pallier les inconvénients qui pourraient résulter de leurs disparités de statuts ou de moyens, les IEJ se sont regroupés au sein d'une association des directeurs d'IEJ dont le rôle est d'assurer une harmonisation des pratiques entre les IEJ et de défendre les intérêts des IEJ et de leurs étudiants auprès des pouvoirs publics.

Interview de Pierre Crocq, directeur de l'IEJ Pierre-Raynaud de l'université Panthéon-Assas (Paris 2), président de l'Association des directeurs d'IEJ

Quel est votre parcours ?

Après avoir soutenu ma thèse de doctorat et passé le concours de l'agrégation, je suis devenu professeur au sein de l'université d'Angers en 1993 et les circonstances ont fait que la direction de l'IEJ m'y a été confiée dès 1994. Par la suite, bien que j'ai été affecté à l'université Panthéon-Assas en 1996, il m'a été demandé de conserver la direction de cet IEJ en raison du faible effectif professoral de la faculté de droit angevine, ce que j'ai fait bien volontiers, ayant reçu un très bon accueil au sein de cette faculté, et ce, pendant quinze ans, jusqu'à ce que je sois élu à la direction de l'IEJ Pierre-Raynaud de l'Université Panthéon-Assas en septembre 2010. Je suis ainsi passé de la direction d'un petit IEJ d'une soixantaine d'étudiants à celle du plus gros IEJ de France, qui compte plus de 2 000 étudiants, ce qui me permet de bien percevoir les difficultés d'organisation que peuvent parfois connaître tous les IEJ, des plus petits jusqu'aux plus importants.

Décrivez l'IEJ que vous dirigez

Avec 2 100 étudiants en moyenne, deux directrices des études (l'une chargée de l'examen d'entrée au CRFPA et l'autre de la préparation des concours), 46 enseignants titulaires, 105 intervenants extérieurs (pour des conférences ou pour les examens), une secrétaire générale et 6 personnels administratifs, 1 750 heures de cours et un budget de 220 000 euros environ, l'IEJ Pierre-Raynaud est un institut particulièrement important au sein de l'Université Panthéon-Assas où il assure, d'une part, la préparation à l'examen d'entrée à l'École de Formation professionnelle des Barreaux de la Cour d'appel de Paris (EFB) et, d'autre part, la préparation aux concours d'accès à l'ENM, à l'ENSP et à l'EOGN (en outre, dans ce dernier cas, l'IEJ participe également aux enseignements dispensés au sein de la classe préparatoire intégrée mise en place par l'EOGN).

Il faut ajouter à cela que l'IEJ Pierre-Raynaud est un institut particulièrement dynamique. Ainsi, l'année 2012-2013 va être caractérisée par l'ouverture d'une nouvelle préparation au concours de greffier en chef et par un net accroissement des cours dispensés au sein de l'IEJ puisque ceux-ci vont débuter avec un mois d'avance par rapport à l'année 2011-2012.

Quels sont les résultats de votre IEJ ?

Pour s'en tenir aux seuls concours nationaux, dont les résultats sont les plus significatifs, je ne peux que constater le fait que nos résultats sont particulièrement satisfaisants, le résultat le plus emblématique étant ici celui qui a été obtenu en 2011 par nos étudiants au concours d'entrée à l'ENM puisque plus de 41 % des admis de toute la France venaient de notre IEJ et que, parmi eux, les 1er, 3e, 5e, 6e, 7e et 9e de ce concours étaient des étudiants inscrits à l'IEJ Pierre-Raynaud (lequel, la même année, pouvait également se flatter de compter parmi ses étudiants le major du concours d'entrée à l'ENSP et la 3e du concours d'entrée à l'EOGN).

Les Instituts de préparation à l'administration générale

L'ORIGINE DES IPAG

Créés par le décret du 22 mars 1985, même si certains d'entre eux existaient avant ce texte sous forme de Centre de préparation aux concours, les IPAG sont actuellement régis par les dispositions de ce texte de l'article L. 713-9 du Code de l'éducation et des articles D. 713-5 à D. 713-8 du même code ; lorsqu'il existe un IEP, l'IPAG lui est directement rattaché et prend la dénomination de CPAG (Centre de préparation à l'administration générale). Il existe actuellement une vingtaine d'IPAG (arrêté du 25 septembre 2010) et cinq CPAG qui comptent, en moyenne, environ 5 000 étudiants.

LA MISSION DES IPAG

Le décret de 1985 a prévu que les IPAG-CPAG contribuent à la formation et à la préparation des candidats aux concours d'accès aux corps de catégorie A de la fonction publique ainsi qu'à la formation générale initiale et continue des fonctionnaires d'État ou territoriaux. Pour ce faire, les IPAG dispensent des enseignements et des formations sanctionnés par des diplômes nationaux ou par des certificats (diplômes d'université). Des conventions peuvent également être passées, à la demande, avec les différentes administrations pour réaliser des actions de formation particulières au bénéfice de leurs personnels. À ce titre, les IPAG bénéficient d'un financement spécifique du ministère de la Fonction Publique.

LES DIPLÔMES ET FORMATIONS ASSURÉES

Les préparations, diplômantes ou non, assurées par les IPAG-CPAG se caractérisent par une professionnalisation assez poussée et par un taux d'insertion professionnelle élevé.

Les formations diplômantes

Les IPAG ne disposent pas de premier cycle ; la plupart d'entre eux délivrent une licence d'administration publique dans laquelle peuvent s'inscrire des étudiants détenteurs d'un diplôme de niveau bac+2, qu'il s'agisse d'un DUT, d'un DEUG, d'un BTS ou équivalent. Dans les universités ne disposant pas d'IPAG-CPAG, des « conventions-LAP » peuvent être signées : les cours sont assurés à et par la faculté de droit (par exemple à la Réunion). Certains IPAG délivrent un master (M1 et M2 ou M1 ou M2) d'appellations diverses (administration publique, services publics, carrières administratives …) mais tous orientés vers la préparation à des concours généralistes ou plus spécialisés.

Aurélien, étudiant en Prép'ENA, 25 ans

La LAP (licence d'administration publique) et le master 1 carrières publiques que j'ai eu l'occasion de suivre dans un IPAG m'ont permis d'accéder par la suite à un master 2 carrières publiques dans un IEP puis à une Prép'ENA, afin de préparer les concours de la haute fonction publique. La formation pluridisciplinaire des IPAG, à la fois en culture générale, en économie, en droit, mais aussi en questions sociales ou en questions internationales, permet aux étudiants de se présenter à l'ensemble des concours, à charge pour eux de suivre les cours spécifiques et de travailler les matières que les concours qu'ils souhaitent passer proposent ou imposent.

Outre une bonne préparation aux écrits et des galops d'essai relativement fréquents, les IPAG permettent de se préparer aux oraux avant même l'admissibilité : ils assurent une préparation intensive à ces épreuves en cas d'admissibilité en réunissant des professionnels connaissant l'administration et le concours. Je ne regrette pas d'être passé par un IPAG même si j'ai continué mon parcours dans d'autres structures, dans la mesure où je n'aurais sans doute pas pu y rentrer sans avoir suivi cette formation. Attention toutefois à se renseigner préalablement sur les « spécialités » de certains IPAG concernant certains concours (ministère des Finances, concours sociaux, santé publique...), ces instituts ayant des domaines de compétences ou de prédilection.

Romain, élève-inspecteur des finances publiques, 24 ans

Après un DUT gestion des entreprises et des administrations, j'ai pu intégrer la LAP d'un IPAG. Ce diplôme a fait office, pour moi, de remise à niveau dans un certain nombre de matières et m'a permis d'obtenir un bac+3. La grande force des IPAG est la diversité d'origine des étudiants et la possibilité qui leur est offerte de se reconvertir, ou du moins de se préparer à intégrer la fonction publique. Je me souviens de personnes de tous horizons et de tous âges dans ma promotion : quasiment tous sont parvenus à obtenir un concours, pas nécessairement de catégorie A, mais tous ont désormais un emploi. De plus, le travail et les cours se déroulent par petits groupes plutôt qu'à quelques centaines en amphi, ce que je préfère, à titre personnel, car les rapports entre étudiants et entre les étudiants et les enseignants sont plus faciles.

Concernant les concours auxquels je me suis présenté, c'est-à-dire ceux du ministère des Finances, les cours assurés par l'IPAG en finances publiques, droit public, économie, et les entraînements à la note de synthèse, m'ont permis d'être admissible aux douanes et à l'Enfip (École nationale des finances publiques), puis d'être admis au concours que je souhaitais réussir : le concours d'inspecteur des finances publiques. L'IPAG est parvenu à solliciter des enseignants et des inspecteurs des finances publiques jeunes ou disposant d'une plus grande expérience, afin de me faire passer plusieurs oraux d'entraînement dans chaque matière (grand oral/oral technique/oral de langue) : leur aide a été décisive au moment des épreuves d'admission.

Les formations qualifiantes

Les IPAG assurent tous des préparations, non diplômantes (si ce n'est sous forme de DU), aux concours de catégorie A (et B) des différentes fonctions publiques, qu'il s'agisse de concours externes ouverts aux étudiants, ou internes ouverts aux fonctionnaires.

Angélique, consultante secteur public, 26 ans

Après un master carrières administratives obtenu dans un IPAG parisien, je suis désormais consultante « secteur public » dans un cabinet d'audit.

La connaissance intime de l'administration et la formation pluridisciplinaire délivrée par les enseignants (universitaires et professionnels) m'ont permis de me constituer un socle solide de connaissances, que j'ai pu compléter par plusieurs stages. J'ai rapidement compris que la plupart des métiers qu'offrait l'administration ne provoquaient pas chez moi une envie irrésistible de me lancer dans la préparation longue et difficile de concours. Néanmoins, travailler pour le secteur public en gardant un œil extérieur me convenait et me permettait de garder ce lien avec l'intérêt général qui m'animait, et cette formation, alliée à mes stages dans ce domaine, m'ont permis de trouver un emploi, désormais en CDI. Les concours ne sont donc pas forcément une fin en soi et plusieurs anciens camarades de promotion travaillent encore dans la fonction publique en tant que contractuels, dans des collectivités locales ou même pour l'État.

Cécile, élève en IRA, concours externe, 24 ans

Après un master 2 de droit public et un stage long en administration, j'ai souhaité passer les concours de la fonction publique. Je me suis tournée vers un IPAG car la faculté de droit classique ne prépare pas suffisamment à certaines épreuves (comme la note de synthèse), ni à certaines matières (l'économie, notamment), pourtant incontournables dans la majeure partie des concours administratifs.

Je cherchais à l'IPAG une structure pour m'accompagner tout au long de l'année, afin de rester motivée et d'avoir des réponses aux nombreuses questions que l'on peut se poser lorsque l'on prépare des concours. C'est ce que j'y ai trouvé, avec une équipe très disponible et attentive aux besoins de ses étudiants. De plus, beaucoup d'intervenants étaient issus des administrations que nous voulions intégrer, nous permettant d'avoir une vision concrète de leurs missions et même d'effectuer des stages dans leurs services. Je me souviens également d'un très bon esprit de promotion et d'entraînements communs avec d'autres étudiants. Des groupes de fiches se sont créés et des oraux d'entraînement organisés entre étudiants ont eu lieu : cela a permis à de nombreux étudiants d'être admissibles et de se sentir prêts pour leurs oraux. Je souhaite aux futurs étudiants d'IPAG de connaître cela.

Halima, attachée d'administration de l'Éducation nationale, concours interne, 44 ans

Après un bac pro, j'ai fait un BTS commercial et j'ai travaillé trois ans dans le secteur privé ; j'ai ensuite intégré l'Éducation nationale comme adjoint administratif et j'ai décidé de passer les concours internes de cette administration. Des collègues qui avaient suivi cette préparation et en étaient satisfaits m'ont conseillé de m'inscrire à l'IPAG en prépa concours B ; j'ai demandé, et obtenu, un congé formation et j'ai suivi la prépa en question qui était assez dense car elle était regroupée sur deux jours toutes les deux semaines mais ce rythme était adapté aux collègues qui n'avaient pas pu obtenir comme moi un congé formation. Nous étions une douzaine venant de différentes administrations et l'ambiance dans ce petit groupe était sympathique : les enseignants, pour beaucoup des professionnels (ministère des Finances, de l'Éducation, préfecture, notamment), étaient très accessibles et ont été de très bons conseils.

J'ai réussi le concours de secrétaire administratif et j'ai été nommée à l'inspection académique. Quelques années plus tard, j'ai décidé de remettre ça, si je puis dire, en me présentant au concours interne des IRA et je me suis réinscrite à l'IPAG en prépa concours A. La formation était toujours aussi agréable et intéressante (nous étions une vingtaine à la suivre) mais l'année a été plus difficile pour moi du fait de ma situation familiale : les cours regroupés là encore en fin d'après-midi certains jours de la semaine ou le vendredi m'obligeaient à jongler avec l'emploi du temps, des enfants notamment, car je n'avais obtenu qu'un congé formation partiel. Mais finalement, tout s'est bien déroulé et j'ai obtenu mon concours, les oraux d'entraînement réalisés à l'IPAG ayant été déterminants.

Les formations partenariales

Dans le cadre de partenariats noués avec certaines administrations ou écoles de service public, certains IPAG assurent la formation sur site des élèves des classes préparatoires intégrées (IRA) qui se présentent aux concours externes, ou de fonctionnaires qui se présentent aux concours internes. Des actions de formations ponctuelles peuvent également être assurées à la demande de certaines administrations (INSEE [Institut national de la statistique et des études économiques], agriculture, préfecture, rectorat, collectivités territoriales…) : l'article D. 713-7 du code de l'éducation prévoit cette possibilité et la formation concernée fait alors l'objet d'une convention, passée entre l'administration demanderesse et l'université.

Jean-Marc, rédacteur territorial, 30 ans

La collectivité locale dans laquelle j'exerce mes fonctions a organisé une formation de ses agents, ceux du moins qui étaient volontaires, en finances et fiscalité locales. Cette formation d'une journée était dispensée par un enseignant de l'IPAG et c'est en discutant avec lui à la pause que j'ai appris l'existence de la licence d'administration publique ouverte aux titulaires d'un bac+2 pas nécessairement juridique. J'ai un DEUG de géographie et je me suis inscrit dans cette licence avant tout comme un challenge que je me fixais à moi-même et sans nécessairement penser, au départ, soit à poursuivre soit à valoriser ce diplôme en présentant des concours internes, ou externes. J'ai arrêté mes études dix ans plus tôt et l'année a été rude, même si je ne parvenais pas à assister à tous les cours, des camarades me passant ceux où j'étais absent. Finalement, j'ai obtenu (après la deuxième session…) cette licence qui m'a beaucoup intéressé du fait de son programme dont l'ossature est juridique mais le reste plus « culturel » (éco, histoire contemporaine, relations internationales...). Aujourd'hui, j'envisage de suivre une prépa concours A à l'IPAG pour passer le concours d'attaché.

LE CORPS ENSEIGNANT DES IPAG

Les IPAG sont des petites structures, dont le corps enseignant comporte un noyau dur d'universitaires (juristes, économistes, littéraires...) et un grand nombre d'intervenants professionnels (fonctionnaires d'État ou territoriaux, civils et militaires, magistrats...) qui contribuent de manière déterminante aux succès rencontrés par les étudiants dans les concours.

Gérard, directeur général des services d'une collectivité locale

Secrétaire général adjoint d'une région puis directeur de cabinet du président d'un SDIS (Service départemental d'incendie et de secours), puis directeur général des services d'une commune, j'ai été maître de conférences de droit public associé pendant plus de dix ans à un IPAG où j'enseigne (droit constitutionnel et droit administratif) en licence d'administration publique, en master, en préparation aux concours externes de catégorie A et dans d'autres formations (continues) assurées par l'Institut.

J'ai été, il y a trente ans, chargé d'enseignements à la faculté de droit, dont je suis issu, et je peux ainsi faire la différence entre les étudiants des facultés – y compris de lettres, où j'enseigne également – et ceux de l'IPAG. Il ressort de cette comparaison que les étudiants qui s'inscrivent à l'IPAG le font en pleine connaissance de cause, mais il est vrai que les IPAG ne dans disposent pas de 1er cycle et c'est sans doute plus facile de savoir ce que l'on veut faire à bac+3 qu'à bac tout court ; cela se ressent sur le degré de motivation mais là encore l'émulation est sans doute plus aisée si l'on considère que les étudiants d'un IPAG proviennent d'une dizaine de filières différentes (IUT, lettres, BTS, sciences éco, AES...) ; et les effectifs ne sont pas les mêmes qu'en faculté. En revanche, pour avoir pratiqué les deux, le degré d'implication des enseignants est sans commune mesure en institut et en faculté car au-delà de l'examen de fin d'année, lorsque l'on enseigne en formation diplômante, la vocation d'un IPAG est une insertion professionnelle immédiate ; les intervenants « professionnels » sont largement sollicités, notamment au moment des épreuves d'admissibilité pour préparer les candidats aux oraux ; pour ce qui me concerne, ma fonction m'a permis également de trouver des stages en collectivité locale aux étudiants du master 2.

LES DIFFÉRENTS IPAG-CPAG

• IPAG Amiens, université de Picardie Jules-Verne, 10 placette Lafleur, Pôle universitaire Cathédrale, 80027 Amiens cedex 1, 03.22.82.71.31.

• IPAG Antilles et Guyane, campus universitaire de Schloelcher, BP 7209, 97275 Schoelcher cedex, 05.96.72.73.81.

• IPAG Besançon, université de Franche-Comté, 45 D avenue de l'Observatoire, 25030 Besançon cedex, 03.81.66.61.45.

• IPAG Brest, université de Bretagne Occidentale, 20 rue Duquesne, CS 93837, 29238 Brest cedex 3, 02.98.01.63.34.

• IMDA (Institut des métiers du droit et de l'administration), UFR de droit de Caen, université de Caen Basse-Normandie, esplanade de la Paix, 14032 Caen cedex, 02.31.56.59.81.

• L'IPAG de Cergy devrait être remplacé par le CPAG de Saint-Germain-en-Laye où un IEP devrait ouvrir prochainement.

• IPAG Créteil, université de Paris-Est, bâtiment T – niveau dalle, 61 avenue du Général-de-Gaulle, 94010 Créteil cedex, 01.45.17.18.81.

• IPAG Dijon, université de Bourgogne, 4 boulevard Gabriel, 21000 Dijon, 03.80.39.53.59.

• IPAG Lille, université Lille 2, 1 place Déliot, BP 629, 59024 Lille cedex, 03.20.90.74.39.

• IPAG Limoges, université de Limoges, faculté de droit, 32 rue de Turgot, 87000 Limoges cedex, 05.55.34.97.44.

• IPAG Montpellier, université de Montpellier 1, espace Richter, bâtiment B, rue Vendémiaire, CS 19519, 34960 Montpellier cedex 2, 04.34.43.23.02.

• IPAG Nancy, université de Lorraine, 4 rue de la Ravinelle, CO n° 26, 54035 Nancy cedex, 03.54.50.43.33.

• IPAG Nanterre, pôle universitaire Léonard de Vinci, aile ouest, 6e étage, bureau E 602, 12 avenue Léonard-de-Vinci, 92400 Courbevoie, 01.41.16.73.73.

• IPAG Nantes, université de Nantes, bâtiment faculté de droit, Chemin de la Censive-du-Tertre, BP 81307, 44313 Nantes cedex 3, 02.40.14.16.11.

• IPAG Paris, université de Paris 2, 122 rue de Vaugirard, 75006 Paris, 01.53.63.86.33.

• IPAG Poitiers, CIMP (Centre international de management public), université de Poitiers, 93 avenue du Recteur-Pineau, 86000 Poitiers, 05.49.45.44.19.
• IPAG Reims, université de Reims Champagne-Ardenne, 57 bis rue Pierre-Taittinger, 51096 Reims cedex, 03.26.91.81.88.
• IPAG Rennes, université de Rennes 1, 106 boulevard de la Duchesse-Anne, 35700 Rennes, 02.23.23.64.21.
• IPAG Rouen, université de Rouen, 3 avenue Pasteur, 76186 Rouen cedex 1, 02.32.76.98.54.
• IPAG Strasbourg, université de Strasbourg, 47 avenue de la Forêt-Noire, 67082 Strasbourg cedex, 03.68.85.85.00.
• CPAG Toulouse, IEP, 2 ter, rue des Puits-Creusés, BP 88526, 31685 Toulouse cedex 6, 05.61.11.02.78.
• IPAG Valenciennes, université de Valenciennes, rue des Cent-Têtes, Les Tertiales, 59313 Valenciennes cedex 9, 03.27.51.76. 42.
• CPAG Aix-en-Provence, IEP, 25 rue Gaston-de-Saporta, 13625 Aix-en-Provence cedex 1, 04.42.17.05.26.
• CPAG Bordeaux, IEP, 11 allée Ausone, 33607 Pessac cedex, 05.56.84.42.67.
• CPAG Grenoble, IEP, BP 48, 38040 Grenoble cedex 9, 04.76.82.60.36.
• CPAG Lyon, IEP, 14 avenue Berthelot, 69365 Lyon cedex 07, 04.37.28.38.26.

LA CONFÉRENCE NATIONALE DES DIRECTEURS D'IPAG/CPAG

Elle coordonne et anime le réseau des IPAG-CPAG, promeut l'offre de formation aux métiers de l'administration et du management public et permet à chacun des usagers d'enrichir sa formation pour le recours à la mobilité entre centres et instituts.

La Conférence développe également des actions internationales en formation initiale ou continue en partenariat avec des administrations étrangères (Allemagne, Argentine, Bolivie, Brésil, Chine, Chili, Espagne, Italie, Mexique...).

Elle a signé en 2015 une convention avec le RESP organisant les relations entre les deux réseaux dans la perspective, notamment, de l'augmentation des effectifs des classes préparatoires intégrées.

Conférence nationale des IPAG et CPAG

IPAG de Nanterre
Pôle universitaire Léonard de Vinci
Aile ouest, 6e étage
12 avenue Léonard de Vinci
92400 Courbevoie
01.41.16.73.73
ConferenceIPAG-CPAG@outlook.fr

LES IPAG ET LES CPI

Depuis 2009, les classes préparatoires intégrées pour l'accès aux concours externes de catégorie A des différentes administrations (police, justice, douanes, impôts, gendarmerie…) ont été créées au titre de la promotion de l'égalité dans la fonction publique.
Les 25 CPI regroupent environ 500 élèves.

Les IPAG-CPAG sont largement associés à ces classes préparatoires et assurent, par conventions passées avec les écoles de service public concernées, la gestion pédagogique de préparations à ces concours : ainsi, les IPAG-CPAG de Rennes et Strasbourg avec l'EN3S, d'autres d'IPAG-CPAG sont impliqués dans les CPI mises en place dans les IRA…

L'ALLOCATION POUR LA DIVERSITÉ

Les bénéficiaires

L'arrêté du 5 juillet 2007 modifié relatif au régime des allocations pour la diversité dans la fonction publique a prévu que ces allocations peuvent être attribuées aux étudiants préparant un ou plusieurs concours de la fonction publique de catégorie A ou B, notamment ceux qui sont inscrits dans les IPAG et les CPAG, ou ceux qui s'engagent à suivre une préparation mise en place à cet effet par des écoles du service public : ces allocations peuvent être attribuées aux élèves des classes préparatoires – autrement dit les classes préparatoires intégrées – aux concours d'accès aux écoles de service public.

La gestion de l'allocation

Contrairement aux autres dispositifs de bourse, l'allocation pour la diversité ne relève pas du CROUS mais de la préfecture ; ce sont en effet les préfets, dans le cadre d'un contingent régional qui leur est annuellement notifié, qui attribuent ces allocations.

Les conditions d'attribution

Les allocations sont attribuées en fonction des ressources dont disposent les candidats ou leur famille et des résultats de leurs études antérieures, résultats appréciés en tenant compte de la situation particulière et des mérites respectifs des personnes concernées, c'est-à-dire en prenant en considération les difficultés d'origine matérielle, familiale ou sociale spécifiques qu'elles peuvent rencontrer. Sur la base de ces critères et en s'appuyant sur le recteur, le préfet opère une sélection entre les dossiers ; ne peuvent être retenus que les candidats dont les ressources et charges familiales ne dépassent pas les plafonds fixés chaque année pour l'attribution d'une bourse d'enseignement supérieur échelon zéro. L'allocation est cumulable avec la bourse sur critères sociaux de l'enseignement supérieur.

Les modalités d'attribution

L'allocation (environ 2 000 €) est versée (en deux fois) pour un an mais, à titre exceptionnel, le préfet peut la renouveler une fois compte tenu des résultats obtenus au cours de l'année par le bénéficiaire. Celui-ci s'engage, d'une part, d'être présent en cours, d'autre part de se présenter aux épreuves d'admissibilité de l'un des concours pour lesquels l'aide a été accordée.

23, rue de Châteaudun, 75308 Paris cedex 09
Dépôt légal : septembre 2016
Imprimé en France

Imprimerie Soregraph (Nanterre) - N° d'impression : 15336

ISBN 978-2-8176-0525-8